Runen

Schriftzeichen
und
Zauberzeichen

Band 72 der Reihe „Die Götter der Germanen"

Bücher von Harry Eilenstein:

- Astrologie (496 S.)
- Photo-Astrologie (64 S.)
- Tarot (104 S.)
- Handbuch für Zauberlehrlinge (408 S.)
- Physik und Magie (184 S.)
- Der Lebenskraftkörper (230 S.)
- Die Chakren (100 S.)
- Meditation (140 S.)
- Drachenfeuer (124 S.)
- Krafttiere – Tiergöttinnen – Tiertänze (112 S.)
- Schwitzhütten (524 S.)
- Totempfähle (440 S.)
- Muttergöttin und Schamanen (168 S.)
- Göbekli Tepe (472 S.)
- Hathor und Re:
    Band 1: Götter und Mythen im Alten Ägypten (432 S.)
    Band 2: Die altägyptische Religion – Ursprünge, Kult und Magie (396 S.)
- Isis (508 S.)
- Die Entwicklung der indogermanischen Religionen (700 S.)
- Wurzeln und Zweige der indogermanischen Religion (224 S.)
- Der Kessel von Gundestrup (220 S.)
- Cernunnos (690 S.)
- Christus (60 S.)
- Odin (300 S.)
- Die Götter der Germanen (Band 1 – 80)
- Dakini (80 S.)
- Kursus der praktischen Kabbala (150 S.)
- Eltern der Erde (450 S.)
- Blüten des Lebensbaumes:
    Band 1: Die Struktur des kabbalistischen Lebensbaumes (370 S.)
    Band 2: Der kabbalistische Lebensbaum als Forschungshilfsmittel (580 S.)
    Band 3: Der kabbalistische Lebensbaum als spirituelle Landkarte (520 S.)
- Über die Freude (100 S.)
- Das Geheimnis des inneren Friedens (252 S.)
- Von innerer Fülle zu äußerem Gedeihen (52 S.)
- Das Beziehungsmandala (52 S.)
- Die Symbolik der Krankheiten (76 S.)

Kontakt: www.HarryEilenstein.de / Harry.Eilenstein@web.de
Impressum: Copyright: 2011 by Harry Eilenstein – Alle Rechte, insbesondere auch das der Übersetzung, vorbehalten. Kein Teil des Buches darf ohne schriftliche Genehmigung des Autors und des Verlages (nicht als Fotokopie, Mikrofilm, auf elektronischen Datenträgern oder im Internet) reproduziert, übersetzt, gespeichert oder verbreitet werden.
Herstellung und Verlag: BoD - Books on Demand, Norderstedt
ISBN: 9783741271014

Die Themen der einzelnen Bände der Reihe „Die Götter der Germanen"

1. Die Entwicklung der germanischen Religion
2. Lexikon der germanischen Religion
3. Der ursprüngliche Göttervater Tyr
4. Tyr in der Unterwelt: der Schmied Wieland
5. Tyr in der Unterwelt: der Riesenkönig Teil 1
6. Tyr in der Unterwelt: der Riesenkönig Teil 2
7. Tyr in der Unterwelt: der Zwergenkönig
8. Der Himmelswächter Heimdall
9. Der Sommergott: Baldur, Phol und Meili
10. Der Meeresgott: Ägir, Hler und Njörd
11. Der Eibengott Ullr
12. Die Zwillingsgötter Alcis
13. Der neue Göttervater Odin Teil 1
14. Der neue Göttervater Odin Teil 2
15. Der Fruchtbarkeitsgott Freyr
16. Der Chaos-Gott Loki
17. Der Donnergott Thor
18. Der Priestergott Hönir
19. Die Göttersöhne
20. Die unbekannteren Götter
21. Die Göttermutter Frigg
22. Die Liebesgöttin: Freya und Menglöd
23. Die Erdgöttinnen
24. Die Korngöttin Sif
25. Die Apfel-Göttin Idun
26. Die Hügelgrab-Jenseitsgöttin Hel
27. Die Meeres-Jenseitsgöttin Ran
28. Die unbekannteren Jenseitsgöttinnen
29. Die unbekannteren Göttinnen
30. Die Nornen
31. Die Walküren
32. Die Zwerge
33. Der Urriese Ymir
34. Die Riesen
35. Die Riesinnen
36. Mythologische Wesen
37. Mythologische Priester und Priesterinnen
38. Sigurd/Siegfried
39. Helden und Göttersöhne
40. Die Symbolik der Vögel und Insekten
41. Die Symbolik der Schlangen, Drachen und Ungeheuer
42. Die Symbolik der Herdentiere
43. Die Symbolik der Raubtiere
44. Die Symbolik der Wassertiere und sonstigen Tiere
45. Die Symbolik der Pflanzen
46. Die Symbolik der Farben
47. Die Symbolik der Zahlen
48. Die Symbolik von Sonne, Mond und Sternen
49. Das Jenseits
50. Seelenvogel, Utiseta und Einweihung
51. Wiederzeugung und Wiedergeburt
52. Elemente der Kosmologie
53. Der Weltenbaum
54. Die Symbolik der Himmelsrichtungen und der Jahreszeiten
55. Mythologische Motive
56. Der Tempel
57. Die Einrichtung des Tempels
58. Priesterin – Seherin – Zauberin – Hexe
59. Priester – Seher – Zauberer
60. Rituelle Kleidung und Schmuck
61. Skalden und Skaldinnen
62. Kriegerinnen und Ekstase-Krieger
63. Die Symbolik der Körperteile
64. Magie und Ritual
65. Gestaltwandlungen
66. Magische Waffen
67. Magische Werkzeuge und Gegenstände
68. Zaubersprüche
69. Göttermet
70. Zaubertränke
71. Träume, Omen und Orakel
72. Runen
73. Sozial-religiöse Rituale
74. Weisheiten und Sprichworte
75. Kenningar
76. Rätsel
77. Die vollständige Edda des Snorri Sturluson
78. Frühe Skaldenlieder
79. Mythologische Sagas
80. Hymnen an die germanischen Götter

Inhaltsverzeichnis

I Die Runen in der germanischen Überlieferung	**5**
I A Die Entwicklungsgeschichte der Runen	**5**
I B Allgemeine Beschreibungen der Runen	**10**
I C Die einzelnen Runen	**62**
1. „**fehu**", die Wohlstands-Rune	65
2. „**ur**", die Heilungs-Rune	75
3. „**thorn**", die Rune des Tyr-Riesen	88
4. „**ansus**", die Asen-Rune	117
5. „**reid**", die Reise-Rune	130
6. „**kaun**", die Fieber-Rune	136
7. „**hagal**", die Hagel-Rune	142
8. „**naut**", die Not-Rune	148
9. „**is**", die Eis-Rune	158
10. „**algiz**", die Elch-Rune (1)	164
11. „**sol**", die Sonnenschild-Rune	167
12. „**Tyr**" die Rune des Göttervaters Tyr	175
13. „**biarka**" die Birken-Rune	183
14. „**man**", die Rune des Urahns Mannus	188
15. „**lögr**", die Wasser-Rune	193
16. „**yr**", die Eiben-Rune	203
17. „**ehwaz**", die Pferde-Rune	208
18. „**gifu**", die Gaben-Rune	211
19. „**wunjo**", die Wonne-Rune	215
20. „**gar**", die Rune der Getreide-Garben	216
21. „**eoh**", die Rune des Eiben-Bogens	217
22. „**peorth**", die Becher-Rune	218
23. „**eolhx**", die Elch-Rune (2)	219
24. „**ingwaz**", die Rune des Yngvi-Freyr	220
25. „**ethel**", die Rune des Landbesitzes	221
26. „**daeg**", die Rune der Sonne und des Tages	222
27. „**aesc**", die Eschen-Rune	223
28. „**iar**", die Aal-Rune	224
29. „**ear**", die Rune der Erdgöttin	225
30. „**jera**", die Rune der guten Ernte	226
31. „**ac**", die Eichen-Rune	229
32. „**kalc**", die Kelch-Rune (1)	231
33. „**kalc**", die Kelch-Rune (2)	232
34. „**eord**", die Feuer-Rune	233
35. „**stan**", die Stein-Rune	234
I D Zusammenfassung der Bedeutungen der einzelnen Runen	**235**
II Runen in der indogermanischen Überlieferung	**239**
Themen-Übersicht	241

I Die Runen in der germanischen Überlieferung

Die Runen sind eines der bekanntesten Elemente der germanischen Religion. Im folgenden wird zunächst kurz die Entwicklungsgeschichte der Runen, dann die allgemeinen Beschreibungen der Runen und ihrer Verwendung und schließlich der Charakter der einzelnen Runen dargestellt.

I A Die Entwicklungsgeschichte der Runen

Die Runen wurden wahrscheinlich zwischen 100 v.Chr. und 100 n.Chr. aus einem norditalienischen Alphabet entwickelt. Die frühen Runen ähneln am stärksten den Buchstaben des rätischen Alphabets von Bolzano. In dieser Schrift wurden auch wie in den Runen Punkte als Worttrenner benutzt. In der rätischen Sprache findet sich auch das germanische Zauberwort „alu", das dem etruskischen Substantiv „alu" für „Gebender, Weihender" entspricht.

Die meisten Runen-Funde stammen von den schwedischen Runensteinen, die zwischen 800 n.Chr. und 1050 n.Chr. in Mittel- und Süd-Schweden errichtet worden sind.

Die Großzahl der mitteleuropäischen Runen sind deutlich älter und stammen aus der Zeit von 550-600 n.Chr.

Die Runen sind vor allem in den Nordländern (Skandinavien, Großbritannien, Island) benutzt worden. Die mitteleuropäischen Runen sind eine vorübergehende „Modeerscheinung" gewesen, die durch die Gründung des Frankenreiches ausgelöst worden ist, die viele Elemente der Kultur der nördlich von ihnen wohnenden Sachsen übernommen haben.

Eine der Hauptfragen bezüglich der Runen ist, wieso zwischen 100 v.Chr. und 100 n.Chr. ein norditalienisches Alphabet in Nordeuropa die Bildung eines Runenalphbetes angeregt hat, obwohl zu dieser Zeit zwischen den Germanen im Norden und den Römern sowie den Etruskern im Süden die Kelten ganz Mitteleuropa bevölkert haben. Im Grunde ist nur ein „Import" durch Germanen, die im Nordalpenraum „zu Besuch" waren und sich dort für die Möglichkeit des Schreibens begeistert haben, denkbar.

Dies war möglicherweise weniger der „Import" einer Schrift als eines praktischen magischen Hilfsmittels.

Mit weitreichenden Zusammenhängen muß auch zu dieser frühen Zeit gerechnet werden – so ist z.B. der keltischen Kessel von Gundestrup, der um 400 v.Chr. von den Thrakern am Mittelmeer in keltischen Auftrag hergestellt worden ist, von den Germanen in Norddänemark verwendet worden ...

Die räumliche und zeitliche Verbreitung der Runen				
Zeit	*Länder*			
	Ursprung: rätisches Alphabet von Bolzano (Norditalien)			
100 v.Chr. -100 n.Chr.	*Ableitung der Runen von dem rätischen Alphabet (die germanische Sprache ist noch einheitlich)*			
100-200	Schleswig-Holstein, Dänemark: älteres Futhark, 24 Zeichen			
200-300				
300-400			England: angelsächsische Runen	Mitteleuropa
400-500				
500-600				
600-700				
700-800				
starke Weiterentwicklung und Differenzierung der verschiedenen germanischen Sprachen vor allem aufgrund der vorhergehenden Völkerwanderungszeit				
800-900	Skandinavien: kurzes Futhark, 16 Zeichen	Nordländer: jüngeres Futhark, 33 Zeichen	England: angelsächsische Runen	Schweden: Runensteine
900-1000	Nordländer: kurzes Futhark, erweiterte Zahl von Zeichen und Punktierung (Vokalunterscheidung)			
1000-1100				
1100-1200				
1200-1300				
1300-1400				
1400-1500				
1500-1600	Mittelschweden: vor allem auf Kalendern			
1600-1700				
1700-1800				
1800-1900				
1900-2000			1900-1945: NAZI-Ideologie	ab 1950: Tolkien-Einfluß

Die Tabelle auf der vorigen Seite ist eine Übersicht darüber, welche Runen-Alphabete in den welchen Ländern zu den verschiedenen Zeiten benutzt worden sind.

Die Form der Runen besteht aus senkrechten Linien, von denen weitere Linien in einem 45°-Winkel abzweigen. Dies ermöglicht es, die Runen quer auf Holzstäbe zu ritzen ohne daß es Ritzungen in Faserrichtung gab.
Auf Metall und später auch auf Pergament finden sich jedoch auch einige runde Zeichen sowie waagerechte Linien.
Die Bezeichnung „Rune" kann von zwei germanischen Worten hergeleitet werden: von „run" für „raunen, Geheimnis" und von „run" für „ritzen". Vermutlich ist dies wieder eines der von den Germanen so sehr geschätzten Wortspielen und es ist beides gemeint: „eingeritzte Geheimnisse". Das Wort „run" findet sich bereits um 350 n.Chr. auf dem Stein von Einang.

Die Runen wurden nur sehr selten zur Niederschrift von längeren Texten benutzt. In der Regel finden sich kurze Kommentare, Inschriften, Weihungen, magische Formeln, Signaturen, aber auch private Kurznachrichten wie „Küss mich!" auf einem beweglichen Gegenstand wie einem Knochen, der damals wohl als „Brief" gedient hat.
Eine Rune hatte mehrere Funktionen. Sie war:

- ein Buchstabenzeichen;
- ein Wortzeichen für das Ding, nach dem die Rune benannt worden war und das mit dem Buchstaben, den die Rune bezeichnete, begann (Die Rune „f" wurde „fehu", d.h. „Vieh" genannt und konnte daher auch für das Wort „Vieh" stehen.);
- ein magisches Zeichen, das eine bestimmte Qualität oder ein bestimmtes Ereignis, das mit dieser Rune verbunden war, herbeirief.

Diese drei Funktionen finden sich bei fast allen alten Schriften.
Auch die Benennung der Buchstaben nach einem Ding, das mit diesem Buchstaben beginnt, ist eine durchaus übliche Assoziation. So sind z.B. die ersten Buchstaben überhaupt von den Ägyptern aus den Bild-Zeichen für Worte entwickelt worden, die entweder nur einen Konsonanten hatten (Altägyptisch war eine reine Konsonantenschrift) oder mit dem betreffenden Konsonanten begannen.
Als einziger Buchstabe hat sich das „n" auf dem viertausend Jahre langen Weg von den Hieroglyphen über die vorderasiatischen Alphabete, die griechische und die römische Schrift bis hin zu den Runen halten können. Das „n" ist ursprünglich in der Hieroglyphenschrift eine Wasserwelle gewesen und war die Darstellung des Wortes „nu" für Wasser. Daraus entwickelte sich dann schließlich über das „n" der Römer („navis" = „Schiff") die „Not"-Rune der Germanen, die noch immer mit dem Wasser

assoziiert wurde.

Die Runen wurden meistens von links nach rechts geschrieben. Anfangs war die Richtung jedoch nicht festgelegt und es gab auch die Richtungen „links-rechts" und „wie der Stier den Acker pflügt", d.h. am Ende einer Zeile, die von links nach rechts verlief, schrieb man darunter von rechts nach links und am Ende dieser Zeile darunter wieder von links nach rechts. Auf den Runensteinen befindet sich die Inschrift oft auf dem Leib einer Schlange, d.h. zwischen zwei parallelen Linien und verläuft daher oft kreisförmig – meist im Uhrzeigersinn.

Manchmal stehen auch einzelne Runen „falsch herum" („Wende-Runen") oder „auf dem Kopf" („Sturz-Runen") oder werden miteinander zu einer einzelnen Rune verbunden („Binde-Runen").

I B   Allgemeine Beschreibungen der Runen in der germanischen Überlieferung

In den folgenden Texten finden sich die generellen Darstellungen der Verwendung der Runen in den Liedern, Sagas und Mythen der Germanen. Alle Texte, die sich einer bestimmten Rune zuordnen lassen, finden sich im zweiten Teil über die Qualität der einzelnen Runen.

I B 1.   Völsungen-Saga

Das Lesen und Schreiben der Runen sowie vermutlich auch das Erlernen der Möglichkeiten ihrer Verwendung in der Magie gehörte zu der Ausbildung von Fürstensöhnen.

Sigurds Zieh-Vater hieß Regin Hreidmar-Sohn. Er lehrte ihn alle Arten von Künsten, das Tafl-Spiel, die Runenkunst und das Sprechen in vielen Sprachen, so wie es damals von Königssöhnen erwartet wurde.

I B 2.   Lausavisur

Der Skalde Rögnvald-Jarl Kali Kollson nennt um 1150 n.Chr. neun Fähigkeiten, derer er sich rühmt:

Ich kann Tafl spielen,
Ich habe neun Fähigkeiten,
Nur selten vergesse ich die Runen,
Ich kenne mich aus mit Büchern und mit dem Schmieden,
Ich weiß, wie man auf Skiern gleitet,
und gut genug weiß ich zu schießen und zu rudern,
Und beide von diesen zwei Künste kenne ich:
Harfenspiel und Dichtung-Sprechen.

I B 3. Lied des Rig

Auch in diesem Lied über die Gründung der drei Stände durch den Göttervater Rig (Tyr-Heimdall) wird beschrieben, daß der Fürstensohn von Rig u.a. die Runen erlernt hat.

Aus dem Walde kam der rasche / Rigr gegangen,
Rigr gegangen / ihn Runen zu lehren,
Nannte mit dem eignen / Namen den Sohn,
Hieß ihn zu Erb / und Eigen besitzen
Erb und Eigen / und Ahnenschlösser.

Konur der junge / kannte Runen,
Zeitrunen / und Zukunftrunen;
Zumal vermocht er / Menschen zu bergen,
Schwerter zu stumpfen, / die See zu stillen.

Vögel verstand er, / wußte Feuer zu löschen,
Den Sinn zu beschwichtigen, / Sorgen zu heilen.
Auch hatt er zumal / acht Männer Stärke.

Er stritt mit Rigr, / dem Jarl, in Runen,
In allerlei Wissen / erwarb er den Sieg.
Da ward ihm gewährt, / da war ihm gegönnt,
Selbst Rigr zu heißen / und runenkundig.

I B 4. Das erste Lied von Sigurd Fafnir-Töter

Auch Sigurd hat neben der Kampfkunst und dem Taflspiel sowie einigen Fremdsprachen auch das Lesen und Schreiben der Runen erlernt.

Gripir:
„Sie wird Dich, Reicher, Runen lehren,
Alle, die Menschen wissen möchten,
Dazu in allen Zungen reden,
Und heilende Salben – Heil Dir, König!"

Gripir ist der Onkel des Sigurd. „Sie" ist die Walküre Sigdrifa-Brünhild, die später Sigurds Geliebte wird.

I B 5. Havamal: Loddfafnirs Lied

Bei den Germanen gehörte das Schreiben und Lesen von Runen und auch die Kenntnis ihrer magisch-religiösen Bedeutungen zu den Fähigkeiten der gebildeten Oberschicht.

Odin:
„Bei der Quelle der Urd
saß ich schweigend,
ich sah und meditierte,
ich lauschte den Worten der Menschen.

Ich hörte von Runen sprechen
und von göttlichen Dingen,
sie schwiegen auch nicht darüber, wie sie zu ritzen sind,
und auch über weisen Rat
in der Halle des Hohen."

Die Halle, in der Odin diese Runen erlernt hat, wird die Halle des ehemaligen Göttervaters Tyr sein, der in der Havamal u.a. auch als Suttung, der Vater der Gunnlöd erscheint.

Dieses Erlernen der Runen durch Odin von Tyr ist auch historisch zutreffend, da Odin erst um ca. 500 n.Chr. von den „Runen-losen" Südgermanen, deren Göttervater Odin war, zu den „Runen-kundigen" Nordgermanen, deren Göttervater Tyr gewesen ist, gekommen ist.

I B 6. Die Vision der Seherin

Die Runen wurden von Fimbultyr („mächtiger Tyr") gefunden, Odin war zu dieser Zeit noch nicht der nordgermanische Göttervater.

Die Asen einen sich auf dem Idafelde,
Über den Weltumspanner zu sprechen, den großen.
Uralter Sprüche sind sie da eingedenk,
und der Fimbultyr gefundenen Runen.

I B 7. Hrolf Kraki und seine Berserker

Manchmal waren die Runen-Inschriften auch nur Kurzmitteilungen oder Etikettierungen:

„Hier siehst Du eine Truhe mit drei Fächern. Die Runen neben ihnen zeigen, für wen die Dinge in den jeweiligen Fächern bestimmt sind."

I B 8. Skaldskaparmal

Das Wort „Runen" wurde auch als Bezeichnung für „Dichtung" benutzt.

Bragi: „Davon hat die Redensart ihren Ursprung, daß wir das Gold dieser Jötune Mundmaß nennen, und in Runen und in der Skaldensprache umschreiben wir es so, daß wir es dieser Joten Sprache oder Rede nennen."
Da sprach Ägir: „Das dünkt mich in Runen wohl angewandt."

I B 9. Hovard-Saga

Dieselbe Verwendung des Begriffes „Runen" findet sich auch in dieser Saga:

„Das ist gewiß," sagte sie, „dass es eine große Lüge ist, dass Du schon drei Jahre lang nicht mehr geschlafen hast; aber jetzt ist es Zeit, einmal aufzustehen, und dabei so rasch und hurtig zu sein, als nur möglich, wenn Du Deinen Sohn noch rächen willst, denn all' deine Lebtage wird er nicht mehr gerächt, wenn er in dieser heutigen Nacht nicht gerächt wird."
Als er da begriff, was sie zu ihm sagte, sprang er vom Bett auf, und mit einem Satz heraus auf den Boden, und begann das Lied zu singen:
„Rühmliche Runen
Zu singen von Rache,
Das erspart, tauschend,
Dem leidenden Greis.
Des mit Lieben Todtschlag
Weckt mich zu Taten;
Doch gestürzt ist nun mein Stolz,
Gefallen mein Stamm."

Stamm = Nachkommenschaft

I B 10. Skaldskaparmal

Außer den eigentlichen Runen wurden auch andere magische Zeichen „Runen" genannt.

Hrungnir selbst hatte bekanntlich ein Herz von hartem Stein, scharfkantig und dreiseitig, wie man seitdem das Runenzeichen zu schneiden pflegt, das man Hrungnirs Herz nennt.

I B 11. Carmina

Der Merowingerzeit-Dichter Venatius Fortunatus, der Bischof von Poitier gewesen ist, hat in einem um ca. 565 n.Chr. verfaßten Gedicht die übliche Art des Schreibens der Runen geschildert:

„Die Runen der Barbaren werden auf Tafeln aus Eschenholz gezeichnet; was sonst der Papyrus tut, vermag auch der geglättete Zweig."

Man schrieb die Runen offenbar auf Eschen-Äste, die man zuvor geschält und geglättet hat.

I B 12. Gisla-Saga

Das Ritzen der Runen in Holzstäbe wird in den Isländer-Sagas häufig beschrieben.

Da ging er noch einmal zu seinem Bruder Thorkel und klopfte an seine Tür, aber Thorkel wollte nicht herauskommen. Daher nahm Gisli einen Stab und ritzte Runen in ihn und warf ihn durch einen Schlitz.

Runenpost in einem inoffiziellen Briefkasten ...

I B 13. Gisla-Saga

Gisli schnitzte des öfteren Runenstäbe. Er hat soviel Übung darin, daß er sie auch während des Gehens schnitzen konnte:

Gisli hielt einen Stab in seinen Händen und versah ihn, während er lief, mit Runen, und die Holzstückchen fielen zur Erde.

I B 14.   Die Saga von Viglund dem Blonden

In dieser Saga wird geschildert, daß auf einem Runenstab eine kurze Nachricht geschrieben wurde.

Aber Holmkel ritt an ihnen vorüber und kehrte dann zurück. Da gingen die Brüder zurück zum Weg und fanden dort Münzen und einen Goldring und einen Runenstab und auf den Runenstab waren all die Worte des Ketilrid und des Holmkel geritzt und zusätzlich, daß sie die Münzen dem Viglund gibt.

I B 15.   Grettir-Saga

Auch in dieser Saga findet sich ein Runenstab, der ein kurzes „Begleitschreiben" ist.

Da ging er zum Inseltal-Fluß und brachte den Sack mit den Knochen (des Riesen) *zum Kirchenportal und legte einen Runenstab dazu, auf den auf wundersam gute Weise dieses Lied geritzt worden war: ... ...*

Das nun folgende Lied berichtet dem Priester in dieser Kirche davon, wie Grettir den Riesen erschlagen hat.

I B 16.   Die Botschaft des Ehemannes

In dieser um ca. 950 n.Chr. niedergeschriebenen angelsächsischen Dichtung ist ebenfalls ein Stab das Schreibmaterial für eine Runenbotschaft:

Höre, Nioroovor: „Der, der diesen Stab beschrieben hat, hat mir befohlen, Dich, Lady, zu bitten, Dich in Deinem Herzen eurer Schwüre zu erinnern."

I B 17.   Die Saga über Sturlaug den Mühen-Beladenen

„Stab-Botschaften" scheinen damals recht üblich gewesen zu sein – wenn der Stab nicht zu groß werden sollte, mußte man sich dabei offensichtlich kurz fassen – selbst bei Liebesbriefen ...

Man sagt, daß Sturlaug eines Tages Frosti zu sich rief und ihm sagte: „Ich habe einen Auftrag für Dich."
Er frug, was das wäre.
„Du sollst nach Norden in die Finnmark gehen und diesen kleinen Stab in den Schoß von König Schnees Tochter werfen."
Dem stimmte er zu. Da machte sich Frosti reisefertig und segelte aufs Meer hinaus. Er kam zu der Finnmark und gelangte zu König Schnee und grüßte ihn. Der König nahm seine Grüße wohlwollend an und frug nach seinem Namen.
Er sagte, er werde Gest genannt, „und ich würde mich freuen, wenn Ihr mich in Euer Gefolge aufnehmen würdet."
Der König stimmte zu. Frosti blieb für sich und mischte sich in nichts ein, was am Hof vor sich ging. Er blieb dort den Winter über und der König behandelte ihn gut. Ein kleines Stück von der Königshalle entfernt stand ein Frauenhaus hinter zwei Zäunen, die so hoch waren, daß nichts außer einem fliegenden Vogel hinübergelangen konnte. Frosti saß die ganze Zeit bei dieser Palisade, um die Königstochter Njoll zu sehen, aber es gelang ihm nicht. Der Winter verstrich ohne besondere Ereignisse.
Eines Tages, als die Männer mit dem König beim Spiel waren, ging Frosti zu der Palisade und sah, daß sie offenstand und ebenso das Frauenhaus. Er trat hinein und sah dort eine Frau auf einem Stuhl sitzen, die ihr Haar mit einem goldenen Kamm kämmte. Ihr Haar war auf einem Kissen neben ihr ausgebreitet – fein wie Seide.
Er betrachtete sie und dachte bei sich, daß er noch nie eine so schönere Frau wie diese gesehen hatte. Er konnte nicht ruhig bleiben, da er nicht tun konnte, was er gerne getan hätte – da nahm er den Stab und warf ihn in ihren Schoß. Sie strich ihre Haare zurück und nahm den Stab und schaute ihn an. Nachdem sie ihn gelesen hatte, blickte sie zu der Palisade und lächelte und schien über das, was in den Stab geritzt war, erfreut zu sein.
Da kam eine Dienerin in das Frauenhaus und Gest ging fort und ging zurück zur Halle und er konnte aus Sorge um seinen Auftrag weder schlafen noch essen.
Als alle schliefen, fühlte er eine Berührung an seiner Brust. Er griff nach der Hand und tastete den Arm entlang – da fiel ein goldener Ring von dem Arm. Er stand auf und ging hinaus. Dort fand er die Königstochter Mjoll.
Sie sprach: „Ist es wahr, was auf dem Stab steht?"
Er sprach: „Gewiß ist es wahr."

I B 18. Rätsel aus dem Exeter-Buch

Der Stab, auf den die Runen hier geschnitzt wurden, ist ein Seetang-Stengel (Laminaria digitata). Wenn er getrocknet war, sah man die in ihn geschnittenen Runen nicht mehr – um sie lesen zu können, mußte man den Stab erst wieder anfeuchten.

Am Ort meiner Geburt stand ich fest verwurzelt,
am Meeresrand, nah am Strand,
im Sand; nur wenige Menschen
sahen mein Heim in der Einsamkeit,
aber in jeder Morgendämmerung, in jeder Abenddämmerung
wirbelten die fahlen Wogen um mich her
und zerrten an mir. Ich dachte nicht daran,
daß ich, der Mund-lose, jemals für die Männer,
die an der Met-Bank sitzen, Worte sprechen,
reden würde. Es ist sehr verwirrend,
ein Wunder für jene Männer, die solcherlei Künste nicht kennen:
wie man mit der Spitze eines Messers und der rechten Hand
– des Fürsten Geist und Werkzeug wirken gemeinsam –
mich schneiden und schnitzen können – sodaß ich Dir ohne Furcht
eine Botschaft senden kann und niemand die Worte,
die wir miteinander sprechen, mithören kann.

I B 19. Die Fibel von Novling

Auf vielen Runen-Inschriften nennt auch der Schreiber seinen Namen. Eine der ältesten dieser „Unterschriften" stammt von 200 n.Chr.:

Bidawarijar hat geritzt

Der Name des Mannes, der diese Runen geritzt hat, bedeutet „der Schutz gibt".

I B 20. Holzkiste von Garbolle

In dieser um ca. 400 n.Chr. hergestellten Kiste befindet sich eine Runen-Inschrift:

Hagiadar – das innen habe ich gemacht

Dies bedeutet etwas ausführlicher formuliert: „Ich, Hagiardar, habe die Runen im Inneren dieser Kiste geritzt."

Solche „Unterschriften" waren bei Runeninschriften sehr beliebt. „Hagiardar" bedeutet „Geber guten Rates".

I B 21. Der Runenstein von Gummarp

Auf diesem um ca. 600 n.Chr. hergestellten Stein findet sich die folgende Inschrift:

Hathuwolafa setzte die drei Stäbe fff

Der Name des Runen-Schreibers bedeutet „Kampfwolf". Die drei „f" sind die Fehu-Rune, die hier als Zauberzeichen angesehen wird.

I B 22. Die Fibel von Eikeland

Diese um ca. 600 n.Chr. angefertigte Fibel trägt folgende Inschrift:

Ich, Wir, gravierte diese Runen für Wiwio

oder:

Ich, Wir, der Nachkomme der Wiwar, gravierte diese Runen.

„Wir" ist der Name des Schreibers – die Bedeutung dieses Namens ist unbekannt („Wahrhaftiger"?). „Wiwio" ist ein Frauenname, der „Fischteich" bedeutet.

I B 23. Runenstein von Istaby

Auch auf diesem Stein, der um ca. 650 n.Chr. angefertigt wurde, findet sich die „Unterschrift" des Runenmeisters:

In Erinnerung an Hariwulafa gravierte Hathuwulafr Haeruwulafr-Sohn diese Runen

„Hariwulafa" bedeutet „Heer-Wolf"; „Hathuwulafr" bedeutet „Kampf-Wolf" und „Haeruwulafr" bedeutet „Schwert-Wolf" – eine kriegerische Wolfs-Familie ...

I B 24.　Der Brakteat von Väsby

Auch auf diesen kleinen, aus Goldblech gefertigten und mit Bildern, Runen und Symbolen geprägten Amulett findet sich bisweilen die Angabe des Runenschreibers:

Uunigar, Runenmeister, schrieb dieses kunstvolle Werk

Der Name „Uunigar" bedeutet „Krieger".

I B 25.　Chronicon lethrense

Wo geschrieben wird, gibt es auch Urkundenfälschungen – da machen die Germanen mit ihren Runen keine Ausnahme.

Diese Chronik ist vermutlich um ca. 1170 n.Chr. von einem Mönch in der dänischen Stadt Röskilde verfaßt worden und enthält einige der Mythen und Sagen, die sich die Leute damals erzählten.
In dieser Chronik wird die Geschichte des Horwendil (Aurwandil) und seines Sohnes Amblothe (Amleth, Hamlet) kurz zusammengefaßt.

Dann wurde sein Sohn Rorik Armreif-Werfer, der auch Rake genannt wurde, König. Er eroberte Kurland, Wendland und Schweden und sie mußten ihm Abgaben zahlen.
Er setzte Orwendel und Feng als Fürsten von Jütland ein. Der König gab Orwendel für die gute Arbeit, die er geleistet hatte, seine Schwester zur Frau. Mit ihr zusammen hatte er den Sohn Amblothe.
Dann tötete Feng Orwendil aus Eifersucht und nahm dessen Frau zum Weib.
Da ersann Amblothe einen Plan, um sein Leben zu retten und tat, als wäre er verrückt geworden.
Doch Feng mißtraute Amblothe und sandte ihn mit zwei seiner Diener und einem Brief, in dem er schrieb, daß Amblothe getötet werden soll, zu dem König von England. Als die Diener schliefen, schabte Amblothe die Namen aus und schrieb, daß die beiden Diener getötet werden sollten; und so geschah es dann auch.
Auf den Tag genau nach einem Jahr, als Feng auf die Erinnerung an Amblothe trank, kam er nach Dänemark zurück und tötete Feng, den Mörder seines Vaters, und verbrannte alle Männer des Feng in deren Zelt und wurde so König von Jütland.

Dann kehrte er nach Großbritannien zurück und tötete seinen Schwiegervater, der den Tod des Feng rächen wollte.
Dann nahm er die Königin von Schottland zur Frau.
Sobald er heimgekehrt war, wurde er in einer Schlacht getötet.

Durch das Abschaben der Runen und das einritzen neuer Namen hat sich Amblothe sein Leben gerettet.
 Diese Geschichte ist der Ursprung von Shakespeares Drama „Hamlet, Prinz von Dänemark".

I B 26. Gesta danorum

Dieser Vorfall mit den gefälschten Runen scheint die Gemüter sehr beschäftigt zu haben, denn er wird auch in der „Geschichte der Dänen" von dem Mönch Saxo dem Schriftkundigen berichtet:

Da begleiteten ihn zwei Gefolgsleute des Feng und trugen einen in Holz geschnitzten Brief bei sich – ein Schreibmaterial, daß in den alten Zeiten üblich gewesen ist. Dieser Brief forderte den König der Briten dazu auf, den Jugendlichen, der zu ihm gesandt wurde, zu töten.
Während sie sich ausruhten, durchsuchte Amleth ihre Truhen, fand den Brief und las die Anweisungen in ihm. Da schnitzte er die ganzen Schrift ab, ersetzte sie durch neue Zeichen, veränderte dadurch die Anweisungen und übertrug sein eigenes Schicksal auf seine Begleiter. Er war nicht damit zufrieden, von sich selber sein Todesurteil zu entfernen und dieses Schicksal den anderen zu übertragen, sondern ergänzte noch den Wunsch, daß der König der Briten seine eigene Tochter dem vorzüglichen Jugendlichen zur Frau geben solle. Darunter schrieb er den gefälschten Namen des Feng.

I B 27. Völsungen-Saga

Die berühmteste aller in Runen geschriebene Urkundenfälschungen findet sich in der Nibelungen-Saga:

Da erkannte Königin Gudrun ihre Verschwörung und ahnte, daß dies einen Betrug an ihren Brüdern bedeuten würde. Da ritze sie Runen und nahm einen Goldring und knotete ein Wolfshaar daran und gab dies dem Boten des Königs.
Danach zogen sie entsprechend dem Gebot des Königs ihres Weges. Als sie in das

Land kamen, entdeckte Vingi die Runen und veränderte sie so, als ob Gudrun mit den Runen ihre Brüder bitten würde, loszuziehen, um König Atli zu treffen.

Dann kamen sie zu der Halle des Königs Gunnar und wurden von ihm herzlich willkommen geheißen und große Feuer wurden für sie entfacht und in großer Fröhlichkeit tranken sie die besten der Tränke.

Da sprach Vingi: „König Atli sandte mich hierher und er sähe es gerne, wenn ihr zu seiner Halle kämt in all eurer Pracht und von ihm die größten Ehrungen, Helme und Schilde, Schwerter und Brünnen und gute Gewänder, Pferde, Kriegsheere und große und weite Ländereien empfangen würdet, denn, so spricht er, denn er würde euch am liebsten sein Reich und seine Herrschaft übergeben."

Da wandte Gunnar sein Haupt zur Seite und sprach zu Hogni: „In welcher Weise sollen wir auf diese Bitte antworten? Er bittet uns Macht und Schätze anzunehmen, aber ich kenne keine Könige, die so viel Gold haben wie wir, da wir den ganzen Hort haben, der einst auf der Gnitaheide lag und unsere Kammern sind groß und voller Gold und von Waffen für den Kampf und von von allen Arten von Rüstungen für den Krieg und ich weiß wohl, daß unter allen Männern mein Roß das Beste ist und mein Schwert das schärfste und mein Gold das ruhmreichste."

Högni antwortete: „Diese Bitte ist mir verwunderlich, denn nur selten hat er so getan und es wäre ein übler Rat, zu ihm zu fahren. Siehe, als ich diese teuer erkauften Dinge sah, die der König uns gesandt hat, habe ich mich gewundert, ein Wolfshaar zu sehen, daß um einen bestimmten Goldring geknotet war. Es scheint, daß Gudrun glaubt, daß er uns gegenüber wie ein Wolf gesonnen ist und nicht will, daß wir diese Fahrt unternehmen."

Doch da zeigte Vingi ihnen die Runen, die Gudrun ihnen gesandt hatte.

Nun gingen die meisten der Leute zu Bett, aber diese tranken noch immer zusammen mit einigen anderen weiter. Da kam Kostbera, Högnis Frau, die schönste der Frauen, zu ihnen und blickte auf die Runen.

Das Weib des Gunnar jedoch war Glaumvor, eine großherzige Frau.

Diese beiden schenkten ein und die Könige tranken und waren sehr trunken. Vingi bemerkte dies und sprach: „Ich möchte nicht verhehlen, daß König Atli nur noch schlecht auf den Beinen ist und zu alt, um sein Reich zu führen. Seine Söhne sind jedoch sehr jung und noch keine Männer. Nun möchte er die Herrschaft über sein Reich gerne euch anvertrauen, während sie noch jung sind, und ihm wäre es am liebsten, wenn ihr diese Freude hättet und nicht andere."

Als nun Gunnar so trunken war und ihm Herrschaft angeboten wurde, konnte er dem Schicksal, daß für ihn bereitet worden war, nicht mehr widerstehen, sodaß er sein Wort gab zu kommen. Er erzählte dies einem Bruder Högni.

Er jedoch antwortete: „Dein Wort, das Du gegeben hast, muß nun Bestand haben, und ich werde Dich auch nicht alleine ziehen lassen, aber ich mißtraue dieser Fahrt nur allzusehr."

Als die Männer genug getrunken hatten, gingen sie schlafen. Da betrachtet Kostbera die Runen und während sie die einzelnen Runen las, sah sie, daß unter ihnen noch andere Dinge geritzt waren und daß die Runen betrügerisch waren. Doch durch ihre Weisheit hatte sie das Geschick, sie auf die richtige Weise zu lesen. Da ging sie zu ihrem Mann zu Bett. Als sie jedoch erwachten, sprach sie zu Högni:

"Du bist gewillt, von Deinem Heim fortzugehen – das ist schlecht beraten. Bleib hier bis zu einer anderen Zeit! Du bist wirklich kein guter Runen-Leser, wenn Du glaubst, daß Du in ihnen die Einladung Deiner Schwester zu dieser Reise gelesen hast. Siehe, ich habe die Runen gelesen und habe mich gewundert, daß eine solch weise Frau wie es Gudrun ist, sie falsch geschrieben haben sollte. Das jedoch, was unter ihnen verborgen war, enthält Dein Verderben in sich: Ja, entweder hat sie eine Rune vergessen oder andere haben in listiger Weise die Runen verändert."

Letztlich hat die Wachsamkeit und der Scharfsinn der Kostbera nichts genutzt und die Nibelungen verbrannten alle in der Halle des Königs Atli.

I B 28. Atli-Lied

Über diesen Vorfall wird in mehreren Textquellen berichtet, u.a. auch im Atli-Lied. In diesem Lied heißt es über Gudrun:

Da ritzte sie Runen: die verritzte Wingi
Eh er sie abgab, der Unheilstifter.
… … …

Auch in diesem Lied ist es Kostbera, die den Betrug erkennt:

Klug war Kostbera und kundig der Runen.
Sie besah die Lautstäbe bei des Lichtes Schein,
Und zwang die Zunge zu zwiefachem Anschlag:
Denn sie schienen umgeschnitzt und schwer zu erraten.

Zu Bette ging sie mit dem Gatten darauf.
Die Leutselige träumte; auch leugnet es nicht
Die Weise dem Gemahl, als er morgens erwachte.

"Von Deiner Halle willst Du, Högni, fort: hüte Dich wohl.
Nicht viele sind vollklug: fahr ein andermal.
Ich erriet die Runen, die Dir ritzte die Schwester:

Nicht hat Dich die lichte geladen zu Haus.

Eins fiel mir auf: ich ahne noch nicht
Was der Weisen begegnete, so verworren zu schneiden.
Denn so war es angelegt, als lauschte darunter
Euch tückisch der Tod, trautet ihr der Ladung;
Doch ein Stab fiel aus, oder andre fälschten es."

Die Runenkunde war offensichtlich nicht nur eine „Männerangelegenheit".

I B 29. Skaldskaparmal

Auch Snorri Sturluson berichtet in dem Abschnitt „Mord der Niflungen" über diese Urkundenfälschung:

König Atli lud Gunnar und Högni zum Gastgebot, wozu er sich als Boten des Wingi oder Knefröd bediente. Gudrun ahnte Tücke und schickte in runischen Zeichen Warnungsworte, daß sie nicht kommen sollten, und zum Wahrzeichen schickte sie dem Högni den Ring Andwaranaut, an den sie Wolfshaare knüpfte.

I B 30. Beowulf-Epos

Es lag nahe, auch Schwerter, Schilde, Rüstungsteile, Fibeln u.ä. durch eine passende Runeninschrift mit magischer Macht zu versehen.
Das Schwert, in das hier die Runen geritzt waren, ist das Schwert des Tyr-Grendel.

Auch war auf dem glänzenden / Golde verzeichnet,
Mit Runenstäben / geritzt die Kunde,
Für wen die edle / Waffe zuerst,
Das unschätzbare Schwert, / geschmiedet wurde,
Gedreht der Griff / und mit Drachenbildern
Die Klinge verziert.

I B 31. Heimskringla

Als Begründer der Runen-Magie wurde zur Zeit von Snorri Sturluson der Gott Odin angesehen:

Odin lehrte alle diese Künste in Runen und in Liedern, die Zauberlieder genannt werden. Deshalb werden die Menschen im Land der Asen (d.h. die Asen) „Zauberlied-Schmiede" genannt.

I B 32. Sonnenlied

Auch Njörds neun Töchter, die als Meeresriesinnen ansgesehen wurden und letztlich mit der Jenseitsgöttin Ran identisch sind, waren in der Runenkunde bewandert:

Dies sind die Runen, / die geritzt wurden
von den neun Töchtern des Njörd:
von Radwör der ältesten, / und Kreppwör der jüngsten
und ihren sieben Schwestern.

I B 33. Runenstein von Einang

Auf diesem Runenstein, der um ca. 350 n.Chr. hergestellt worden ist, wird gesagt, daß die Runen gefärbt wurden. Damit ist gemeint, daß sie mithilfe des Blutes eines Opfertieres magisch aktiviert worden sind.

Ich, Godegastir, habe diese Runen gefärbt.

Der Name „Godegastir" bedeutet „Gast der Götter".

I B 34. Runenstein von Eggjum

Auf diesem um ca. 700 n.Chr. errichteten Runenstein findet sich eine längere Inschrift:

Weder die Sonne noch das Schwert kann den Stein spalten,
kein Mann kann ihn ungestraft seiner Runen entblößen,

kein Übeltäter wird mehr Ruhe finden!

Dieser Stein ist von dem Mann mit Blut bestrichen worden,
der die Linien in den hohlen Bären ritzte.

In welcher Gestalt gelangte das Asen-Heer in das Land der Menschen?
Als Fisch, der draußen in den Schreckenswogen schwamm,
als Vogel, der in dem Feind schrie!

Magie gegen den Übeltäter.

Das „Asen-Heer" scheinen hier die Götter als Gesamtheit zu sein, die eine Beschädigung des Runensteines rächen werden. Offenbar besteht diese Rache aus dem Töten der Übeltäters, der danach als Fisch in der Wasserunterwelt schwimmt und ruhelos als Seelenvogel umherfliegt.

Der „hohle Bär" ist eine Umschreibung für „Schiff", womit der Runenstein als Jenseitsreise-Schiff für den Toten gemeinst ist.

Die Runen sind hier ausdrücklich mit Blut geweiht worden.

I B 35. Sonnenlied

Das Röten der Runen mit Blut ist diesem schon stark christlich beeinflußten Lied zu einer Strafe für Menschen, die einen Meineid geschworen, d.h. die einen Eid gebrochen haben, umgedeutet worden:

Manche sah ich da, / die Missgunst in sich trugen
Wegen des Glückes der anderen:
Blutige Runen / standen auf ihrer Brust,
Künden von ihrem Meineid.

I B 36. Das andere Gudrunenlied

In diesem Lied wird gesagt, daß man auch in Trinkkelche Runen („Stäbe") ritzte und sie mit Blut weihte („röten") – auch in solche Kelche, die einen Zaubertrank enthielten:

Gudrun:
Grimhild brachte den Becher mir dar,
Den kalten, herben, daß ich mein Unglück vergäße.
Der Kelch war gekräftigt aus der Quelle Urds,
Mit urkalter See und sühnendem Blut.

In das Horn hatten sie allerhand Stäbe
Rötlich geritzt; ich erriet sie nicht.
Den langen Lindwurm des Lands der Haddinge,
Ungeschnittne Ähre und Eingang von Tieren.

Im Gebrauten beisammen war Bosheit viel,
Allerlei Wurzeln und Waldeckern,
Tau des Herdes und Tiereingeweide,
Gesottne Schweinsleber, die den Schmerz betäubt.

I B 37. Runenstein von London

Die Runen auf diesem Stein, der um ca. 1025 n.Chr. hergestellt worden ist, sind nicht mit Blut, sondern mit schwarzblauer Farbe eingefärbt worden. Der Stein trägt die Inschrift:

Ginna hat diesen Stein errichtet zusammen mit Toke

I B 38. Gisli-Saga

In dieser Saga wird über eine Blutsbrüderschafts-Zeremonie berichtet, in der ein mit Runen beschriebener Speer verwendet wird (siehe auch „Blutsbrüder" in Band 55).

„Laßt uns uns durch dauerhaftere Worte als je zuvor miteinander verbinden. Laßt uns vier den Ziehbruder-Eid ablegen."
Nun, dies schien allen ein guter Rat zu sein. Da verließen sie ihre Hütte beim Thing und gingen zu dem Ort, der „Landzunge" genannt wird und lösten den Grassoden in solcher Weise vom Boden, daß beide Enden noch mit der Erde verbunden waren und hielten den Soden dann mithilfe eines Speeres, der mit Runen überdeckt war, so hoch, daß ein Mann seine Hand auf die Hülse der Speerspitze legen konnte. Unter diesem Joch sollten sie nun alle hindurchgehen – Thorgrim, Gisli, Thorkel und Vestein. Nun öffneten sie alle eine Ader und ließen ihr Blut in die Mulde tropfen, die dort

entstanden war, wo der Grassoden fortgenommen worden war. Danach sollten sie sich alle auf ihre Knie niederlassen, ihre Hände ergreifen und schwören, daß sie sich gegenseitig so rächen sollten als ob sie Brüder wären, und dabei die Götter als Zeugen anrufen.

I B 39. Huldar-Saga

Odin unterhielt sich offenbar auch gerne mit anderen Runen-Meistern und Runen-Meisterinnen wie z.B. der Göttin Huldar über diese Kunst:

Huld lernte bei Frosti mancherlei Zauberkünste. Da sie aber nicht sein Nebenweib werden wollte, entfloh sie ihm und nahm in einer Waldhöhle ihre Wohnung. Da begab es sich, daß Odin auf der Jagd von einem Hirsch nach dieser Höhle gelockt und hier wohl aufgenommen wurde. Er begrüßt die Huld sofort bei ihrem Namen, während er den seinigen verleugnete.

Nach mancherlei Gesprächen über Runen und Zauberei verbrachten sie die Nacht miteinander, am nächsten Morgen aber nannte auch sie ihn bei seinem Namen und erklärte ihm, daß sie ihn zu sich habe locken lassen, um womöglich von ihm ein Kind zu bekommen, was sich aber jetzt als unmöglich erwiesen habe.

I B 40. Havamal

In seinem Runenlied am Ende des Havamal berichtet Odin, daß er die Runen von dem Vater seiner Mutter, also von dem Riesen Bölthorn (Tyr) gelernt hat. Dies entspricht auch den historischen Umständen, da Odin um 500 n.Chr. von den Südgermanen zu den Nordgermanen gelangt ist und zu dieser Zeit nur die Nordgermanen Runen benutzt haben. Ursprünglich werden die Runen daher eine Kunst des Tyr und nicht des Odin gewesen sein.

Odin:
„Neun mächtige Lieder
nahm ich aus der berühmten Vision
des Bölthorn, des Vaters der Bestla,
und ich trank aus dem Horn
von dem kostbaren Met
aus Ödrerir."

Diese Verse klingen so, als ob die Runenkunde in neun Liedern festgehalten worden sei. Allerdings ist die „9" vor allem ein Symbol der Unterwelt, sodaß sich aus dieser Neunzahl eher schließen läßt, daß es sich bei der Runenkunde um eine „Jenseits-Kunst" gehandelt hat. Dazu paßt auch, daß Bölthorn, also der Sonnengott-Göttervater Tyr als Riese in der nächtlichen bzw. winterlichen Unterwelt weilt. Dies ist auch der Ort, an dem Odin den Skalden-Met aus Gunnlöds Horn trank.

Leider ist die *„berühmte Vision des Bölthorn"* nicht bekannt.

Drei der markantesten Runen sind:

- die Rune „Tyr", die sich auf den ehemaligen Göttervater bezieht;
- die Schlaf-, Todes- und Abendrune „Thorn", die auch in dem Namen „Bölthorn" („Übel-Dorn") enthalten ist („Dorn" = Tyrs Schwert), und
- die Sonnenaufgangs- und Wiedergeburtsrune „Man".

Diese drei Runen ergeben zusammen das wichtigste Motiv in den Mythen des ehemaligen Sonnengott-Göttervaters: der Tod („Thorn") am Abend bzw. im Herbst und die Wiedergeburt („Man") am Morgen bzw. im Frühjahr des Tyr („Tyr").

Vermutlich ist die Neunzahl der Runenlieder des Tyr-Bölthorn von dieser Mythe inspiriert worden.

I B 41. Havamal: Odins Runenlied

In diesem Lied finden sich die berühmten achtzehn Strophen des Odin über den Charakter der Runen. Diese Strophen finden sich in den Betrachtungen über die einzelnen Runen.

Odin erzählt in diesem Lied allerdings noch einige interessante allgemeine Dinge über die Runen.

Ich weiß, daß ich hing am windigen Baum
Neun lange Nächte,
Vom Speer verwundet, dem Odin geweiht,
Ich selber mir selber,
Am Ast des Baums, dem man nicht ansehen kann
Aus welcher Wurzel er sproß.

Dieser Baum ist offensichtlich der Weltenbaum. Das Hängen an ihm ist eine Jenseitsreise. Der Schamanengott Odin bevorzugte für den Weg zwischen den beiden Welten den Weltenbaum, während Tyr dafür die beiden Horizont-Tore im Osten und im Westen benutzte. Auch die Hallen des Tyr orientierten sich an dem Sonnenlauf, während der Saal Walhalla des Odin am Fuße der Weltesche steht.

Diese Strophe bestätigt die Herkunft der Runen aus dem Jenseits – vermutlich von dem Tyr-Riesen Bölthorn, der als der Großvater des Odin angesehen wurde.

Über dieses „Hängen am Baum" berichtet auch der Bischof Adam von Bremen, der dies allerdings nicht als Einweihung erkennt, sondern ausschließlich für eine Opferung hält (die es auch gegeben hat).

Diese Strophe hängt mit dem Sonnenuntergang und somit mit der Schlaf- und Todes-Rune „Thorn" zusammen.

Sie boten mir nicht Brot noch Met;
Da neigt ich mich nieder
Auf Runen sinnend, lernte sie seufzend:
Endlich fiel ich zur Erde.

Dieses „Sinnen" entspricht dem Meditieren an der Urd-Quelle zum Finden der Runen, von dem Odin in einer früheren Strophe der Havamal berichtet: *„Bei der Quelle der Urd / saß ich schweigend, / ich sah und meditierte."*

In den Heiligen Hainen befand sich in der Regel auch eine heilige Quelle …

Hauptlieder neun lernt' ich von dem weisen Sohn
Bölthorns, des Vaters Bestlas,
Und trank einen Trunk des teuren Mets
Aus Odhrörir geschöpft.

Auch in dieser Strophe wird Odins Großvater Tyr-Bölthorn als die Quelle der Runenkunde bezeichnet und mit dem Trinken des Skaldenmets der Gunnlöd assoziiert. Dies ist ausgesprochen plausibel, da sowohl die Runen als auch der Skaldenmet eng mit der Dichtkunst und somit auch mit den Runen verbunden waren.

Zu gedeihen begann ich und begann zu denken,
Wuchs und fühlte mich wohl.
Wort aus dem Wort verlieh mir das Wort,
Werk aus dem Werk verlieh mir das Werk.

Diese Zeilen entsprechen der morgendlichen Wiedergeburt der Sonne und somit der Man-Rune.

Runen wirst Du finden und Ratstäbe,
Sehr starke Stäbe, sehr mächtige Stäbe.
Erzredner ersann sie, Götter schufen sie,
Sie ritzte der hehrste der Herrscher.

    Diese Strophe ist vermutlich von Odin an die angehenden Runenmeister gerichtet, die diese Strophe lesen bzw. hören.
    Der „Erzredner" und der „Hehrste der Herrscher" wird Tyr sein.

Odin den Asen, den Alfen Dain,
Dwalin den Zwergen,
Alswid aber den Riesen;
einige schnitt ich selbst.

Vermutlich sind Dain, Dwalin und Alswid ursprünglich Namen des Tyr gewesen.

Weißt Du zu ritzen? Weißt Du zu erraten?
Weißt Du zu finden? Weißt Du zu erforschen?
Weißt Du zu bitten? Weißt Du Opfer zu bieten?
Weißt Du wie man senden, weißt Du wie man tilgen soll?

    Diese Strophe wendet sich wieder an die Runenlehrlinge, die offenbar Priester sind, da sie auch die Götter anrufen („bitten") und ihnen opfern können sollen.
    Nun folgen Odins („Hoher") Beschreibungen der achtzehn einzelnen Runen. Danach geht es wie folgt weiter:

Des Hohen Lied ist gesungen
In des Hohen Halle,
Den Erdensöhnen not, unnütz den Riesensöhnen.
Wohl ihm, der es kann, wohl ihm, der es kennt,
Lange lebt, der es erlernt,
Heil allen, die es hören.

I B 42. Runenstein von Noleby

In der Inschrift auf dem um ca. 600 n.Chr. errichteten Runenstein von Noleby werden die Runen als „göttlich" bezeichnet. Dafür wurde das Wort *„raginakundo"* (altnordisch: *„reginkunno"*) verwendet, das wörtlich „Herrscher-Wissen" bedeutet, wobei „Herrscher" eine geläufige Bezeichnung für die Götter ist, die als die Herrscher der Welt aufgefaßt wurden.

Da „König" bis 500 n.Chr. ein Beiname des Götterkönigs Tyr gewesen sein wird, könnte *„raginakundao"* ursprünglich auch „Wissen des Tyr" bedeuten – aber das ist recht ungewiß.

Ich fertige passende göttliche Runen.

Der Gott, von dem diese Runen stammen, wird zu dieser Zeit jedoch bereits der Göttervater Odin und nicht mehr der ehemalige Göttervater Tyr gewesen sein, der um ca. 500 n.Chr. von Odin und Thor abgesetzt worden ist.

I B 43. Runenstein von Sparlösa

Auf dem Runenstein von Sparlösa, der ca. 350 Jahre später, also um ca. 950 n.Chr. aufgestellt worden ist, findet sich dieselbe Ansicht über den göttlichen Ursprung der Runen:

... und deute die Runen, die göttlichen Ursprungs sind.

I B 44. Havamal: Des Hohen Lied

An einer Stelle des Havamal wird sehr nachdrücklich gesagt, daß die Runen von den Göttern stammen und daß man am besten über seine Runenkenntnisse Schweigen bewahrt.

Dies wird sich zeigen,
wenn Du ihn nach den Runen fragst,
die die Hohen kennen,
die die großen Mächte ersonnen haben,
die der große Redner gefärbt hat:
Daß Du am besten darüber schweigst.

I B 45. Die Vision der Seherin

Die Runen gehören diesem Lied zufolge zu Fimbul-Tyr, also zu dem „mächtigen Tyr". Dieser Beiname wird ursprünglich ein Beiname des Tyr gewesen und wurde später zu einer Kenning des Odin, nachdem dieser den ehemaligen Göttervater von seinem Thron vertrieben hatte.

Die Asen kamen zusammen
auf dem Ida-Feld,
um über den mächtigen Jörmungandr
Urteil zu sprechen
und sich dort
der machtvollen Sprüche
und der von Fimbul-Tyr
gefundenen Runen zu erinnern.

Die „machtvollen Sprüche" werden zum einen die Runenlieder sein, die das Wesen der Runen beschrieben, und zum anderen auch Runen-unabhängige Ritual-Lieder und Zaubersprüche. Diese bildeten zusammen die Kunst der „galdr" genannten rituellen, magisch-religiösen Zaubergesänge.

I B 46. Der Ausspruch der Seherin

Die Runen-Kenntnis ist bei den Göttern und Göttinnen, da die Runen („Stäbe") magische Kräfte haben, naturgemäß weit verbreitet:

Eine Esche weiß ich, sie heißt Yggdrasil,
Den hohen Baum netzt weißer Nebel;
Davon kommt der Tau, der in die Täler fällt.
Immergrün steht er über Urds Brunnen.

Davon kommen Frauen, vielwissende,
Drei aus dem See dort unterm Wipfel.
Urd heißt die eine, die andre Werdani:
Sie schnitten Stäbe; Skuld hieß die dritte.
Sie legten Lose, das Leben bestimmten sie
Den Geschlechtern der Menschen, das Schicksal verkündend.

I B 47.   Die Saga von Egil Skallagrimsson

Bei vielen Formen der Magie wurden Runen benutzt. Von dem Wikinger, Skalden und Politiker Egil Skallagrimsson ist ein Schadenszauber überliefert worden, in dem er ein altes Ritual mit einem gesprochen Fluch und dessen Niederschrift in Runen kombiniert.

Und als sie bereit zum Segeln waren, ging Egil hinauf an Land. Er nahm einen Haselstock in seine Hand und ging zu einer felsigen Anhöhe, von der aus man landeinwärts blickte.
Dort nahm er den Kopf eines Pferdes und steckte ihn auf den Stab.
Danach sprach er in der feierlichen Form eines Fluches: „Hier errichte ich einen Fluch-Pfahl und ich richte diesen Fluch auf König Eric und Königin Gunnhilda!"
Nun drehte er den Pferdekopf landeinwärts.
„Ich richte diesen Fluch auch gegen die Schutzgeister, die in diesem Land wohnen, damit sie alle fortwandern und nirgendwo eine Bleibe finden und erreichen, bis sie das Land des Königs Eric und der Gunnhilda verlassen haben!"
Nachdem er dies gesprochen hatte, rammte er den Pfahl in eine Felsspalte und ließ ihn dort stehen. Den Pferdekopf wandte er landeinwärts, aber in den Pfahl ritzte er Runen, die den gesamten Fluch ausdrückten.

Die Runen sollten den Fluch vermutlich dauerhafter werden lassen. Hier verwendete Egil keine einzelne Schadens-Rune, sondern schrieb einen Fluch mit Runen.
Der Pferdekopf auf diesen „Nid-Stäben" ist vermutlich aus dem Bestattungsritual entlehnt worden, in denen dem (reichen) Toten ein Pferd geopfert wurde – daher wurde ein Pferdekopf mit dem Tod assoziiert und konnte auch einem Lebenden den Tod bringen.
Der Fluch gegen die Landgeister war der größte Fluch überhaupt – der erste Paragraph des alten isländisches Gesetzbuches bestimmte, daß von jedem Drachenschiff, das sich Island näherte, außerhalb der Sichtweite der Insel die Drachenköpfe vom Bugsteven abgenommen werden mußten, damit der Anblick der Drachenköpfe nicht die „Puki" genannten Landgeister vertrieb.

I B 48.   Odins Rabenzauber

In diesem Lied wird die Vermutung ausgesprochen, daß „böse Geister" mithilfe von Runen das Wetter verzaubert haben.

Die Asen ahnten übles Verhängnis:
Geister verwirrten mit Runen das Wetter.
Urda sollte Odhrörir beschützen,
vor dem mächtigsten Winter.

Ungewöhnliche Vorgänge im Wetter und allgemein in der Natur wurden früher bei fast allen Völkern als böses Omen angesehen, die meistens durch böse Geister verursacht wurden. Der „böse Geist" schlechthin ist in der germanischen Mythologie Loki, der auch den Tod des Baldur herbeiführte, der zu dem Ragnarök führte. Loki ist u.a. der Gott des Jenseits und des Winters, der sich in diesem Lied ankündigt, da Baldurs Ermordung durch Ködur/Loki zu dem Fimbul-Winter („gewaltiger Winter") führt, der der Anfang des Ragnarök ist.

„Urd(-a)" ist eine der drei Nornen, die unter den Wurzeln der Weltesche der Unterwelt sitzen und das Schicksal bestimmen. Sie ist die „ursprüngliche Norne", die später durch Skuld und Verdandi zu einer Dreiheit ergänzt wurde. Da sie das Schicksal kennt, kann sie entweder selber als Seherin aufgefaßt werden oder als diejenige, an die sich die Seherinnen innerlich wenden, um die Zukunft zu erkennen.

„Ödrörir" ist der Göttermet, der die Götter unsterblich macht. Da Urd ihn bewacht, muß er sich in der Unterwelt befinden. „Ödrörir" bedeutet „der die Ekstase anregt".

I B 49. Sigdrifa-Lied

Wie im Havamal ist die Runenkunde auch im Sigdrifa-Lied ein Teil der allgemeinen Lebensweisheiten. Im Sigdrifa-Lied finden sich jedoch noch vier weitere Elemente, sodaß in diesem Lied sechs Dinge miteinander verbunden worden sind. Vermutlich bilden sie auch inhaltlich eine Einheit:

- Sigurds Reise in das Jenseits (Durchqueren der Waberlohe),
- Sigdrifas Anrufung der Götter,
- die (angekündigte) Vereinigung von Sigurd und Sigdrifa,
- das gemeinsame Trinken des Ritual-Mets („Minnetrank"),
- das Erlernen der Runen, und
- das Erlernen der allgemeinen Lebensweisheiten.

Die Runenkunde steht in diesem Lied somit in einem rituellen Zusammenhang, der die Wiedergeburt zum Thema hat: Sigurd reist in das Jenseits, vereint sich dort mit der Göttin in deren Gestalt als Wiederzeugungs-Geliebte, trinkt dann den Ritual-Met, erlangt Weisheit (Runen, Lebensweisheiten) und kehrt dann in die Welt zurück.

Dies ist dieselbe Struktur wie in Odins Runen-Mythe, deren Bestandteile (Reise zu Gunnlöd, Skaldenmet, Runen, Weisheiten) im Havamal berichtet werden:

Runen und Jenseitsreise		
Thema	*Mythe*	
	Odin	Sigurd
Jenseitsreise (Schlange, Hügelgrab, Waberlohe)	Hängen am Weltenbaum	Töten des Drachen; Durchschreiten der Waberlohe hin zu Brünhild auf dem „Hindin-Hügel" (Hügelgrab-Jenseits)
	als Schlange in den „Stoß-Fels" (Hügelgrab) zu Gunnlöd kriechen	
Wiederzeugung	Odin und Gunnlöd	Sigurd und Sigdrifa/Brünhild
Wiedergeburt	Odins Verwandlung in einen Adler-Seelenvogel	Sigurd kann die Stimmen der Vögel verstehen
Ritualmet	Odin trinkt Gunnlöds drei Gefäße mit (Skalden-)Met	Sigurd trinkt den von Sigdrifa gereichten Met
Runen	Odin erkennt am Weltenbaum hängend die Runen	Sigdrifa lehrt den Sigurd (innerhalb der Waberlohe/Unterwelt ?) die Runen
Lebens-weisheiten	Odin lehrt zusammen mit den Runen auch allgemeine Weisheiten	Sigdrifa lehrt Sigurd zusammen mit den Runen auch allgemeine Weisheiten

Im Folgenden findet sich das gesamte Sigdrifa-Lied mit Ausnahme der Teile, die sich konkreten Runen zuordnen lassen.

Sigurd ritt hinauf nach Hindarfiall und wandte sich südwärts gen Frankenland. Auf dem Berge sah er ein großes Licht als ob dort ein Feuer brennen würde, das bis zum Himmel emporleuchtete. Aber als er hinzukam, stand da eine Schildburg und oben heraus ein Banner.
Sigurd ging in die Schildburg und sah, daß da ein Mann lag und in voller Rüstung schlief. Dem zog er zuerst den Helm vom Haupt: da sah er, daß es ein Weib war. Die Brünne war fest als wäre sie ans Fleisch gewachsen. Da ritzte er mit Gram die Brünne durch vom Haupt herab und danach auch an beiden Armen. Darauf zog er ihr die Brünne ab; aber sie erwachte, richtete sich empor, sah den Sigurd an und sprach:

„Was zerschnitt mir die Brünne? Wie brach mir der Schlaf?
Wer befreite mich der falben Bande?"

  Sigurd:
„Sigmunds Sohn: eben zerschnitt
Das Wehrgewand dir Sigurds Waffe."

  Sigdrifa:
„Lange schlief ich, lange hielt mich der Schlummer,
Lange lasten Menschenlose.
So waltete Odin, ich wußte nicht
Die Schlummerrunen abzuschütteln."

  Sigurd setzte sich nieder und frug nach ihrem Namen. Da nahm sie ein Horn voll Met und gab ihm den Minnetrank.

  Diese Szene bildet den roten Faden in der Mythe über Odin und Gunnlöd.
  Das Reichen des Mets ist ein Teil eines Rituals wie die folgenden zwei Strophen zeigen, in denen Sigdrifa die Götter anruft:

„Heil Dir Tag, Heil euch Tagessöhnen,
Heil Dir Nacht und nährende Erde:
Mit unzornen Augen schaut auf uns
Und gebt uns Sitzenden Sieg.

Heil euch Asen, Heil euch Asinnen,
Heil Dir, fruchtbares Feld!
Wort und Weisheit gewährt uns edeln zwein
Und immer heilende Hände!"

  Sie nannte sich Sigdrifa und war eine Walküre. Sie erzählte, wie zwei Könige sich bekriegten: der eine hieß Hialmgunnar, der war alt und der größte Krieger, und Odin hatte ihm Sieg verheißen:

„Der andre hieß Agnar, Adas Bruder:
Dem wollte niemand Schutz gewähren."

  Sigdrifa fällte den Hialmgunnar in der Schlacht; aber Odin stach sie zur Strafe dafür mit einem Schlafdorn und sagte, von nun an solle sie nie wieder Sieg erfechten im Kampfe, sondern sich vermählen. „Aber ich sagte ihm, daß ich das Gelübde täte, mich keinem Manne zu vermählen, der sich fürchten könne."

Das Stechen der Sigdrifa mit dem Schlafdorn ist eine Umdeutung der Jenseitsreise im Ritual, in dem die Jenseitsreisenden symbolisch sterben und daher „mit dem Schlafdorn" bzw. mit dem „Mistelzweig" gestochen werden. Auf einem der beiden Goldhörner von Gallehus sticht sich der Mann, der auf die Jenseitsreise gehen will, selber (symbolisch) mit zwei Schwertern.

Sigurd antwortete und bat sie, ihn Weisheit zu lehren, da sie die Mären aus allen Welten wüßte.

Sigurd wußte offenbar, daß Sigdrifa solche Kenntnisse besaß, obwohl sie selber darüber nichts gesagt hatte. Vermutlich schloß er dies daraus, daß sie eine Walküre war und priesterliche Kenntnisse besaß – und in der ursprünglichen Form dieser Mythe, die eine rituelle Jenseitsreise gewesen ist, hat jeder gewußt, welchen Zweck eine solche Reise ins Jenseits hatte und daß es dabei unter anderem auch eine „Belehrung" gab.

Sigdrifa:
„Bier bring ich Dir, Du Baum in der Schlacht,
Mit Macht gemischt und Mannesruhm,
Voll der Lieder und lindernder Sprüche,
Guten Zaubers voll und Freudenrunen."

Nun folgen acht Strophen, die sich auf konkrete Runen beziehen.
Danach kehrt Sigdrifa wieder zu der allgemeinen Beschreibung der Runen zurück:

„Die Runen ersann und sprach, die schnitt zuerst
Odin, der sie auserdacht
Aus der Flut, die geflossen war
Aus dem Hirn Heiddraupnirs;
Aus dem Horn Hoddraupnirs."

„Heiddraupnir" („herrlicher Tröpfler") und „Hoddraupnir" („Gold-Tröpfler") sind beides Beinamen des Tyr-Riesen Mimir. Der „Tröpfler" ist der Gold-Ring, der die Sonne und die Wiedergeburt symbolisiert und als Halsreif bzw. Haarreif eng mit der Jenseitsgöttin (Freya, Fulla) verbunden ist und als Ring mit dem in das Jenseits reisenden Göttervater (Tyr, Odin, Baldur, Hermodr).
Die „Flut", die aus dem Hirn bzw. dem Horn des Mimir kommt, ist der Ritual-Met

bzw. der Skalden-Met. Das „Hirn des Mimir" bezieht sich darauf, daß Odin oft mit dem Totenschädel des Mimir sprach, um dessen Weisheit zu erlangen.

Die Runenweisheit stammt also von Tyr-Mimir und wurde dem Odin durch den Met (Horn) und die Worte (Hirn) dieses Riesen vermittelt.

Diese „Flut" entspricht dem Met, den Sigdrifa dem Sigurd reicht und dem Skaldenmet, den Gunnlöd Odin zu trinken erlaubt.

Man kann somit davon ausgehen, daß das Erlernen der Runen u.a. mit dem rituellen Trinken von Met verbunden gewesen ist.

„Auf dem Berge stand er mit blankem Schwert,
Den Helm auf dem Haupt.
Da hub Mimirs Haupt an weise das erste Wort
Und sagte wahre Stäbe."

Die Schilderung des Odin ist noch klar als eine Schilderung des früheren Runenmeisters Tyr erkennbar: Er steht auf einem Berg (Hügelgrab), hält ein Schwert in der Hand (Tyr ist der Schwertgott) und trägt einen Helm auf dem Haupt (Tyrs Goldhelm).

In den beiden letzten Versen wird wiederholt, daß Odin die Runen („Stäbe") von dem Tyr-Riesen Mimir erfährt. „Mimris Haupt" ist identisch mit „Heiddraupnirs Hirn" aus der vorigen Strophe.

In der nächsten Strophe wird auch noch der leuchtende Schild des Tyr beschrieben und er selber als der leuchtende Gott – Tyr ist der Sonnengott-Göttervater.

„Auf dem Schilde stehen die Runen vor dem scheinenden Gott,
Auf Arwakrs Ohr und Alswidrs Huf,
Auf dem Rad, das da rollt unter Rögnirs Wagen,
Auf Sleipnirs Zähnen, auf des Schlittens Bändern.

Auf des Bären Tatze, auf Bragis Zunge,
Auf den Klauen des Wolfs und den Krallen des Adlers,
Auf blutigen Schwingen, auf der Brücke Kopf,
Auf des Lösenden Hand und des Lindernden Spur.

Auf Gold und Glas, auf dem Glück der Menschen,
In Wein und Würze, auf der Wala Sitz,
Auf Gungnirs Spitze und Granis Brust,
Auf dem Nagel der Norne und der Nachteule Schnabel."

Diese sehr lyrische Beschreibung der Anwendung der Runen zeigt auch, wie eng die Runen mit den Göttern verbunden sind.

Der *„scheinende Gott"* ist der Sonnengott-Göttervater Tyr.

Einige dieser Runen lassen sich identifizieren. Die betreffenden Verse werden bei den konkreten Runen noch einmal aufgeführt.

„Geschabt wurden alle, die geschnitten waren,
Mit hehrem Met geheiligt
Und gesandt auf weite Wege.
Die sind bei den Asen, die bei den Alfen,
Die bei weisen Wanen,
Einige unter Menschen."

Das Schaben, Schneiden und Heiligen und bezieht sich vermutlich auf das Ritzen der Runen, das auch in den Sagas mehrfach beschrieben wird. Das *„Heiligen mit Met"* könnte bedeuten, daß sie mit Met statt mit Blut geweiht wurden, aber es ist wahrscheinlicher, daß damit ein Trinkritual gemeint ist, das mit dem „Aktivieren" der Runen verbunden war.

Das Aufzählen der vier Arten von Wesen bedeutet vermutlich, daß sie alle runenkundig sind. Dies entspricht der Aufzählung der Namen der Runenlehrer der verschiedenen Wesen im Havamal.

„Das sind Buchen-Runen, das sind Berge-Runen,
Dies alle Ale-Runen
Und rühmliche Macht-Runen,
Wer sie unverwirrt und unverdorben
Walten läßt zu seinem Wohl.
Lerne sie und laß sie wirken
Bis die Götter vergehn."

Die „boc-runar" in der ersten Zeile können sowohl „Buch-Runen" als auch „Buchen-Runen" sein. Die „Buchen-Runen" könnten mit den „Ast-Runen" identisch sein, die in den Strophen zu der Rune „Ur" genannt werden.

Mit den „Berge-Runen" sind Runen gemeint, die „bergen" also „schützen" – dieses „Bergen/Schützen" geschieht oft auf einem „Berg" in einer „Burg".

Die „Ale-Runen" sind die Trink-Runen.

Das Wort „megin-runar" kann sowohl mit „Macht-Runen" als auch mit „Götter-Runen" übersetzt werden.

„Wähle nun, da die Wahl Dir geboten ist,
Scharfer Waffenstamm:
Sagen oder Schweigen ersinne Dir selber;

Alle Meintat hat ihr Maß."

Der „scharfe Waffenstamm" ist eine Umschreibung für Sigurd mit seinem Schwert.

Sigurd:
„Nicht werde ich weichen, wär' mir auch der Tod gewiß,
Ich bin nicht blöde geboren.
Deinem treuen Rat vertrauen werd' ich
So lange mein Leben währt."

Als nächstes trägt Sigdrifa dem Sigurd 11 allgemeine Lebens-Weisheiten in 16 Strophen vor.

Sigurd sprach: „Kein weiseres Weib ist zu finden als Du, und das schwör ich, daß ich Dich haben will, denn Du bist nach meinem Sinn."
Sie antwortete: „Dich will ich und keinen andern, hätt ich auch zu wählen unter allen Männern. Und dies befestigten sie unter sich mit Eiden."

I B 50. Die Saga über König Olaf Tryggvason

Auch in die Hochsitze der Fürsten waren Runen geritzt – der Stammbaum des Fürsten?

Eines Tages traf die Königin Sigurd in der Großen Halle, wo er allein mit Olaf war und den Jungen lehrte, die Runen zu lesen, die in die schwarze Eiche des Hochsitzes des Königs geritzt waren.

I B 51. Runen-Zauberworte

In den Runen-Inschriften finden sich oft „Zauberworte", die anscheinend nur in diesen Inschriften verwendet worden sind. Die frühen Runeninschriften bestehen oft nur aus einem einzigen dieser Zauberworte.

Ihre Bedeutung ist in den meisten Fällen noch immer umstritten oder völlig unklar, sodaß alle Deutung in der folgenden Übersicht mehr oder weniger unsicher sind. Lediglich „laukar" ist recht sicher; allerdings ist die magisch-religiöse Bedeutung des Lauchs unklar – diese Bedeutung muß recht groß gewesen sein, da sie der „L-Rune" ihren Namen verliehen hat.

Auch die am weitesten verbreitete Formel „alu" läßt sich auf mehrere Weisen herleiten.

Es ist durchaus denkbar, daß diese Zauberworte zusammen mit dem Alphabet von den norditalischen Völkern übernommen worden sind. Da es Priester-Zauberer gewesen zu sein scheinen, die dieses Alphabet in den Norden importiert und dort zu den Runen umgeformt haben, wäre es durchaus denkbar, daß sie gleich auch noch einige zentrale Worte aus den Ritualen dieser Völker mitimportiert haben.

Diese Worte könnten sich dann, weil sie nicht verstanden worden sind, stark verändert und einen Reim entwickelt haben. Auf diese Weise ist auch auch das berühmteste aller abendländischen Zauberworte entstanden: Der zentrale Satz in der Eucharistie sind die Einsetzungsworte, durch die der Wein zu Christi Blut wird: „hunc est corpus ..." Daraus wurde durch die einfachen Leute, die kein Latein sprachen schließlich „Hokuspokus".

Die beiden frühgermanischen Zauberworte „salusalu" und „luwatuwa" haben eine sehr große Ähnlichkeit mit „Hokuspokus" und auch mit anderen derartigen Worten wie „Holterdipolter", „Schnickschnack" oder „Klimbim", die sehr stark umgeformt worden sind und dabei zu einem „klangvollen Reim-Worten" geworden sind.

1. „alu"

Dieses Zauberwort könnte vier verschiedene Ursprünge haben – vielleicht treffen auch mehrere gleichzeitig zu:
- Ritualtrank/Ekstase (germanisch),
- Zauber (hethitisch),
- Weihender (etruskisch), oder
- Schutz (angelsächsisch).

„Alu" ist das häufigste Runen-Zauberwort. Es scheint als eine Anrufungs- und Weiheformel aufgefaßt worden zu sein – sozusagen als „magische Kraftquelle".

2. „auja"

Dieses Zauberwort leitet sich von dem Adjektiv „aud" für „leicht, einfach, gut gelingend" ab und bedeutet „göttlicher Schutz, Glück, gutes Gelingen".

3. „luwa-tuwa"

„Luwa" bedeutet „auf der Erde"; „tuwa" bedeutet „zum Himmel". „Luwa-tuwa" ist eine beliebte Formel, die möglicherweise aus dem Kult stammt. Sie erinnert an die christliche Formel „Wie im Himmel so auf Erden". Beide Formeln könnten einfach „überall" bedeuten.

4. „salusalu"

Diese Formel läßt sich als S-Rune („Sieg" oder „Sonne") und die Formel „alu" („heilig, Magie") auffassen, die dann, so wie es bei Zaubersprüchen häufig der Fall ist, verdoppelt wurde. Diese Formel würde aufgeschlüsselt somit wie folgt aussehen: „ s·alu-s·alu ".

Da die Rune „S" entweder „Sonne" oder „Sieg" bedeuten kann, ergeben sich die beiden folgenden Übersetzungs-Möglichkeiten: *„Sieg-Magie, Sieg-Magie"* oder *„Magie der Sonne, Magie der Sonne"*.

Da Tyr bis 500 n.Chr. sowohl der Sonnengott-Göttervater als auch der Schwert- und Sieggott gewesen ist, bedeuten beide Interpretationen, daß es sich um einen Segen durch Tyr handelt.

5. „lathu"

Dieses Substantiv bedeutet „Einladung, Anrufung" (wie das „löd" in dem Namen „Gunnlöd"). Die Formel „lathu" bezeichnet somit entweder die Anrufung selber als Quelle magischer Kraft oder einen Gegenstand, der durch die Anrufung einer Gottheit geweiht worden ist.

6. „laukar"

Die Rune mit diesem Namen symbolisiert das Wasser und den Lauch. An den Stellen, an denen sie auftaucht, soll sie anscheinend Schutz und Gelingen bringen.

Die genaue Vorstellung, die in magisch-kultischer Hinsicht mit „laukar" verbunden gewesen ist, ist leider unklar.

7. „ota"

Das Verb „ota" bedeutet „vorwärts schieben, drohen" und wird für Schutz durch Schrecken und Abwehr verwendet.

I B 52. Germania

Um ca. 100 n.Chr. berichtete der römische Historiker Tacitus über ein Orakel bei den Germanen, bei dem „Zeichen" benutzt wurden, die durchaus schon Runenstäbe gewesen sein könnten.

Sie beobachten die Omen der Götter und benutzen Orakel wie alle anderen Völker auch.
Die übliche Art des Orakels ist ist einfach. Man schneidet einen Zweig, der von einem Nüsse tragenden Baum abgeschlagen wurde, in kleine Stäbchen, unterscheidet diese durch gewisse Zeichen, und streut sie blindlings und zufällig über ein weißes Tuch. Wenn die Befragung sich auf Volks-Dinge bezieht, blickt der Priester des Gemeinschaft, und wenn die Befragung sich auf häusliche Dinge bezieht, das Familienoberhaupt zum Himmel empor und ruft die Götter an, hebt dreimal ein Stäbchen auf, und deutet die aufgehobenen Stäbchen entsprechend dem diesem vorher eingeprägten Zeichen.
Wenn die Götter ablehnend waren, so wird an diesem Tag kein weiteres Orakel mehr befragt; waren die Götter jedoch zustimmend, so ist noch eine Bestätigung erforderlich.

Dieser Bericht enthält eine ganze Reihe von interessanten Einzelheiten:

- Die gekennzeichneten Orakelstäbchen könnten durchaus mit Runen markierte Stächen sein.

- Der Nußbaum wird bei den West-Indogermanen mehrfach mit dem Göttervater assoziiert.
So erhalten bei den Kelten die „Lachse der Weisheit" ihre Weisheit dadurch, daß sie in der Quelle des Göttervaters Dagda die Haselnüsse fressen, die von dem Haselstrauch neben diese Quelle ins Wasser fallen. Auch die Zauberstäbe der Druiden sind des öfteren aus Haselzweigen gefertigt worden.
Das Stäbchen-Orakel könnte daher dem Göttervater Tyr unterstanden haben. Für diese Vermutung spricht auch, daß die Runen bei den Germanen zunächst mit dem Göttervater Tyr und anschließend mit dem neuen Göttervater Odin verbunden waren.

- Das „Streuen" und „Ziehen" der Stäbchen entspricht dem Verfahren bei vielen anderen Orakeln wie z.B. dem Ziehen von Tarot-Karten.

- Das Aufblicken zum Himmel beim Ziehen der Stäbchen könnte einen

Bezug zu dem Gott im Himmel, d.h. zu dem Sonnengott-Göttervater Tyr hergestellt haben.

- Auch die Dreizahl könnte sich auf den Göttervater beziehen (drei Söhne des Göttervaters, dreieckiges Hrungnir-Herz; Triskelis-Sonnensymbol der Kelten u.a.), aber die Dreizahl könnte genausogut auch ein Hinweis auf die dreifache Jenseitsgöttin sein. In beiden Fällen hat die Dreizahl einen Bezug zu der Jenseitsreise – und bei einem Orakel werden die Götter im Jenseits gebeten, den Menschen im Diesseits eine Antwort zu senden.

- Die Regel, daß für eine zustimmende Antwort der Götter noch eine weitere Bestätigung erforderlich ist, zeigt einen Pragmatismus, der vermeiden soll, daß ein Orakel falsch gedeutet wird.

I B 53. Die Saga über Olaf Tryggvason und Harald Hart-Rat

In dieser Saga wird von einem Orakel berichtet, bei dem wahrscheinlich Runen verwendet wurden.

Darüber berichtet die Vellekla:

„Der Feind von denen, die fliehen, befrug auf der Ebene die Götter
und erhielten von den Stäben die Antwort, daß der Tag gut zum Kämpfen sei."

Mit diesen „Stäben" sind sehr wahrscheinlich Holzstäbchen gemeint, auf die Runen geritzt waren und die für das Orakel verwendet wurden.

I B 54. Ynglinga-Saga

Die Orakel wurden auch an den großen Tempeln der Germanen durchgeführt:

Im Frühjahr danach zog König Granmar nach Uppsala, um dort wie üblich Opfer zu bringen, um den Frieden zu erhalten. Da fielen die Späne solcherart, daß er nicht mehr lange in der Welt zu leben habe.

In Uppsala stand der wichtigste Tempel von Skandinavien.
Die „Späne" sind entweder Runenstäbe oder die abgeschabten Späne mit den Runen, die zuvor in die Stäbe eingeritzt worden waren. Dieses Abschaben-Ritual

findet sich auch im Skirnir-Lied beschrieben (siehe „Thorn-Rune" weiter unten), in dem dieser Vorgang die Runen zu aktivieren scheint.

I B 55. Vita Ansgari

Um ca. 850 n.Chr. verfaßte Rimbert, der Bischof von Hamburg-Bremen, einen „Vita Ansgari" genannten Lebenslauf seines Amtsvorgängers, des Heiligen Ansgar.

In dieser Hagiographie beschreibt Bischof Rimbert, daß der schwedische König Anund von Uppsala, als er nach seiner Vertreibung mit einem dänischen Heer Schweden zurückerobern wollte, die Asen mit „Losen" danach befragte, ob er die Stadt Birka angreifen solle oder nicht. Die Antwort des Orakels war, daß er dann eine Niederlage erleiden würde und daß er stattdessen eine slawische Stadt überfallen solle.

Diese Art von „Los-Zweigen" wurden von den Germanen *„hlautlein"* genannt, was wörtlich „Opferblut-Span" bedeutet. Dieser Begriff ist identisch mit dem Wort „blotspann", der wörtlich „Blut-Span" bedeutet. Beides wird ein Holzstäbchen sein, in das eine Rune geritzt worden ist, die dann mit dem Blut eines Opfertieres gerötet worden ist.

I B 56. Mit „Rune" gebildete Personennamen

Auf eine etwas indirektere Methode läßt sich auch etwas über die Runen erfahren, indem man die mir „Rune" gebildeten Personennamen betrachtet. Auf diese Weise kann man die mit „Rune" verbundenen (positiven) Assoziationen erfassen.

1. Frauennamen

Die größte einzelne Gruppe sind die mit der Endung „run" gebildeten Namen, die allesamt Frauennamen sind. Eine „Rune" scheint somit etwas weibliches zu sein oder etwas, das zu Frauen und somit vermutlich auch zu den Göttinnen gehört.

Die Verteilung der Häufigkeit der Namen auf die drei Bildungsmöglichkeiten (siehe Tabelle auf der nächsten Seite) und die beiden Geschlechter zeigt deutlich den Schwerpunkt bei der „weiblichen Rune" liegt, also bei den Frauennamen, deren zweiter Bestandteil „run" ist.

Namensbildungen mit „Rune"		
Namensbildung	*Geschlecht*	
	Männer	Frauen
Run (Name besteht nur aus „Rune")	1 = 2,5%	1 = 2,5%
Run--- (1. Namensteil: „Rune")	7 = 17,5%	4 = 10,0%
---run (2. Namensteil: „Rune")	- = 0,0%	27 = 67,5%
gesamt	8 = 20,0%	32 = 80,0%

Die Runen werden dem Sigurd von der Walküre Sigdrifa übergeben. Sie scheinen ein Teil des „Geschenkes" der Göttin an die Jenseitsreisenden zu sein, das insgesamt aus der Wiederzeugung (als „Methode"), der Wiedergeburt (als Ziel), dem Met („Wiederstillen") und der Weisheit (Runen und Sprichworte) besteht.

Vermutlich sind die Runen aus diesem Grund „weiblich".

2. Sonnengott-Göttervater

Mit „Rune" gebildete Personennamen		
Namen		*Bedeutung*
Männer	Frauen	
	Asrun, Äsrun	Asen-Rune
	Gudrun, Gudhrun, Guthrun	Gott-Rune
	Dag-Rune	Dag-Rune, Tyr-Rune
Solrund	Solrun, Sölrun, Solrunn	Sonnen-Rune
	Eldrun	Feuer-Rune
	Alfrun, Alvrun	Alfen-Rune
	Runälf	Runen-Alf
	Arnrun	Adler-Rune
	Ingerun, Ingirun	Yngvi-Rune

	Hedrun, Heidrun	Schönheit-Rune, Leuchten-Rune
	Kristrun	Christus-Rune
	Einrun	einzige Rune, Rune des/der Einen
Dagrund	Dagrun	Tag/Sonnen-Rune
Runbjorn, Runbiorn		Runen-Bär
	Bjarnrun	Bär-Rune
Runolf, Runolfr, Runolfur, Runolv, Runolvur, Runulf, Runulfr		Runen-Wolf
	Ulfrun	Wolf-Rune

Die größte Gruppe der mit „Rune" gebildeten Namen sind die Frauennamen, die mit einem Gottesnamen als erstem Namensbestandteil gebildet werden (12 Namen = 30%).

Bei diesen Namen ist wiederum der Sonnengott-Göttervater der wichtigste: „Sonnen-Rune", „Dag-Rune", „Leuchten-Rune", „Yngvi-Rune", „Adler-Rune" (Seelenvogel des Göttervaters), „Alf-Rune" und evtl. noch „Feuer-Rune" sowie etwas weniger spezifisch „Asen-Rune", „Gott-Rune" und schließlich auch die christliche Variante dieser Name als „Christus-Rune".

Schon die Ausschließlichkeit dieser Zuordnung ist beeindruckend. Der Sonnengott-Göttervater Tyr als Ursprung der Runen ist somit recht sicher – und ebenso auch der Zusammenhang der Runen mit der Frau/Göttin. Das mit den Runen assoziierte Thema wird daher die Wiedergeburt der Sonne durch die Jenseitsgöttin sein. Diese Symbolik findet sich insbesondere bei den Runen „Thorn" und „Man", die weiter unten noch besprochen werden.

Der Bär und der Wolf, mit denen die beiden Runen-Männernamen (5% der Namen) gebildet werden, kann man als die Tiere des Göttervaters ansehen: Die „Wölfe" symbolisieren bei den Indogermanen die Krieger („Ulfhedinn") und der Bär verkörpert die Kraft der Schamanen und der Fürsten („Berserker"). Beide Tiere sind mit dem Schwertgott und ehemaligen Königsgott Tyr assoziiert.

3. Nornen, Walküren und Jenseits-Geliebte

	Mit „Rune" gebildete Personennamen	
	Namen	*Bedeutung*
Männer	*Frauen*	
	Rundis	Runen-Schutzgöttin
	Thrudrun	Thrudr-Rune, Stärke-Rune
	Audrun, Eydrun, Eirun, Eyrun, Öyrun	Schicksals-Rune
	Teitrun	Glück-Rune
	Runvor, Runvör	Runen-Frau
Sigrund	Sigrun, Sighrun	Sieg-Rune
	Vigrun	Kampf-Rune
	Kuntrun	Kampf-Rune
	Hildrun, Hildirun	Kampf-Rune
	Runhild, Runhildur, Runill	Runen-Kampf
	Fastrun	Festigkeit-Rune
	Oddrun	(Speer-)Spitzen-Rune
	Fridrun	Geliebten-Rune, Schönheit-Rune

Ebenfalls 12 Namen, d.h. 30%, finden sich bei den Nornen- und Walküren-Namen. Davon entfallen auf:
- die Walküren: 7 Namen = 17,5% („Sieg-Rune", „Kampf-Rune" 83 vrschiedene), „Runen-Kampf", „Festigkeit-Rune", „Speerspitzen-Rune);
- die Nornen: 4 Namen = 10% („Runen-Schutzgöttin", „Schicksals-Rune", „Glücks-Rune", „Runen-Frau"); und
- die Jenseits-Geliebte: 1 Name = 2,5% („Geliebten-Rune").

Die Walküren sind in dieser Gruppe die wichtigsten Wesen. Dies stimmt damit überein, daß die Jenseitsgöttin zur Tochter des Göttervaters umgedeutet ist und schließlich zu den Walküren wurde.

4. Tempel, Priester, Priesterinnen und Ritual

Mit „Rune" gebildete Personennamen		
Namen		**Bedeutung**
Männer	*Frauen*	
Runsten		Runen-Stein
Runvidh, Runvidr		Runen-Priester, Runen-Baum
	Virun, Värun	Priesterin-Rune
	Ölrun, Aelrun	Bier/Zauberkunst-Rune
	Kjelrun, Kjellrun, Kätilrun	Kessel-Rune
Runkil		Runen-Kessel

    Offensichtlich war im Zusammenhang mit den Runen der Priester bzw. die Priesterin sowie der Kessel wichtig: Die Priesterschaft war zuständig für das Runenwissen und in dem Kessel wurde der Met gebraut, der im Zusammenhang mit dem Lehren der Runen getrunken wurde.

    Diese Kombination von Runen, Priesterschaft und Met findet sich auch bei der Walküre Sigdrifa, die Sigurd nach einem rituellen Trank, bei dem sie die Gottheiten anrief, die Runen lehrte.

    Das Ergebnis der Runenkenntnisse ist die Zauberkunst, nach der Frauenname „Ölrun" in dieser Kategorie benannt worden ist.

5. Schutz

Mit „Rune" gebildete Personennamen		
Namen		**Bedeutung**
Männer	*Frauen*	
	Borgrun, Bergrun	Schutz-Rune, bergende Rune
	Runbjörg, Runborg	Runen-Schutz

    Die Runen scheinen auch Schutz geboten zu haben – oder man erwartete von der Göttin Schutz und ging davon aus, daß sie beim Schützen Runen benutzte.

6. Kampf

Mit „Rune" gebildete Personennamen		
Namen		**_Bedeutung_**
Männer	_Frauen_	
Runar		Runen-Heer
Runfast, Runfastr, Runvast		Runen-Standfestigkeit
Runhard		Runen-Härte, Runen-Stärke
	Brimrun	Brandungs-Rune = Blut-Rune

Diese drei männlichen Kampf-Namen (7,5%) könnte man den 7 Walküren-Namen (17,5%) gegenüberstellen. Die Walküre war offensichtlich das eigentliche Thema der Runen und nicht der Kampf, denn sonst müßte es mehr Männernamen geben, die mit „Rune" gebildet worden sind. Die Begriffe wie „Kampf", „Sieg", „Festigkeit" usw. sollten anscheinend nicht den kriegerischen Charakter der Runen beschreiben, sondern dienten lediglich dazu, aus dem Wort „Rune" einen Walküren-Namen zu bilden.

Das zentrale Thema in Bezug auf die Runen war nicht der Kampf, sondern die Wiedergeburt der Sonne – und die Wiedergeburts-Mutter des Sonnengott-Göttervaters ist in der germanischen Mythologie zu den Walküren geworden.

7. Runen

Mit „Rune" gebildete Personennamen		
Namen		**_Bedeutung_**
Männer	_Frauen_	
Run, Rune, Runi, Runo	Run, Runa, Runna, Runi	Rune

Aus diesen Namen kann man keine zusätzlichen Informationen über die Runen schließen, da sie nur aus dem Wort „Rune" bestehen – außer der Tatsache, daß die Runen für so wichtig und mächtig genug und zudem für ausreichend „wohltätig" erachtet wurden, daß man die Benennung eines Menschen als „Rune" für durchaus ausreichend hielt.

Diese Ehre ist nicht allzuvielen Begriffen widerfahren – der Regelfall bei den germanischen Personennamen ist die Bildung aus zwei Worten: einer „Quelle" (oft ein

Gott o.ä.) und einer Sache, die man sich aus dieser „Quelle" erhoffte.

8. Sonstige

Mit „Rune" gebildete Personennamen		
Namen		*Bedeutung*
Männer	*Frauen*	
	Olrun	Vatererbe-Rune

Dieser Name ist eine recht junge Bildung, die sich aus „Olaf-Rune" entwickelt hat. Schon der Männername „Olaf", der durch den Namensbestandteil „Rune" zu einem Frauennamen wird, zeigt, daß dies kein alter germanischer Name sein kann.

9. Riesinnen-Name

Es wäre schließlich noch die Riesin-Göttin „Ulfrun" („Wolfs-Rune") zu erwähnen, die als die Mutter des Tyr-Heimdall angesehen wurde und somit der „Runen-Göttin", die den Sonnengott-Göttervater wiedergebiert, entspricht.

Sie wird u.a. in „Odins Rabenzauber" erwähnt:

Auf standen die Herrscher, die Alfenbestrahlerin lief,
Njola ging nördlich gen Nifelheim;
Ulfrunas Sohn, der mächtige Hornbläser,
hob Argiöl hinauf zu den Himmelsbergen.

Die „*Alfenbestrahlerin*" ist die Sonne. Hier sind mit Alfen die Lichtalfen gemeint, die die Ahnen in dem Himmelsjenseits des Tyr sind.

„Njola" bedeutet „Nacht" und ist die personifizierte Nacht.

Zusammen mit der Riesin „*Ulfruna*" („Wolfs-Rune") hat Odin den Heimdall gezeugt. Ulfrunas Sohn ist also der Gott Heimdall. Er steigt am Morgen die Regenbogenbrücke Bifröst („*Argiöl*" = „*Adlerschreie*") hinauf. Heimdall ist auch der „*Hornbläser*". Die „*Himmelsberge*" sind Asgard.

Ulfrun wird auch im Hyndla-Lied als eine der neun Mütter des Heimdall genannt – diese Neunzahl bedeutet lediglich, daß sie eine Unterwelts-Göttin ist.

Geboren ward einer am Anfang der Tage,

Ein Wunder der Stärke, göttlichen Stamms.
Neune gebaren ihn, der Frieden verliehn hat,
Der Riesentöchter am Erdenrand.

Gialp gebar ihn, Greip gebar ihn,
Ihn gebar Eistia und Angeyja,
Ulfrun gebar ihn und Eyrgiafa,
Imd und Atla, und Jarnsaxa.

I B 57. Altnordische Worte, die sich auf die Runen beziehen

Es gibt im Altnordischen eine ganze Reihe von „Fachbegriffen", die sich auf die Runen und den Umgang mit ihnen beziehen.

„Rune" ist der Name für die Zeichen:

rúnar – Runen, Geheimnisse, Weisheit, Buchstaben, Zeichen, magische Zeichen
rún – Geheimnis, Rune, Zauberzeichen
rúna-stafr – Rune, Runen-Buchstabe
mál-rúnar – Sprach-Runen, Runen-Zeichen
ristu-bragd – Runen-Zeichen, wörtlich: Runen-Bewegung
rúna-mal – Runen-Alphabeth, wörtlich: Runen-Geschichte

Die Runen sind eine Schrift:

rúnar – Runen schreiben oder ritzen
ríta – schreiben, ritzen
telgja – Runen schnitzen, Runen abschneiden (und sie dadurch aktivieren)
rúna-kefli – Runen-Stab („kefli" = runder Stab)
bók-rúnar – Runen in Buchenholz
glögg-rýnn – geschickt im Runen-Lesen
rúna-meistari – Runen-Kenner, Runen-Meister

Die Runen sind Zauberzeichen:

megin-rúnar – machtvolle Runen
tópi - Zauberrune
aldr-rúnar – Atem-Runen, Lebens-Runen, lebensschützende Runen, Seelen-Runen
bjarg-rúnar – Gebär-Runen

feikin-stafir – böse Runen, Schadens-Runen, Flüche
leid-stafir – Leid-Runen, abscheuliche Runen

I B 58.   Die Bedeutung des Wortes „Rune"

Bei der Betrachtung der Herkunft des Wortes „Rune" müssen zwei sehr ähnliche Worte unterschieden werden: „run" mit kurzem Vokal für „rennen, rinnen" und „rūn" mit langem Vokal für „Rune". Nur dieses zweite Wort hat einen Bezug zu den Runen.

Die älteste bekannte Wurzel des Wortes „Rune" ist das eurasiatische (boreische) Substantiv „kuru" für „Raubtier" aus der späten Altsteinzeit.

In der frühen Jungsteinzeit („nostratische Sprache") verkürzte sich dieses Wort zu „ru" für „Löwe" und „Panther". Dieses Wort findet sich u.a. in dem altägyptischen Substantiv „ru" für „Löwe", der als „Brüllender" bezeichnet worden ist. In den semitischen Sprachen ist daraus da Substantiv „Rad" für „Donner" geworden – der Löwe konnte wegen seinem Gebrüll als „Abu er-Rad", d.h. „Vater des Donners" umschrieben werden.

Bei den Indogermanen wurde daraus das Verb *„reu, ru"* für *„brüllen, brummen, murren"*.

Bei den Raubtiernamen hat sich im Indogermanischen und einigen anderen nostratischen Sprachen das „r" in ein „l" verwandelt, wodurch aus dem „Ru" über ein „Lu" der „Leu, Leo, Löwe" entstanden ist. Solche Lautverschiebungen zwischen „l" und „r" findet sich sehr häufig und in manchen Sprachen gibt es auch nur einen dieser beiden Buchstaben – die Chinesen haben z.B. kein „r" in ihrer Sprache und die alten Ägypter kein „l".

Im Germanischen lautete dieses Verb dann *„runen, runon"* und hatte die Bedeutung *„raunen, flüstern, beschließen"*. Die Bedeutung hat sich also auf die „leisen, heimlichen Töne" eingeschränkt – statt des Brüllen des Löwen sozusagen das Schnurren der Katze. Aufgrund dieser Einschränkung auf die leisen Töne ist der im Stillen heimlich gefaßte Beschluß als Bedeutung hinzugekommen.

Dies zeigt sich auch in dem dazugehörigen Substantiv *„runo"*, das *„Raunen, Beratung, Geheimnis, Gerücht, Rune"* bedeutet. Hier finden sich zwei weitere Bedeutungen: das Gerücht, das man einander zutuschelt, und die Rune als Schriftzeichen, die offenbar mit dem leisen Raunen assoziiert worden ist.

Ein weiteres Substantiv ist *„runo, runon"* für *„Vertrauter, Freund"*. Hier beziehen sich die leisen Töne auf das vertraute Gespräch.

Es stellt sich die Frage, warum Runen mit dem „Raunen" verwandt sind. Weil ihre Namen leise ausgesprochen werden? Oder weil sie ein Geheimnis sind? Vermutlich eher das zweite, weil die damaligen Nordgermanen in der Regel die Runen nicht lesen konnten – das Schreiben und Lesen an sich war ein Geheimnis …

Auch in den späteren einzelnen germanischen Sprachen finden sich diese Bedeutungen wieder.

Im Gotischen hat „*runa*" die Bedeutung „*Geheimnis, Beschluß, Anschlag*" und das ihm nah verwandte „*runains*" die Bedeutung „*Raunen, Beratung, Geheimnis, Rune*". Das Substantiv „*runi*" bedeutet schlicht „*Beratung*".

Hier ist die Bedeutung „Anschlag" im Sinne von „heimlicher Beschluß" hinzugekommen. Diese Entwicklung erinnert an die deutsche Redewendung „Wer flüstert, lügt!"

Im Althochdeutschen gibt es einen reichhaltigen Wortschatz zu dem Wort Rune: das Verb „*runen, runon, runezzen, runizzen, runizzon*" für „*raunen, flüstern, heimlich flüstern, tuscheln, murren*"; dann „*runissa*" für „*Geflüster*", „*runezzaro*" für „*Raunender, Murmelnder*", „*runezzunga*" für „*Murren, Flüstern, Murmeln, Verleumdung*", „*rununga*" für „*Geflüster, heimliches Reden*", „*runo*" für „*Raunender, Ratgeber*" und „*runari*" für „*Raunender, Flüsternder, Murmelnder, Verleumder, Murrender*" sowie schließlich die Bezeichnungen für das Schriftzeichen wie „*runstafa*" für „*Rune, Buchstabe*", „*runa*" für „*Buchstabe, Rune, Runeninschrift, Raunen, Geheimnis, Geflüster*" und das etwas weiter gefaßte Wort „*runstab*" für „*Eulogie (Segensspruch, Zauberspruch), Schrift*".

Hier ist die heimliche Planung von etwas Unerlaubtem schon etwas deutlicher geworden und es ist die Magie (Segens- und Zauberspruch) hinzugekommen. Da Althochdeutsch von 750-1050 n.Chr. in Deutschland gesprochen wurde, stammt dieser erste Hinweis auf Runen-Magie aus dem Wortschatz aus recht später Zeit.

Im Mittelniederdeutschen findet sich dieselbe Bedeutung des Wortes „Rune": Es ist „*rune*" für „*heimliches Geflüster, geheime Beratung*" und „*run*" für „*heimliche Beratung*" überliefert.

Auch weiter im Norden im Altsächsischen ist die Bedeutung gleich geblieben: Es sind das Verb „*runon*" für „*raunen*" und das Substantiv „*runa*" für „*geheime Beratung, Besprechung, Geheimnis*" bekannt.

Aus dem Angelsächsischen, das dem Altsächsischen sehr nach verwandt ist, ist eine größere Vielfalt an Worten überliefert worden: Das Verb ist „*runian*" für „*raunen, flüstern, sich verschwören*". Dazu gehört die drei Substantive „*run*" für „*Geheimnis, Rat, Beratung, Runen, Schrift*", „*runa*" für „*Raunender, Ratgeber*" und die schöne Umschreibung „*runcofa*" für „*Geheimkammer*", womit „*Inneres, Herz*" gemeint ist. Daraus leitet sich das Adjektiv *„runlic"* für *„geheimnisvoll"* ab. Es finden sich hier auch schon Spuren der christlichen Bekämpfung der germanischen Religion: *„rune"* bedeutet *„Hexe"*.

Im Altnordischen finden sich nur noch Substantive: zum einen das in Bezug auf das Thema dieses Buches wichtigste Wort *„run"* für *„Geheimnis, magisches Zeichen, Rune"*, mit dem *„runar"* für *„Geheimnis, geheimes Wissen, Weisheit, Runen, Zauberzeichen"* eng verwandt ist, sowie *„runi"* für *„Vertrauter, guter Freund"* und *„runa"* für *„gute Freundin"*.

Eine Rune ist somit ein geheimnisvolles und tendenziell auch magisches Zeichen.

I B 59. Jakob Grimm: Deutsche Mythologie – Runen

Das alterthum unterschied eine menge runen, und wären uns ihre benennungen dem ganzen umfang nach verständlich, so ließen sie schnell übersehn, was insgemein durch zaubersprüche ausgerichtet wurde. man mahlte, ritzte oder schnitt sie gewöhnlich auf stein oder holz, runsteine, runstäbe; auch rohr diente dazu. die althochdeutschen namen hahalrûna, îsrûna, lagorûna sind nach den buchstaben hahal, îs und lago; clofrûna und stofrûna bleiben unsicher, letztere scheint der bloße stupf apex. hellirûna bedeutet necromantia, todesrune, in klarem bezug auf Halja, Hella; ich halte dazu das neuhochdeutsche höllenzwang, worunter man die mächtigste zauberformel versteht, wie sie dem doctor Faust eigen war. holzrûna ist nicht sächlich sondern persönlich zu nehmen, waldfrau, lamia, nicht ohne die nebenvorstellung des klagens und flüsterns.

Die althochdeutschen frauennamen Kundrûn, Hiltirûn, Sigirûn, Fridurûn, Paturûn sind walkürisch, aber auch auf sächliche kundrûna, hiltirûna, sigurûna, fridurûna, paturûna zurückführbar, wobei noch zu beachten scheint, daß den personen der ausgang (Endung) -a mangelt, sie wurden einer andern declination überwiesen.

Aus dem mittelhochdeutschen kanierûnen (heimlich übers knie reden) läßt sich ein substantiv knierûne folgern.

Angelsächsisch ist beadorûn: litera belli = bellum, rixa; helrûne aber und burgrûne persönlich furia, parca, todesbotin, in einer glosse bei Lye pythonissa.

Sæmingr zählt Sigrdrífa, d.i. Brynhildr, selbst eine valkyrja dem Sigurð die runen auf, deren kunde ihr vor allen beiwohnen muste: ihr dargereichter becher ist ›fullr lioða ok líknstafa, góðra galdra ok gamanrúna‹, voll lieder, heilstäbe, guter zauber und wonnerunen. dann führt sie auf sigrúnar, ölrúnar, biargrúnar, brimrúnar, málrúnar, hugrúnar, von sigr victoria, ölr cerevisia, biarg saxum, brim mare, mál sermo und hugr animus zu leiten. bloß bei ölrún bin ich unschlüssig, das im eigennamen Ölrún offenbar dem Aliruna bei Tacitus entspricht; kaum sind alle alirûnen auf alus, ölr cerevisia zurückzubringen, eher mutmaße ich, daß Ölrûn entweder für Elrûn, Elirûn stehe und mit ölrûn vermischt wurde, oder daß das û der zweiten silbe das a der ersten in ö gewandelt habe. sakrûnar (contentiones) in den dänischen volksliedern sind oft ramme runer, starke und kräftige genannt.

Runen wurden auch auf baumwurzeln geschnitten: risti â rôtina rûnir, riôðraði î blôði, qvað sîdan yfir galdra, gêck öfug ok andsælis um trêt, með mörg römm ummæli. dann wirft er das holz ins meer und läßt es einem zum verderben fließen (Grettissaga). die runenstäbe wurden umwunden und umwebt. wie die friesischen tênar. lagði â stafi. heterûne bond. invitrûne.

Hellirûna wie mittelniederländisch helscouwinghe? hellraune. liosta helstöfum. vergleiche faesta feiknstafa. angelsächsisch fâcnstäf. Sämingr: bregda blundstöfum. at gamanrûnom. î valrûnom. mâlrûnar. rûnar viltar. vilt rîsta.

Für den erfinder aller runen galt aber Oðinn und ihm wohnt die größte gewalt der worte bei.

... ...

Afzelius erwähnt, aber zu kurz und undeutlich, einer seltsamen schwedischen volkssage von einem mann Kettil Runske zu Kettilsås in Alsheda, der Odins runstäbe (runekaflar) stahl und damit dessen hunde und stiere, ja zuletzt die meerfrau festband, die Odin zur hilfe kommen wollte. unter diesem Odin scheint ein hirt oder riese gemeint, der den älteren gott vertritt, sein beiname runske geht offenbar auf den erwerb und besitz der stäbe.

Bei diesem Riesen handelt es sich vermutlich um den Tyr-Riesen, da Odin die Runen von Tyr übernommen hat.

Lieder und runen vermögen also die größten dinge. sie können tödten und vom tode wecken wie gegen den tod sichern; heilen und krank machen, wunden binden, blut stillen, schmerzen mildern, schlaf erregen; feuer löschen, meersturm sänftigen, regen und hagel schicken; bande sprengen, fessel zerreißen, riegel abstoßen, berge öfnen und schließen, schätze aufthun; kreißende entbinden oder verschließen; waffen fest oder weich, schwerter taub machen; knoten schürzen, die rinde vom baum lösen; saat verderben (fruges excantare); böse geister rufen und bannen, diebe binden. Diese wunder sind schon im wesen der dichtkunst gelegen.

Im rûnatal sind achtzehn wirkungen der runen angegeben:

durch wort ein wilder slange gât
zem manne, da'r sich toeren lât:
durch wort ein swert vermîdet,
daz es nieman versnîdet,
durch wort ein îsen nieman mac

verbrennen, gluot ez allen tac.

Er sprach ein wort mit grim, daz sich der berc ûfslôz. jâ möht ich sît einen boum mit mîner bete sunder wâpen nider geneigen. ein runarbelti öfnet alle schlösser und vertreibt alle krankheiten. zwei zwerge sollen vafrlogi mit runen schneiden. Lieder sprengen fesseln. altnordische þokuvîsur erregen dunkel und nebel.

... ...

Dem segen gegenüber steht der fluch, dem heil der schade. für jenen brauchte der Gothe noch das deutsche wort þiuþeins εὐλογία, von þiuþjan εὐλογεῖν; das althochdeutsche segan dicatio, dedicatio, benedictio rührt aus lateinisch signum, das angelsächsiche segen drückt bloß signum = vexillum aus; mittelhochdeutsch neuhochdeutsch gelten segen auch von zaubersegen. κακολογεῖν ist bei Ulfias ubilqiþan, maledicere, flêkan aber plangere, das althochdeutsche fluochôn, mittelhochdeutsch vluochen, neuhochdeutsch fluchen maledicere, imprecari, althochdeutsch fluoh maledictio (männlich und ganz verschieden vom feminin fluoh rupes). altsächsisch farflôcan maledicere, harmquidi maledictum. ferner ist fluchen althochdeutsch farhuâzan, mittelhochduetsch verwâzen, detestari, condemnare, verwandt, scheint es, dem angelsächsischen hvâtung (divinatio). angelsächsisch vergan (schlecht geschrieben virgan, vyrgan) maledicere, detestari, eigentlich damnare, gothisch vargjan, altsächsisch waragian. angelsächsisch cursian, englisch curse. altnordisch bœn (precatio) angelsächsisch bên streifen an imprecatio.

Der segen wird insbesondere am morgen und abend gesprochen. swer bî liebe hât gelegen, der sol dar senden sînen morgensegen. gesegenen unde tiefe beswern. besworn sîs du vil tiure. (einem die krankheit absegnen).

Fluchen ist mittelhochdeutsch verwâzen: var hin verwâzen. nu var von mir verwâzen. nein pfui sie heut verwâzen! verfluochet und verwâzen wart vil ofte der tac, dâ sîn geburt ane lac. dagegen: gehoehet sî der süeze tac dâ dîn geburt von êrste an lac. dem verwâzen entspricht das altfranzösische dahé, dahez, dehait, dahet, dehez, dehé, daz ait, dem auch noch mal oder cent vorgesetzt wird.

Da haitî sain und mâhaitî malsain ist, so könnte man an celtischen ursprung denken.

Einen mit fluoche. mit dem fluoche seilen. bîst unde flôk upstand.

Altnordisch bölva diris devovere. röggva a diis mala imprecari. heißt dies falten und hängt es mit röggr röggvar pallium plicatum zusammen? altslavisch kljati, praesens kl'nu, serbisch kleti, praesens kunem, fluchen.

Zwar gilt lautes beschreien, berufen und fluchen, doch in der regel verlangen segen und auch fluch leise, lispelnde, flüsternde rede. althochdeutsch huispalôn sibilare, angelsächsisch hvistlian fistulare, sibilare, englisch whistle, wie man der bezaubernden schlange pfeifen und zischen beilegt; mittelhochdeutsch wispeln: wispeln wilde vogel zemt, hunde ez letzet und lemt. aspis will keine wispelwort vernehmen. ›aller *würmel wispel unde mürmel*‹. *denn auch murmeln ist dasselbe, althochdeutsch murmulôn, murmurôn, neuhochdeutsch zuweilen mummeln, mompelen. Paulus Diaconus, der freilassung per sagittam gedenkend fügt hinzu: immurmurantes, ob rei firmitatem, quaedam patria verba, das war ein langobardischer segensspruch.*

Ähnliche ausdrücke sind althochdeutsch mutilôn, neuhochdeutsch protzeln, pretzeln, pröpeln, ursprünglich vom geräusch des siedenden wassers (das wasser brutzelt, pröpelt, pripelt, singt), dann sehr passend auf segensprechen angewandt: ›*über eine krankheit prozeln und wispeln*‹ *d.h. heimlich segen sprechen, an einigen orten sagt man prebeln, neuniederländisch preevelen; Frankes weltbuch hat pretzeln.*

Allein es gibt noch ein echteres, älteres wort, das gothische runa, welches meist μυστήριον, *einigemal* βουλή, συμβούλιον *ist geheimer rathschlag. dem geheimen wort lag nahe die geheime schrift, wie auch altnordisch mâl* συμβούλιον *aussagt, wie mich dünkt ursprünglich das leise, feierlich gesprochne, hernach erst geheimnisvolle rede und zeichen war.*

Ulfias setzt für γραφή, γράμμα *nur mêl, nicht runa, weil in den vorkommenden stellen keine geheimschrift gemeint wird, man dürfte wetten, daß ihm für diese runa geläufig war, wie die Franken frühe rûna = litera kennen.*

Althochdeutsch rûna, angelsächsisch rûn character magicus, mysterium. altnordisch rûn litera, neben runa linea, aus welchem verhältnis zwischen û und u die ablautende formel riuna, ráun, runum erhellt, wozu auch altnordisch raun (tentamen, experimentum), reyna (tentare), vielleicht reynir (sorbus), gehört.

Im althochdeutschen verbum rûnên susurrare, rûnazan murmurare, mittelhochdeutsch rûnen, neuhochdeutsch raunen, angelsächsich rûnian dauert die urbedeutung des geheimen flüsterns, althochdeutsch ôrrûno ist ein vertrauter, der ins ohr raunt.

Das altnordische transitiv rŷna bezeichnet secretum scrutari, literas scrutari und vermittelt jenes raun tentamen, scrutatio. steht sanfte rûnen entgegen dem öffentlichen singen. finnisch drückt runo lied aus.

Jetzt wird uns eine schon oft vorgehabte benennung vollkommen klar, ja sie erscheint nach allen seiten hin zutreffend. Aliruna heißt die germanische weise frau, weil sie aljaruna und in geheimen, dem gemeinen volk unverständlichen worten redend, zugleich der schrift und des zaubers kundig ist; die gothische runa, die angelsächsische rûncräft war ihr eigen. ali- kann nur bedeuten: anders, fremd, was nicht vulgär und profan ist, also den begrif von runa noch erhöht. auch auf das heilige, vielleicht zum cultus der priesterinnen gehörige kraut durfte der name selbst übergehn.

... ...

Unter allen berühmten wurzeln steht die **Alrune** (Alraune) *oben an. schon althochdeutsche glossen liefern alrûna, alrûn für mandragora und ich habe den namen der persönlich gedachten pflanze wol befugt mit dem der weisen frauen unsers höchsten alterthums zusammengestellt. Hans Sachs schildert noch die Alraun als eine am* *scheideweg begegnende göttin:*

*Alrawn du vil güet
mit trawrigem müet
rüef ich dich an;
dastu meinen leidigen man
bringst darzue,
das er mir kein leid nimmer tue.‹*

Tertia igitur nocte cum mulier haec verba replicaret, vetula abscondita in canapo jacebat. prius autem informaverat praedictam mulierem, quod attentissime auscultaret, quae sibi tertia nocte dicta Alrawn insinuaret. unde in haec verba sub voce rauca et valde aliena abscondita in canapo respondebat:

*fraw, du solt haim gan
und solt güeten müet han,
und solt leiden, meiden, sweigen;
thuest du das von allen deinen sinnen,
so machtu wol ein güeten man gewinnen.*

Et sic mulier verba illius vetulae imitabatur, et viri amaritudo in dulcedinem et mansuetudinem vertebatur. die fabel hat auch Paulli schimpf und ernst.

Ähnlich ist ein mittelhochdeutsches gedicht und ein märchen, wo aber der mann, statt der frau, sich am holen baum oder spindelbaum (fusarius) im garten weissagen läßt. Der anruf ›Alrûn, dû vil guote‹ gemahnt an Walthers stelle von der kleidenden schrotenden frô Sælde, wo gleichfalls gesagt ist: ›si vil guote‹.

Dazu kommt, daß die wurzel selbst menschlich gestaltet und ihr aus reißen folgendermaßen beschrieben ist: wenn ein erbdieb, der noch reiner jüngling ist, erhängt wird und das wasser oder den samen fallen läßt, wächst unter dem galgen die breitblättrige, gelbblumige alraun. beim ausgraben ächzt und schreit sie so entsetzlich, daß der grabende davon sterben muß. man soll also freitags vor sonnenaufgang, nachdem die ohren mit baumwolle oder wachs verstopft sind, einen ganz schwarzen hund, an dem kein weißes härchen sei, mitnehmen, drei kreuze über die alraun machen und rings herum graben, daß die wurzel nur noch an dünnen fasern hänge. dann werden diese mit einer schnur an den schwanz des hunds gebunden, dem hund wird ein stück brot gezeigt und eiligst weggelaufen. der hund nach dem brote gierig folgt und zieht die wurzel aus, fällt aber von ihrem ächzenden wehruf getroffen todt hin. hierauf wird die wurzel aufgehoben (das ist jenes in sublime tolli), mit rothem wein gewaschen, in weiß und rothe seide gewickelt, in ein kästlein gelegt, alle freitage gebadet und alle neumonde mit neuem weißem hemdlein angethan. fragt man *sie nun, so offenbart sie künftige und heimliche dinge zu wolfart und gedeihen, macht reich, entfernt alle feinde, bringt der ehe segen, und jedes über nacht zu ihr gelegte geldstück findet man frühmorgens verdoppelt, doch überlade man sie nicht damit. stirbt ihr eigner, so erbt sie der jüngste sohn, muß aber dem vater ein stück brot und geld in seinen sarg legen. stirbt er vor dem vater, so geht die alraun über auf den ältesten sohn, der aber seinen jüngsten bruder eben so mit brot und geld begraben soll.*

Alle diese bestimmungen klingen alt und können hoch hinauf reichen. Schon jene althochdeutschen glossen halten alrûna für die in der vulgata-Bibel Genesis 30, 14 mehrmals vorkommende mandragora, wo der hebräische text dudaim liest die mittelhochdeutsche dichtung aber erdephil verdeutscht.

Vom mandragoras (griechisch μανδραγόρας) aber meldet Plinius: mandragoram alii circaeum vocant, duo ejus genera, candidus, qui et mas, niger qui femina existimatur ... cavent effossuri (album) contrarium ventum et tribus circulis ante gladio circumscribunt, postea fodiunt ad occasum spectantes.

Wichtiger sind diesmal zwei verse bei Columella:

quamvis semihominis vesano gramine foeta
mandragorae pariat flores, moestamque cicutam.

Der semihomo mandragoras entspricht jener sage und selbst das vesanum gramen könnte ihr näher entsprechen, als aus den worten erhellt.

Auch Hildegard von Bingen sagt: mandragora de terra, de qua Adam creatus est, dilatata est, et propter similitudinem hominis suggestio diaboli huic plus quam aliis herbis insidiatur. et ideo cum de terra effoditur, mox in salientem fontem per diem et noctem ponatur.

Da französisch mandagloire für mandragore steht, ist gemutmaßt, daß die fee Maglore aus Mandagloire entsprungen sei, und das wäre als bestätigung des analogen verhältnisses zwischen Alrûna und alrûna nicht zu verachten.

Ich schließe mit einer angelsächsischen schilderung aus Thorpes analen, die doch wol ins 10. oder 11. jahrhundert zu setzen ist und jene zuziehung des hundes beim ausziehen bestätigt: ðeos vyrt, þe man mandragoram (englisch mandrake) nemneð ... þonne þû tô hire cymst, þonne ongist þu hî be þâm, þe heo on nihte scîneð ealsvâ leohtfät. þonne þû hire heáfod ǽrest geseo, þonne bevrit þû hî vel hraðe mid îserne, þy lǽs heo þe ätfleo. hire mägen is svâ micel and svâ mǽre, þät heo unclænne man, þonne he tô hire cymeð, vel hraðe forfleon vile. forðy þû hi bevrît, svâ ve ǽr cvædon, mid îserne, and svâ þû scealt onbûtan hî delfan, svâ þû hire mid þâm îserne nâ äthrine: ac þû geornlîce scealt mid ylpenbǽnenon stäfe þâ eorðan delfan. and þonne þû hire handa and hire fêt geseo, þonne hundes gevrîð þû hî. nim þonne þone oðerne ende and gevrîð tô ânes sviran, svâ þät se hund hungrig sî, vurp him siððan mete tô

foran, svâ þät he hine âhräcan ne mäge, bûton he mid him þa vyrte upâbrede.
Sie scheint bei nacht wie ein licht, es wird ihr haupt, hände und füße beigelegt, sie soll erst mit eisen umschrieben werden, damit sie nicht entweiche, nicht mit eisen angerührt, sondern mit elfenbeinernem stabe gegraben; vieles gemahnt an lateinische grundlage (bevrîtan circumscribere). statt an den schweif soll an den nacken des hundes gebunden werden. Plinius legt dem mandragoras vim somnificam bei.

I B 59.   Zusammenfassung: Der allgemeine Charakter der Runen

Die Runen sind zwischen 100 v.Chr. und 100 n.Chr. von den Germanen von einem norditalischen Alphabeth abgeleitet und nach Schleswig-Holstein und Dänemark „importiert" worden. Da sie auf Holzstäbe geritzt wurden, wandelte man die Buchstaben so ab, daß die Ritzungen nur in Faserrichtung und in 45°-Winkeln dazu verliefen. Sie wurden anfangs vor allem als magische Zeichen verwendet.

Von 100-700 n.Chr. wurde in Schleswig-Holstein und Dänemark das ältere Futhark benutzt.

Um 300 n.Chr. breitete sich die Verwendung der Runen von Dänemark/Holstein nach England (Einfall der dänisch-holsteinischen Angelsachsen in England) und Mitteleuropa aus.

Von 300-700 n.Chr. wurden sie auch in Mitteleuropa verwendet.

Von 300-1100 n.Chr. wurden in England die angelsächsischen Runen geschrieben.

Um 800 n.Chr. entwickelte sich das kurze, jüngere Futhark. Die meisten Inschriften sind mithilfe dieses Alphabetes geschrieben worden und stammen aus der Zeit von 800-1050 n.Chr. aus Schweden.

Die Benutzung der Runen ist auf Nordeuropa beschränkt geblieben: Skandinavien, Dänemark, Schleswig-Holstein, England, Island und Grönland.

Die Runenschrift war nie wirklich einheitlich, sondern weist viele Varianten auf. Auf Holz hat sie stets die „eckige Form"; auf Pergament u.ä. gab es z.T. auch runde Runen.

Die Runen wurden als Buchstabe, seltener als Wortzeichen und häufig auch als magisches Zeichen verwendet. Dies stimmt mit den meisten anderen alten Schriften überein.

Das Erlernen der Runen gehörte zur Ausbildung des Adels. Unter Runenmeistern waren die Runen ein beliebtes Gesprächsthema.

Die Runen wurden für Kurzmitteilungen, Etikettierungen, Weihungen und auf vielfältige Weise auch in der Magie benutzt – längere Runentexte sind hingegen selten. Auf Runensteinen u.ä. findet sich sehr oft auch der Name dessen, der die

Runen geschrieben hat. Und es gab auch schon Urkundenfälschungen ...

In der Magie wurden die Runen entweder durch das Abschaben der Runen von dem Runenstab aktiviert, d.h. die Runen „getötet" und somit ins Jenseits zu den Göttern gesandt, oder durch das Röten mit dem Blut von Opfertieren geweiht.

Man benutzte vermutlich bereits zur Zeit des Tacitus um 100 n.Chr. Runenstäbe für Orakelzwecke.

Ursprünglich ist Tyr (Bölthorn) der Erfinder der Runen gewesen. Es hat eine „berühmte Vision" des Bölthorn gegeben, in der neun Hauptlieder die Runen beschreiben – leider ist sie verlorengegangen.

Die Götter sind jedoch ganz allgemein Runen-kundig.

Das Erlernen der Runen ist zumindestens bei Odin und bei Sigurd mit mehreren Elementen verbunden, die zum größten Teil aus den Einweihungen stammen:
- einer Jenseitsreise, evtl. als Hängen am Weltenbaum,
- dem Trinken von Met,
- einer Belehrung durch einen Runenmeister,
- dem Anrufung der Götter,
- dem Erlernen der Lebensweisheiten, und
- der rituelle Vereinigung mit der Jenseitsgöttin.

Es gab viele mit „Rune" gebildete Personennamen – 80% davon sind Frauennamen.

I C Die einzelnen Runen

Die folgende Tabelle gibt eine Übersicht über die häufigsten Runen. Es gibt jedoch noch eine ganze Reihe an weiteren Runen und Varianten der abgebildeten Runen, da die Runenschrift sozusagen eine „offenes System" war, das den jeweiligen sprachlichen, künstlerischen, magischen und sonstigen Bedürfnissen immer wieder neu angepaßt worden ist. Auch zu den Namen der meisten Runen gibt es viele Varianten.

Runenalphabete							
Rune				Alphabet			
Zeichen	Laut	Name	Bedeutung	Futhark		Angelsachsen	AngloFrisen
				älteres	kurzes		
ᚠ	f	fehu	Vieh, Wohlstand	ᚠ	ᚠ	ᚠ	ᚠ
ᚢ	u	uruz	Auerochse	ᚢ	ᚢ	ᚢ	ᚢ
		uram	Wasser				
ᚦ	th	thurisaz	Thurse (Riese)	ᚦ	ᚦ	ᚦ	ᚦ
			Thor				
ᚨ	a	ansuz	Ase	ᚨ	ᛏ	ᚨ	ᚨ
ᚱ	r	raido	Ritt, Reise	ᚱ	ᚱ	ᚱ	ᚱ
ᚲ	k	kenaz	Fackel	ᚲ	ᚠ	ᚲ	ᚲ
		kaunan	Geschwür				
ᚷ	g	gebo	Gabe, Geschenk	ᚷ		ᚷ	ᚷ
ᚹ	w	wunjo	Freude	ᚹ		ᚹ	ᚹ
ᚺ	h	hagalaz	Hagel	ᚺ	ᚺ	ᚺ	ᚺ
ᚾ	n	naudiz	Not	ᚾ	ᚾ	ᚾ	ᚾ

ᛁ	i	isaz	Eis	ᛁ	ᛁ	ᛁ	ᛁ
ᛃ	j	jera	Jahr, gutes Jahr, Ernte	ᛃ		ᛃ	ᛃ
ᛇ	i,ä,e	iwahz, eiwaz	Eibe (Eibenbogen)	ᛇ		ᛇ	ᛇ
ᛦ	y	yr	Eiben-Bogen		↧	ᛦ	ᛦ
ᛉ	y	eoh	Eibe (Baum)				ᛉ
ᛈ	p	perp	Birnbaum (?), Würfelbecher	ᛈ		ᛈ	ᛈ
ᛉ	z	algiz, eolx	Elch (evtl. auch: Hirsch)	ᛉ	ǂ	ᛉ	ᛉ
ᛋ	s	sowilo	Sonne	ᛋ	ᛋ	ᛋ	ᛋ
ᛏ	t	tiwaz, teiwaz	Tyr	ᛏ	ᛏ	ᛏ	ᛏ
ᛒ	b	berkanan	Birke	ᛒ	ᛒ	ᛒ	ᛒ
ᛖ	e	ehwaz	Pferd	ᛏᛖ		ᛖ	ᛖ
ᛗ	m	mannaz	Mann, Mensch	ᛗ	ᛘ	ᛗ	ᛗ
ᛚ	l	laguz	Wasser, See	ᛚ	ᛚ	ᛚ	ᛚ
		laukaz	Lauch, Kraut				
ᛜ	ng	ingwaz	Yngvi	ᛜ		ᛜ	ᛜ
ᛟ	o	othila, othala, ethel	Erbe, Besitz	ᛟ		ᛟ	ᛟ
ᛞ	d	dagaz, daeg	Tag	ᛞ		ᛞ	ᛞ

ᚪ	a	ac	Eiche				ᚪ	ᚪ
ᚫ	ä	aesc	Esche				ᚫ	ᚫ
ᛡ	ia, io	ior	Aal				ᛡ	ᛡ
ᛠ	ea	ear	Grab				ᛠ	ᛠ
ᛣ	k	kalc	Kelch					ᛣ
⋇	kk, ck	kalc	Kelch					⋇
ᚸ	g	gar	Garbe					ᚸ
⌐	cp	eord	Feuer					⌐
ᛥ	st	stan	Stein					ᛥ

Die 24 Runen des älteren Futharks auf dem Stein von Kylver

I C 1. Die 1. Rune des Futhark-Alphabeths

„fehu"

ᚠ

I C 1. a) Die Bedeutung des Runen-Namens „fehu"

Das altnordische „fe" bedeutet „Vieh" und vor allem „Schafe", da in den Nordländern Schafe am leichtesten gehalten werden konnten. Dieser Begriff konnte aber auch verallgemeinernd „Herden, Besitz, Gold, Geld" bedeuten.

Das Substantiv „fe" stammt von dem germanischen „fehu" für „Schaf, Vieh, bewegliches Hab und Gut" ab.

Die indogermanische Wurzel dieses Begriffes ist „peku" für „Geschorenes, Schaf, Vieh, Wolle, Vlies, Haar", das eine Bildung zu dem Verb „pek" für „zupfen, scheren" ist.

Diese Wortwurzel läßt sich noch deutlich in dem lateinischen Substantiv „pecunia" für „Geld, Vermögen" erkennen, das eine Bildung zu „pecus" für „Schaf, Schafherde, Vieh" ist.

„Fe" ist somit vor allem eine Rune des Wohlstandes.

Es ist aber auch die Assoziation zu der Zeugungskraft und der Fruchtbarkeit der Herdentiere denkbar, die eben aufgrund dieser Eigenschaft große Herden bilden können.

Daran schließt dann mit recht großer Sicherheit die Assoziation zu den für die Jenseitsreisenden geopferten Herdentieren (Pferde, Hirsche, Rinder, Ziegen, Schafe, Schweine) an.

Auch die Göttinnen in Tiergestalt wie die Jenseits-Riesin Sinmara, die die Frau des Tyr-Surt ist, solche mythologischen Gestalten wie die Urkuh Audhumbla und der eng mit dem Göttervater verbundene „Sonnenhirsch" werden in den Umkreis der Rune „Fehu" gehören.

I C 1. b) Das Runenlied aus dem Havamal

Odin:
„Lieder weiß ich, die kein Weib des Königs
und kein Menschenkind kennt.
Hilfe verheißt mir eins, denn zu helfen vermag es
In Streiten und Zwisten und jeglicher Not."

Die Fa-Rune wird von Odin als eine allgemeine Hilfsrune in jeglicher Not geschildert, wobei diese Art von Not insbesondere Streit und somit wohl auch Kämpfe sind.

I C 1. c) Das Sigdrifa-Lied

In diesem Lied gibt es zwei Stellen, die sich auf die Fa-Rune beziehen könnten:

Sigrdrifa:
„Denkrunen schneide, willst Du klüger erscheinen
als ein anderer Mann."

Es ist keinesfalls sicher, daß diese beiden Zeilen zur Fa-Rune gehören, aber zum Schlichten von Streits u.ä. ist die Fähigkeit zu denken auf jeden Fall notwendig.
Die zweite Textstelle bezieht sich auf die Bedeutung „Wohlstand" der Runen-Namens „Fehu".

Sigdrifa:
„(Die Runen stehen)
auf Gold und Glas, auf dem Glück der Menschen."

I C 1. d) Isländisches Runengedicht

Dieses Lied besteht aus je vier Zeilen mit Stabreim zu jeder Rune.
Das erste Wort in der ersten Zeile ist der germanische Runen-Name.
Das erste Wort in der vierten Zeile ist jeweils die lateinische Übersetzung dieses Wortes, auf das dann jeweils ein alter isländischer Königstitel folgt.

„Fe" (Gold) *ist der Freunde Streit*
und das Feuer der Flut-Zeit
und der Pfad des Grab-Fisches.
Gold-Heerführer.

Geld bringt selbst unter Freunden und Verwandten Streit.
Das „Feuer in der Flut" ist eine Gold-Kenning, die auf dem Motiv „goldene Sonne in der Wasserunterwelt" beruht.
Ein „Grab-Fisch" ist eine Schlange und der „Pfad der Schlange" ist das Hügelgrab, in dem der Totengeist in der Gestalt einer Schlange lebt und dort (als Drache) seine goldenen Grabbeigaben bewacht – sofern sie ihm noch nicht geraubt worden sind.

Schließlich braucht ein Heerführer Gold, um seine Männer zu bezahlen.

Dieses Lied betrachtet Die Fa-Rune vor allem als eine Gold-Rune. Das Gold der Fürsten entspricht dem Vieh der Bauern als Ausdruck des Reichtums.

Diese Auffassung der Fa-Rune bestätigt die Zuordnung der Zeile *„(Die Runen stehen) auf Gold und Glas."* aus dem Sigdrifa-Lied zu der Fa-Rune.

I C 1. e) Trideilur Runa

Dies ist ein zweites isländisches Runenlied, das sich nur geringfügig von dem vorigen unterscheidet. Meistens fehlt lediglich die vierte Zeile.

1. Version:

„Fe" (Gold) *ist der Freunde Streit*
und das Feuer der Flut-Zeit
und der Pfad des Grab-Fisches.

2. Version:

„Fe" (Gold) *ist der Freunde Streit*
und das Vergnügen der Krieger
und der Pfad des Grab-Fisches.

„Feuer in der Flut" ist wieder eine Umschreibung für „Gold", die sich auf die goldene Sonne, die abends im Meer untergeht, bezieht.

Daß das Gold das „Vergnügen der Krieger" ist, braucht nicht weiter erklärt zu werden ...

I C 1. f) Lateinisches Runenlied

Dieses Lied ist eine lateinische Variante des isländischen Runenliedes, das allerdings einige Abweichungen enthält.

„Fe" (Vieh) *ist Vieh-Reichtum:*
Reichtums-Streit unter Verwandten,
Weg der feinen Viper.

Die Viper ist der Totengeist in seiner Grabkammer seines Hügelgrabes, in dem er die Gestalt einer Schlange oder eines Drachen hat. Sein „Weg" ist daher sein Grabschatz, auf dem er liegt.

I C 1. g)   Altenglisches Runenlied

Auch diese Verse beruhen auf dem isländischen Runenlied, aber sie sind schon entsprechend den christlichen Verhaltensregeln umgestaltet worden – allerdings galt auch bei den Germanen die Freizügigkeit für Reiche als Tugend.

„Feoh" (Reichtum) *ist etwas Angenehmes / für jeden Menschen,*
Aber ein jeder sollte es / freigiebig schenken,
um das Lob / des Herrgotts zu erlangen.

I C 1. h)   Norwegisches Runen-Lied

Auch diese um ca. 1350 n.Chr. verfaßten Stabreim-Runenverse ähneln den bisher genannten Strophen:

Reichtum ist eine Quelle des Streites unter Verwandten;
Der Wolf lebt im Wald.

Der Wolf wird hier möglicherwreise nur zur Vervollständigung des Stabreimes genannt – vielleicht jedoch auch als Feind des Viehs. (Die Rune „Fehu" bedeutet wörtlich „Vieh" und im übertragenden Sinne „Schatz".)

I C 1. i)   Schwedisches Runengedicht

In diesen Runen-Merkversen von ca. 1650 n.Chr. findet sich wieder dieselbe Symbolik.

Fehu ist die Unruhe unter Verwandten.

I C 1. j)   Abecedarium Nordmannicum

Dieser Alphabeth-Spruch ist ein normannischer Merkvers für die Runen. In ihm finden sich ein paar Bestätigungen für die bisherigen Deutungen, aber keine neuen

Informationen.

Feu forman	*Feu* (Vieh) *zuerst,*
Ur after	*Ur* (Stier) *danach,*
Thuris thritten stabu,	*Thuris* (Riese) *ist der dritte Buchstabe,*
Os is himo oboro,	*Os* (Ase) *folgt diesem,*
Rat endost ritan	*Rat* (Rat) *wird danach geritzt,*
Chaon thanne cliuôt.	*Chaon* (Geschwür) *klebt daran,*
Hagal, Naut hab&	*Hagal* (Hagel), *Naut* (Not) *hält,*
Is, Ar endi Sol	*Is* (Eis), *Ar* (Jahr) *und Sol* (Sonne)
Tiu, Birca endi Man midi	*Tiu* (Tyr), *Birca* (Birke) *und Man* (Mann) *zusammen mit ihnen*
Lagu the leohto,	*Lagu* (See) *der lichte*
Yr al bihabet.	*Yr* (Eibe) *hält alles umfangen.*

I C 1. k) Lied des Rig

Die Rune, mit deren Hilfe man „den Sinn beschwichtigen" konnte, könnte die „fehu"-Rune sein.

Konur der junge / kannte Runen,
Zeitrunen / und Zukunftrunen;
Zumal vermocht er / Menschen zu bergen,
Schwerter zu stumpfen, / die See zu stillen.

Vögel verstand er, / wußte Feuer zu löschen,
Den Sinn zu beschwichtigen, / Sorgen zu heilen.
Auch hatte er zumal / acht Männer Stärke.

Er stritt mit Rigr, / dem Jarl, in Runen,
In allerlei Wissen / erwarb er den Sieg.
Da ward ihm gewährt, / da war ihm gegönnt,
Selbst Rigr zu heißen / und runenkundig.

„Konur" bedeutet „König". „Rigr" bedeutet „Herrscher", womit hier der der als Göttervater auftretende Heimdall gemeint ist. „Jarl" bedeutet in etwa „Graf" (englisch: „earl").

I C 1. l) Runenstein von Gummarp

Auf diesem Runenstein findet sich eine Inschrift, die wie folgt lautet:

In Erinnerung an Hathuwulfar ... setzte ... diese drei Stäbe: fff.

Diese drei Fa-Runen sollten wahrscheinlich dem Toten die Qualität dieser Rune übermitteln. Es hat den Anschein, als ob der Runenmeister oder seine Auftraggeber sichergehen wollten, daß es dem Toten im Jenseits an nichts mangelt.

I C 1. m) Die Saga über Bosi und Herraud

Der Fluch der Busla ähnelt von seinem Stil her sehr dem Sturm-Lied des keltischen Barden-Druiden Talisien.
Da solche kultischen oder halb-kultischen Texte in der Regel eine große Beständigkeit haben, könnte es sein, daß dies ein Hinweis darauf ist, daß der „Fluch der Busla" und auch der ihm recht ähnliche „Fluch des Skirnir" auf die religiösen Texte zurückgehen, die in der Zeit vor der Trennung der West-Indogermanen in Kelten, Römer und Germanen, also um ca. 2000 v.Chr. üblich gewesen sind.
Diese Vermutung wird dadurch bestätigt, daß sich die „epische Breite" und die allmähliche Steigerung dieses Fluches auch in hethitischen, indischen und anderen frühen indogermanischen Überlieferungen findet.

Die Vorgeschichte dieses Fluches ist, daß König Hring den jungen Herraud töten will und ebenso seinen eigenen Sohn Bosi, da es dieser gewagt hatte, für Herraud zu bitten. Da schleicht sich Bosis Pflegemutter, die zauberkundige Busla, abends in die Kammer des Königs und spricht einen Fluch. Um der Auswirkung des Fluches zu entgehen, verspricht ihr der König, die jungen Männer freizulassen.

Busla:
„König Hring liegt hier,
der Herrscher der Gauten,
aller Menschen
eigenwilligster:
Deinen Sohn willst Du
selber morden;
so Unerhörtes
wird allbekannt.

*Hör Buslas Fluch!
Er ist bald gesungen,
daß die weite Welt
ihn wohl vernimmt,
niemand nützlich,
der ihn vernimmt,
doch heilloser ihm,
dem ich heut ihn sage!*

*Weichet, Wichte,
Gewaltiges Komme,
wanket, Klippen,
Welt erbebe,
Wetter brich an,
Gewaltiges komme -
begnadigst Du, Hring,
den Herraud nicht,
tust Du Böses
dem Bosi an!*

*Böses wünsch ich
in die Brust Dir an,
daß giftige Nattern
nagen Dein Herz,
daß Deine Ohren
für immer ertauben
und Deine Augen
sich auswärts drehn -
tust dem Bosi
Du Böses an,
lässt Du den Hass
wider Herraud nicht!*

*Segelst Du,
versage das Tauwerk,
sollen reißen
die Ruderangeln,
sei zerfetzt das Tuch,
fliege das Segel,
sollen brechen*

*die Brassen alle -
lässt Du den Hass
wider Herraud nicht,
bietest Du Frieden
Bosi nicht an!*

*Reitest Du,
reiße Dein Zügel,
strauchle Dein Pferd,
stürze dein Roß,
soll jede Gasse
grades Weges
in der Trolle Hand
Dich hinführen -
tust dem Bosi
Du Böses an,
lässt Du den Hass
wider Herraud nicht!*

*Im Bett sei Dir
wie in brennendem Stroh,
auf dem Hochsitze
wie in hohen Wellen;
doch Schlimmeres noch
geschehe Dir dann:
willst Du bei Mädchen
Manneslust haben,
komm nie zum Ziel!
Soll ich erzählen noch mehr?*

*Zwerge, Thursen
und Zauberinnen,
Bergtrolle, Wichte
sollen brennen Dein Haus;
Riesen sollen Dich hassen,
Rosse sollen Dich schänden,
Stroh soll Dich stechen,
Sturm soll Dich verwirren,
Weh soll Dir werden,
tust meinen Willen Du nicht!*

Sechs kommen hier:
Sag ihre Namen,
entziffre alle!
Ich zeige sie Dir.
Rätst Du sie nicht,
wie ich's richtig heiße,
so fahr hin zur Hel,
von Hunden zerfleischt,
Deine Seele aber
sinke zur Hölle!

Am Ende des Manuskript folgen 6 Runenzeichen: Raidho, Ansuz, Thurisaz, Fehu, Algiz, Uruz. Dies könnten die „sechs" in dem Rätsel am Schluß sein.

Raidho = Ritt, Fahrt, Reise
Ansuz = Ase = Odin oder Tyr
Thurisaz = Thurse (Tyr) und Dorn = Schwert (Tyrs Schwert) = Tyr
Fehu = Vieh, Besitz
Algiz = Elch
Uruz = Wasser, Stier

Wenn man diese sechs Runen kombiniert, kommt man auf die Jenseitsreise (Raidho) des Tyr (Ansuz Thurisaz) zusammen mit seinen beiden Alcis-Söhnen (Algiz), bei der sich Tyr in einen Stier (Fehu/Uruz) verwandelt. Ob diese Deutung so zutrifft, ist allerdings unsicher, da die Runen allgemein viele Elemente aus den Tyr-Mythen enthalten.

Es fällt auch auf, daß fünf dieser sechs Runen den Anfang des Futhark bilden: Fehu – Uruz – Thurisaz – Ansuz – Raidho. Doch dann fehlt die Rune „Kaun" und stattdessen bleibt die Rune „Algiz" übrig.

Die Fehu-Rune ist eine Rune des Wohlstandes und des Reichtums, was zur damaligen Zeit Viehherden und Gold bedeutet hat.

Es wird allerdings vor dem Streit gewarnt, der durch Reichtum oft sogar unter Verwandten entsteht. Dem kann man ehesten mit Freigiebigkeit Abhilfe schaffen.

Von den Viehherden aus hat es vermutlich auch Assoziationen zu der Herdentier-Symbolik im Zusammenhang mit der Wiederzeugung sowie zu der Jenseitsgöttin in der Gestalt einer Stute, Hindin, Bache o.ä. gegeben.

Diese Rune sollte auch eine Hilfe bei Streit und jeglicher Not sein und könnte daher evtl. auch als „Denkrune", d.h. als eine Rune, die Klarheit und Besonnenheit fördert, aufgefaßt worden sein – was im Umgang mit Reichtum und dem daraus oft folgenden Neid und Streit sicherlich sinnvoll ist.

I C 2. Die 2. Rune des Futhark-Alphabeths

„ur"

ᚢ

I C 2. a) Der Name der Rune „ur"

Das altnordische Substantiv „ur" bedeutet „Regen, Feuchtigkeit". Der germanische Vorläufer dieses Wortes ist „ura(m)" für „Wasser". Die indogermanische Wurzel davon lautet „ur, auer" für „Wasser, Regen, Harn" („Urin") und gehört zu dem Verb „aue, au" für „fließen, befeuchten, benetzen".

Der „Auerochse" ist als „(Samen-)Spritzer-Stier" benannt worden, d.h. als „Zuchtbulle". Auch der „Same" gehört zu den „Feuchtigkeiten".

Das „ur" in „uralt" u.ä. Worten gehört nicht hierher, da es sich zusammen mit „Erz-" wie in „Erzengel" von der griechischen Vorsilbe „arche-" für „Anfang-, Führungs-, Ober-" ableitet.

Die Grundbedeutung der Rune „ur" ist somit „Wasser".

I C 2. b) Das Runenlied aus dem Havamal

Odin:
„Ein anderes weiß ich, dessen alle bedürfen,
die die heilende Hand üben:
Es vertreibt alle Krankheit und Schmerzen,
heilt Wunden und Weh."

Die Bedeutung dieser Rune ist leicht zu erfassen: Heilung.

Die Verbindung des Wassers zur Heilung könnte in der Reinigung liegen, aber auch in der „Friedlichkeit" des Wassers im Vergleich zum Feuer. Vielleicht liegt dem sogar eine Assoziation zum Fruchtwasser, zur Wasserunterwelt und somit zu dem Schoß der Göttin zugrunde, die im Jenseits die Seelen der Toten und vor allem Morgen die Sonne wiedergebiert.

Es gibt zwar keine deutlichen Hinweise auf eine solche Assoziation zu der „ur"-Rune, aber denkbar wäre sie trotzdem – zumal die selbstverständlichsten Dinge manchmal unausgesprochen bleiben.

I C 2. c) Das Sigdrifa-Lied

In diesem Lied werden die „Heilungs-Runen" als „Ast-Runen" umschrieben. Sie werden offenbar so genannt, weil man sie auf kleine Aststücke ritzte. Die Bezeichnung „Ast-Rune" ist daher sehr unspezifisch und könnte für so gut wie alle Runen gelten.

Die Beschreibung in der folgenden Strophe bezieht sich jedoch recht sicher auf die „ur"-Rune, da diese Heilung bringt.

Sigrdrifa:
„Astrunen lerne, wenn Du ein Arzt sein
und Krankheiten erkennen willst!
Man ritzt sie auf Borke und des Baumes Gezweig,
der ostwärts die Äste streckt."

Diese Strophe läßt sich durch vier Verse aus der Götter-Anrufung der Sigdrifa ergänzen, da sich diese auf die Heilung beziehen. Die „heilenden Hände" werden sich vermutlich nicht nur auf die Tätigkeit des Heilers, sondern auch auf das „Handauflegen" beziehen, also auf die Heilung durch die Beeinflussung der Lebenskraft.

Sigrdrifa:
„Heil euch, Asen, Heil euch, Asinnen,
Heil Dir, fruchtbares Feld!
Wort und Weisheit gewährt uns edlen Zweien
Und immerdar heilende Hände!"

Bei Sigdrifas Aufzählung der Stellen, an die Runen geschrieben werden können, werden auch Orte genannt, die sich auf die Heilung beziehen.

Das „Lösen" könnte zwar auch „von Fesseln befreien" bedeuten, aber in der Kombination mit „Heilen" wird eher „Entbinden" gemeint sein.

Das „Glück der Menschen" ist ein so allgemeiner „Ort", daß er letztlich zu jeder Rune passen würde, aber da er in der Aufzählung der Sigdrifa auf das „Lösen" und das „Lindern" folgt, wird dieser „Ort" wohl hierher gehören.

Sigdrifa:
„(Die Runen stehen)
auf des Lösenden Hand und des Lindernden Spur.
auf dem Glück der Menschen."

Die Walküre Sigdrifa zählt noch ein weiteres mal verschiedene Runen-Arten auf. Die von ihr genannten „Buchen-Runen" sind vermutlich allgemein Runen auf Buchenholzstäben (die späteren „Buchstaben"), während die „Berge-Rune" bergende, also schützende Runen sind.

„Das sind Buchen-Runen, das sind Berge-Runen."

Daraus, daß von Sigdrifa gleich viermal Heilung und Heilungsrunen erwähnt werden, läßt sich erkennen, welch wichtige Rolle die Heilung auch bei den Runen gespielt hat.

I C 2. d)   Isländisches Runengedicht

Dieses Lied besteht aus je vier Zeilen mit Stabreim zu jeder Rune.
Das erste Wort in der ersten Zeile ist der germanische Runen-Name.
Das erste Wort in der vierten Zeile ist jeweils die lateinische Übersetzung dieses Wortes, auf das dann jeweils ein alter isländischer Königstitel folgt.

„Ur" (Regen) *ist das Weinen der Wolken,*
und der Verringerer des Eis-Randes
und das, was der Hirte haßt.
Regen-Anführer.

Die Verringerung des Eises durch den Regen zeigt, daß der Regen mit dem Sommer assoziiert und als der Gegensatz zum Schnee und Eis angesehen wurde.
Die dritte Zeile ist vermutlich mit einem zwinkernden Auge zu verstehen – die Hirten stehen nicht gerne im Regen draußen auf der Weide bei ihrem Vieh.
Der Begriff „Regen-Anführer" könnte eine Assoziation zu einem Regengott sein – nur haben die Germanen keinen Regengott, da es bei ihnen reichlich regnete. Am ehesten könnte noch der Fruchtbarkeits- und Ernte-Gott Freyr gemeint sein. Sein großer Penis würde auch dem Namen „Ur, Auerochse" („Zuchtbulle") und somit der Wiederzeugung des Göttervaters in der Gestalt eines Stieres oder Hirsches entsprechen.
Da der Skalde sich darum bemüht hat, jeden der Runen-Begriffe mit einer Königs- oder Gottesbezeichnung zu verknüpfen und auf diese Weise alle Runen auf die Götter zurückzuführen, wird man in den letzten Zeilen der Strophen des isländischen Runenliedes manchmal auch Konstruktionen erwarten müssen, die nicht sofort spontan verständlich sind, sondern manchmal eben etwas abseits der üblichen Assoziationen und mythologischen Bilder liegen.

I C 2. e) Trideilur Runa

Dies ist ein zweites isländisches Runenlied, das sich nur geringfügig von dem vorigen unterscheidet. Meistens fehlt lediglich die vierte Zeile.

„Ur" (Regen) ist das Weinen der Wolken,
und der Verringerer des Eis-Randes
und das, was der Hirte haßt.

I C 2. f) Lateinisches Runenlied

Dieses Lied ist eine lateinische Variante des isländischen Runenliedes, das allerdings einige Abweichungen enthält.

„Ur" (Regen) ist ein Regenschauer,
ist der Schmerz der Wolken;
das Trocknen der Wolken
ist das Wergeld der Hirten.

Die Verse sind zwar anders, aber die Bilder sind dieselben einschließlich des Hirten, der nicht gerne im Regen draußen steht.

I C 2. g) Altenglisches Runenlied

Auch diese Verse beruhen auf dem isländischen Runenlied, aber sie sind z.T. schon entsprechend den christlichen Verhaltensregeln umgestaltet worden.

„Ur" (Auerochse) ist ein mutiges Tier / und es hat riesige Hörner,
es ist ein sehr wildes Tier / und es kämpft mit seinen Hörnern,
ein Tier, das durch die Moore stampft; / das ist ein gewaltiges Tier!

In dem altenglischen Original werden für „Tier" vier verschiedene Begriffe benutzt.
  In diesem Lied wird „ur" als der wilde Stier in den Sümpfen aufgefaßt. Es finden sich in diesen Versen keinerlei Hinweise auf die Heilung.
  Man könnte evtl. den „Stier in den Sümpfen" als den „Göttervater in Stiergestalt in der Wasserunterwelt" auffassen, aber das wäre an den Haaren herbeigezogen, da in dieser Strophe jeder Hinweis auf eine tiefere mythologische Bedeutung fehlt.

I C 2. h) Norwegisches Runen-Lied

Das Rentier könnte in den beiden Versen an die Stelle des Urs getreten sein. Der erste Vers hat sich dadurch ergeben, daß „Schlacke" damals „Ur" genannt wurde. Der gefrorene Schnee ist vermutlich der Schlacke gleichgesetzt worden – beides ist etwas, was erhärtet ist.

Schlacke stammt aus schlechtem Eisen;
das Rentier läuft über gefrorenen Schnee.

I C 2. i) Schwedisches Runen-Lied

Dieses Stabreim-Lied ist vor allem als Merkvers gedacht gewesen und enthält nur wenige mythologische oder magische Hinweise.

Sprühregen (Ur) ist das übelste Wetter.

I C 2. k) Abecedarium Nordmannicum

Dieser Alphabeth-Spruch ist ein normannischer Merkvers für die Runen. In ihm finden sich ein paar Bestätigungen für die bisherigen Deutungen, aber keine neuen Informationen.

Feu forman	*Feu* (Vieh) *zuerst,*
Ur *after*	**Ur** (Stier) *danach,*
Thuris thritten stabu,	*Thuris* (Riese) *ist der dritte Buchstabe,*
Os is himo oboro,	*Os* (Ase) *folgt diesem,*
Rat endost ritan	*Rat* (Rat) *wird danach geritzt,*
Chaon thanne cliuôt.	*Chaon* (Geschwür) *klebt daran,*
Hagal, Naut hab&	*Hagal* (Hagel), *Naut* (Not) *hält,*
Is, Ar endi Sol	*Is* (Eis), *Ar* (Jahr) *und* *Sol* (Sonne)
Tiu, Birca endi Man midi	*Tiu* (Tyr), *Birca* (Birke) *und* *Man* (Mann) *zusammen mit ihnen*
Lagu the leohto,	*Lagu* (See) *der lichte*
Yr al bihabet.	*Yr* (Eibe) *hält alles umfangen.*

I C 2. k)   Merseburger Zaubersprüche

Diese beiden berühmten Zaubersprüche sind in dem Domkapitel von Merseburg als Randnotiz in einer Handschrift, die um ungefähr um 900 n.Chr. verfaßt worden ist, gefunden worden.

Der zweite dieser Zaubersprüche beschreibt die Heilung eines Pferdes durch die Götter. Zu einer Heilung gehörte vermutlich neben konkreten Maßnahmen wie die Verwendung von Heilkräutern sowie magischen Maßnahmen wie die Verwendung der „ur"-Rune auch die Anrufung der Götter, wobei man sich üblicherweise auf einen Präzedenzfall aus der Mythologie bezieht.

In dem folgenden Zauberspruch wird zwar nirgendwo die Rune „ur" genannt, aber thematisch gehört dieser Spruch zu der Rune „ur".

„Phol und Wodan ritten ins Holz.
Da wurde dem Fohlen Balders der Fuß verrenkt.
Da besprach ihn Sinthgunt, Sunnas Schwester;
da besprach ihn Frija, Vollas Schwester;
da besprach ihn Wodan, wie nur er es verstand:
Sei es Knochenverrenkung,
sei es Blutverrenkung,
sei es Gliedverrenkung:
Knochen zu Knochen,
Blut zu Blut,
Glied zu Gliedern,
so seien sie fest gefügt."

„Phol" ist möglicherweise ein Beiname des Baldur.

„Sinthgunt" ist eine kriegerische Göttin oder eine Walküre. Ihre Schwester „Sunna" ist die Sonnengöttin.

„Frija" ist „Freya". „Volla" ist eine weitere Göttin („Fulla").

Die in der germanischen Mythologie recht häufigen Schwesterpaare von Göttinnen sind die zwei Aspekte der Göttin: Diesseits und Jenseits.

I A 2. l)   Lied des Rig

Auch der Göttervater Rig, dessen Name „König" eine Heiti für Tyr-Heimdall ist, lehrt die Königssöhne Runen mit magischer Wirkung.

Die Rune, mit deren Hilfe man „bergen", d.h. schützen sowie „Sorgen heilen" konnte, könnte die „ur"-Rune sein.

Konur der junge / kannte Runen,
Zeitrunen / und Zukunftrunen;
Zumal vermocht er / Menschen zu bergen,
Schwerter zu stumpfen, / die See zu stillen.

Vögel verstand er, / wuste Feuer zu löschen,
Den Sinn zu beschwichtigen, / Sorgen zu heilen.
Auch hatt er zumal / acht Männer Stärke.

Er stritt mit Rigr, / dem Jarl, in Runen,
In allerlei Wissen / erwarb er den Sieg.
Da ward ihm gewährt, / da war ihm gegönnt,
Selbst Rigr zu heißen / und runenkundig.

„Konur" bedeutet „König". „Rigr" bedeutet „Herrscher". „Jarl" bedeutet in etwa „Graf" (englisch: „earl").

I A 2. m)   Havamal: Loddfafnirs Lied

Dies ist die letzte Strophe des Loddfafnir-Liedes, also des zweiten Teiles des dreiteiligen Havamal. Diese Strophe hat daher den „Ehrenplatz" in diesem Lied, was die Wichtigkeit dieser Strophe betont.

In ihm wird die Heilmethode der Germanen beschrieben, in der vor allem „Gleiches mit Gleichem" kuriert wurde. Diese Strophe ist die früheste bekannte Beschreibung des Prinzips, auf dem u.a. auch die Homöopathie beruht.

Zu den Heilmitteln gehörten u.a. auch die Runen, die gegen Flüche und ähnliche Verzauberungen benutzt empfohlen werden.

Die folgende Strophe ist eine möglichst wörtliche Übersetzung des Originals, die von der bekannten, „klassischen" Version von Karl Simrock an vielen Stellen abweicht.

Ich rate Dir, Loddfafnir
meinen Rat zu beherzigen.
Es wird Dir nutzen, wenn Du ihn annimmst;
Es wird Dir gut gehen, wenn Du ihn ergreifst.
Wo Ale getrunken wird,
da wünsche Dir Erd-Kraft,
denn diese Erde hilft gegen die Ale-Krankheit (1).
Und es hilft: das Feuer gegen Fieber-Krankheiten (2),

*die Eiche gegen Verstopfung,
das Mutterkorn (3) gegen bösen Zauber,
die Fürsten-Halle gegen Streit im Heim (4);
bei Rache soll man den Mond anrufen (5);
Beißen hilft gegen beißende Parasiten (6),
und gegen Verfluchungen (7) Runen (8);
die Erde soll das Flüssige aufnehmen und dadurch gegen das Flüssige schützen.*

(1)"Ale-Krankheit" = „Trunkenheit" oder „Kater"?

(2) „Sóttum" bedeutet allgemein „Krankheit" und leitet sich von „sot" für „Schwarzes, Ruß" ab. Das Wort ist verwandt mit „sieden" für kochen (Ge**sott**enes, Sud). „Sóttum" ist vermutlich das Schwarze am Topf. „Sóttum" als Krankheit ist daher sehr wahrscheinlich eine „kochende Krankheit", d.h. eine fiebrige Krankheit.

(3) Die Ähre als „Gleiches heilt Gleiches"-Heilmittel gegen „schwarze Magie" bedeutet, daß die Ähre eine ähnliche Wirkung haben muß wie die „schwarze Magie". Dies ließe sich am ehesten damit erklären, daß in diesem Vers nicht die Ähre selber, sondern das Mutterkorn auf einer Ähre gemeint ist, das das stark halluzinogene LSD enthält.

(4) „Hý" ist das Heim und „rogi" ist der Streit. Es könnte die richterliche Gewalt des Fürsten gemeint sein, dessen Urteil den Streit beendet.

(5) „Kveðja" bedeutet „rufen, herbeirufen, rituell singen" und bezieht sich auch auf Anrufungen und auf Lieder. „kveðandi" ist die Rezitation, das Chanten und Singen sowie der Rhythmus der Verse, also das Versmaß. „Kveð-skapr" ist wörtlich das „Verse-formen". Ein „kveðja" ist somit eine magische Anrufung. Eine „mána kveðja" ist eine Mond-Anrufung. Offenbar bat man den Mond um Hilfe, wenn man etwas rächen wollte. Aufgrund des hier vertretenen „Gleiches heilt Gleiches"-Prinzipes setzte man möglicherweise das Schwinden des abnehmenden Mondes dem „Schwinden", d.h. in der Regel dem Getötetwerden des Feindes gleich.

(6) „Bit-Sóttum" ist wörtlich die „Beiß-Krankheit". Die „Beißenden" sind die Parasiten (Zecken u.ä.).

(7) „Fjölkynngi" setzt sich aus dem Präfix „fjöl-" für „viel, vielfältig" und „kynngi" für „Kenntnisse in der Magie" zusammen. Das Wort „kyn", von dem sich „kynngi" herleitet, bedeutet „Verwandtschaft (englisch: „kin"), kennen, vertraut sein mit, Kenntnis" sowie „Wunder, Erstaunliches, Omen, Geschicktheit". Da dieses Wort von germanisch „kinda" für „Kind" abstammt, ist die Bedeutung „Verwandtschaft" die ältere.

„Kynngi" hat seine Zweit-Bedeutung „Magie" möglicherweise über die Bedeutung „vertraut sein mit", d.h. „Kenntnis" erhalten – und der einzige „Fachmann" in der damaligen Kultur war der Diar, der wie die Druiden der Kelten zugleich Priester, Heiler, Schamane, Richter, Skalde (Dichter) usw. gewesen ist. Das, womit die Diar und auch die Druide vertraut gewesen sind, ist die Welt der Ahnen und der Götter, die auch die Welt der Magie ist.

„Fjölkynngi" ist somit eine vielfältige und gründliche Kenntnis der Magie. Die Bedeutung dieses Wort hat sich im Laufe der Zeit dann zu „böser Zauber" verengt.

Auch das Wort „Runen" ist mit „Geheimnis, Wissen, Heimlichkeit" verwandt. „Kynngi" und „Rune" sind daher analoge Begriffe.

(8) Sowohl Verfluchungen als auch Runenzauber geschehen mit Zeichen und Worten.

Diese Strophe zeigt vor allem, daß die Runen eng mit der Magie assoziiert waren und für die Heilung von Schadenszaubern benutzt wurden – und vermutlich auch für diese Schadenszauber selber.

Man kann daher zumindestens vermuten, daß das norditalienische Alphabet von ger-manischen Priester-Magiern aus Norditalien importiert und zu den Runen umgewan-delt worden ist – dies würde am einfachsten erklären, warum die Runen bei den Ger-manen in der Magie, aber fast nie zum Verfassen längerer Texte verwendet worden sind. Dies paßt auch gut zu dem indogermanischen Verbot des Aufschreibens religiö-ser Texte, das z.B. bei den Kelten und den Germanen erst dann seine Wirkung verlor, als die Religion selber schon stark unter dem Druck des Christentums stand.

I C 2. n) Heilstab von Ribe

Dieser Stab, der um ca. 1300 n.Chr. in Ribe, der ältesten Stadt Dänemarks (im Südwesten Dänemarks) hergestellt worden ist, enthält eine germanisch-christliche Runeninschrift, die wie folgt lautet:

Ich bitte die Erde zu wachen
und auch den Himmel oben,
die Sonne und die Heilige Maria
und den Herrgott selber,
daß er mir heilende Hände gewährt,
und eine heilende Zunge,
um den Zitterer zu heilen,
wenn er eine Behandlung braucht
an Rücken und Brust,
an Leib und Glied,
an Augen und Ohren,
an jedem Platz, an dem das Böse eintreten kann.
Ein Stein wird „Dunkler" genannt;

er ragt aus der See empor.
Auf ihm liegen neun Nöte (Naudir).
Sie sollen weder gut schlafen
noch warm werden
bis es Dir wieder besser geht -
dafür habe ich diese Runen-
Worte aussprechen lassen.
Amen. So sei es.
(Kreuzzeichen)

I A 2. o)   Die Saga von Egil Skallagrimsson

Runen wurden des öfteren zur Heilung eingesetzt – aber wie bei allen Medikamenten müssen Diagnose und Therapie stimmen, sonst richtet der Heiler Unheil an …

Als Egil und die Seinen sich gesetzt hatten und aßen, da sah Egil, dass ein Mädchen krank auf dem Querbett lag. Egil fragte Thorfinn, wer das Weib sei, das dort so krank liege.

Thorfinn meinte, sie heiße Helga und sei seine Tochter – „sie hat schon lange krank gelegen. Sie litt an Auszehrung. Keine Nacht schlief sie und war wie wahnsinnig."

„Habt ihr irgendwelche Heilmittel gegen die Krankheit angewandt?" frug Egil.

Thorfinn sprach: „Runen sind von einem Bauernsohn aus der Nachbarschaft geritzt worden. Es steht aber seitdem viel schlimmer als vorher. Kannst Du, Egil, etwas gegen diese Krankheit tun?"

Egil meinte: „Es ist möglich, daß es nicht schlechter wird, wenn ich danach schaue."

Als Egil gegessen hatte, ging er dorthin, wo das Mädchen lag, und sprach zu ihr. Er bat, sie von dem Platz zu heben und reines Zeug unter sie zu legen. Das geschah. Darauf durchsuchte er den Platz, auf dem sie gelegen hatte und fand dort ein Fischbein, auf dem Runen geritzt waren. Egil las sie. Darauf schabte er die Runen ab und warf sie ins Feuer. Er verbrannte das ganze Fischbein und ließ das Zeug, das das Mädchen gehabt hatte, in den Wind tragen.

Dann sprach Egil:

„Niemand ritze jemals Runen
Der sie nicht zu lesen weiß –
sonst wird er sehr vieler dunkler Sprüche
Bedeutung nicht erkennen.
Zehn der Zauberworte

wurden falsch auf den Walknochen geschrieben;
sie gaben der Kräuter-sammelnden Maid
lange Zeit Sorgen und Schmerzen."

Egil ritzte Runen und legte sie unter das Polster des Lagers, auf dem das Mädchen ruhte. Da schien ihr, als ob sie aus einem Schlafe erwache, und sie sagte, sie sei gesund, wenn auch noch schwach.

I A 2. p)   Die Saga von Egil Skallagrimsson

Falsch geschriebene Zauber-Runen scheinen des öfteren vorgekommen zu sein – zumindestens wird in der Saga über den Skalden Egil Skallagrimsson noch ein zweiter Fall berichtet:

Der Mann, der die Runen für Helga geritzt hatte, wohnte nicht weit entfernt. Es kam nun heraus, daß er sie gebeten hatte, seine Frau zu werden, aber das Thorfinn sie ihm nicht geben wollte.
Danach hatte sie dieser Sohn des Landbesitzers verführen wollen, aber sie hatte nicht eingewilligt. Da hatte er für sie Liebes-Runen geritzt, aber er wußte nicht genau, wie man sie schreiben muß, und davon war sie krank geworden.

Vermutlich hat der Sohn des Landbesitzers die Yr-Rune benutzen wollen, aber sie falsch geschrieben oder mit anderen, unpassenden Runen kombiniert.

I C 2. q)   Die Saga über Bosi und Herraud

Der vollständige Fluch findet sich bei der Fehu-Rune, der ersten Rune des Futharks.

Sechs kommen hier:
Sag ihre Namen,
entziffre alle!
Ich zeige sie dir.
Rätst du sie nicht,
wie ich's richtig heiße.
so fahr hin zur Hel,
von Hunden zerfleischt,
deine Seele aber
sinke zur Hölle!

Am Ende des Manuskript folgen 6 Runenzeichen: Raidho, Ansuz, Thurisaz, Fehu, Algiz, Uruz. Dies könnten die „sechs" in dem Rätsel am Schluß sein.

Raidho = Ritt, Fahrt, Reise
Ansuz = Ase = Odin oder Tyr
Thurisaz = Thurse (Tyr) und Dorn = Schwert (Tyrs Schwert) = Tyr
Fehu = Vieh, Besitz
Algiz = Elch
Uruz = Wasser, Stier

Wenn man diese sechs Runen kombiniert, kommt man auf die Jenseitsreise (Raidho) des Tyr (Ansuz Thurisaz) zusammen mit seinen beiden Alcis-Söhnen (Algiz), bei der sich Tyr in einen Stier (Fehu Uruz) verwandelt. Ob diese Deutung so zutrifft, ist allerdings unsicher, da die Runen allgemein viele Elemente aus den Tyr-Mythen enthalten.

Es fällt auch auf, daß fünf dieser sechs Runen den Anfang des Futhark bilden: Fehu – Uruz – Thurisaz – Ansuz – Raidho. Doch dann fehlt die Rune „Kaun" und stattdessen bleibt die Rune „Algiz" übrig.

„Ur" bedeutet „Wasser, Regen" und sekundär auch „Auerochse" im Sinne von „in Sümpfen lebender Stier" und „Zuchtbulle" („Same" = „Wasser").

Der Regen wurde als der Gegensatz des Schnees und des Eises angesehen und wurde daher mit dem angenehmen, aber kurzen Sommer in den Nordländern assoziiert. Möglicherweise wurde er als eine Gabe des Gottes Freyr angesehen, der in dieser Funktion den Beinamen „Regen-Anführer" gehabt haben könnte.

Diese Rune wurde im Havamal als Heilungs-Rune angesehen. Dieses Lied des Odin weicht inhaltlich meistens deutlich von den isländischen und englischen Runenliedern ab und hat als Grundlage eher eine „magische Tätigkeit" als die wörtliche Bedeutung des Runen-Namens.

Eine Heilung konnte bei den Germanen aus fünf Elementen bestehen:

    1. physische Maßnahmen wie Kräuter, Verbände u.ä.;

    2. homöopathische Maßnahmen (Gleiches mit Gleichem behandeln wie z.B. Fieber mit Hitze);

    3. den Heilungs-Runen, die auf Äste geritzt wurden – entweder ein Spruch oder evtl. auch nur die „ur"-Rune;

    4. die Bitte an die Götter um „heilende Hände", d.h. um einen Segen, der

von den Göttern zu dem Heiler kommt und durch dessen Hände weiter in den Kranken fließt;

5. die Bezugnahme auf eine Heilung in der Mythologie, die dazu führte, daß die irdische Heilung genauso gut gelingt wie die Heilung durch die Götter.

Falsch geschriebene Heilungs-Runen, aber auch falsch geschriebene Liebes-Zauber konnten Krankheiten verursachen statt das zu bewirken, was der „Zauberlehrling" eigentlich erreichen wollte.

I C 3. Die 3. Rune des Futhark-Alphabeths

„thorn"

I C 3. a) Die Bedeutung des Runen-Namens „thorn"

Dieser Runen-Name hat die Bedeutung „Dorn, Stachel, Nadel". „Dorn" ist auch eine Heiti für „Schwert" und somit indirekt für „Schaden, Tod". Da der ehemalige Göttervater Tyr auch der Schwertgott gewesen ist, besteht auch eine Assoziation zu ihm – was sich u.a. in der Auffassung der Thorn-Rune als Riese zeigt (Tyr ist der wichtigste Riese im Jenseits).

Das altnordische Substantiv „thorn" ist eine Weiterentwicklung des germanischen Wortes „thurnaz" für „Dorn".

Die indogermanische Wurzel dieses Begriffes ist das Verb „ter" für „reiben, bohren drehen".

Diese Rune hat von allen Runen die reichhaltigste Überlieferung.

I C 3. b) Das Runenlied aus dem Havamal

Der Bezug des Havamal-Runenliedes zum „Dorn" ist lediglich, daß Odin mit der „thorn"-Rune die Spitzen der Waffen seiner Feinde stumpf und somit unwirksam machen kann.

Odins Deutung der „thorn"-Rune ist die einer Kampf- und Sieg-Rune.

Odin:
„Ein drittes weiß ich, dessen ich bedarf,
Meine Feinde zu fesseln –
Die Spitze stumpf' ich dem Widersacher;
mich verwundet weder Waffen noch List."

I C 3. c) Das Sigdrifa-Lied

Die Zuordnung dieser Verse zur „thorn"-Rune ist recht unsicher, da ansonsten keine ausdrückliche Gerichts-Rune bekannt ist.

Sigrdrifa:
„Gerichtsrunen kenne, wenn Du vor der Rache Deiner Feinde
willst sicher sein.
Winde sie, wick'le sie ein,
und setze sie alle zusammen,
bei dem Thingmahl, wo Männer
zu vollzähligem Gerichte ziehen sollen."

Die folgenden beiden Zeilen aus dem Sigdrifa-Lied passen zu der kriegerischen Deutung aus dem Havamal.

Alle vier Bilder aus diesen beiden Versen gehören zu dem ehemaligen Göttervater Tyr bzw. zu seinem Nachfolger Odin: Der Wolf ist das Identifikations-Tier der (indo-)germanischen Krieger und somit der Begleiter des Göttervaters, der Adler ist der Seelenvogel des Göttervaters, die Schwingen des Adlers sind von den Kämpfen des Göttervaters blutig und der Kopf der Brücke könnte der Anfang der Regenbogen-brücke des Tyr-Heimdall sein.

Sigdrifa:
„(Die Runen stehen)
auf den Klauen des Wolfs und den Krallen des Adlers,
auf blutigen Schwingen, auf der Brücke Kopf."

I C 3. d) Isländisches Runengedicht

Dieses Lied besteht aus je vier Zeilen mit Stabreim zu jeder Rune.
Das erste Wort in der ersten Zeile ist der germanische Runen-Name.
Das erste Wort in der vierten Zeile ist jeweils die lateinische Übersetzung dieses Wortes, auf das dann jeweils ein alter isländischer Königstitel folgt.

„Thurs" (Riese) ist die Qual der Frauen
und der Fels-Bewohner
und der Mann der Vardruna.
Saturnus, der Herr des Things.

Der Name der ansonsten nur noch aus den Thulur-Listen und einer Kenning als Hel-Riesin bekannten „Vardruna" setzt sich aus den beiden Substantiven „vard" für „Hügelgrab" (wörtlich: „das Bewachte") und „runa" für „Geheimnis" zusammen und bedeutet somit „Geheimnis des Hügelgrabes".

Mit diesem poetischen Namen könnte die Wiederzeugung des Toten mit der

Jenseitsgöttin, also der Riesen „Vardruna" in der Grabkammer gemeint sein. Die „Qual" der Frauen könnte somit die (Wieder-)Geburt sein.

Der „Herr des Things" ist ein Beiname des Tyr, der offenbar dem Saturn gleichgesetzt worden ist.

Da das erste Wort in der vierten Zeile in diesem Runengedicht stets die lateinische Übersetzung des ersten Wortes in der ersten Zeile ist, müssen „Thurs", „Saturnus" und „Herr des Things" alle drei der Göttervater Tyr als Riese im Jenseits sein. „Vardruna" ist folglich die Jenseitsgöttin, die den Sonnengott-Göttervater Tyr am Morgen bzw. im Frühjahr „unter Qualen" wiedergebiert.

Von Tyr aus, der auch der Kriegsgott gewesen ist, findet sich somit auch eine Verbindung zu der kriegerisch gestimmten Runenstrophe aus dem Havamal.

Saturnus ist in der römischen Mythologie der Vater des Götterkönigs Jupiter, was genau der Deutung des „thurs" als dem Tyr-Riesen entspricht, da auch dieser (aufgrund der Wiederzeugungssymbolik) der Vater des ehemaligen Götterkönigs Tyr ist.

I C 3. e) Trideilur Runa

Dies ist ein zweites isländisches Runenlied, das sich nur geringfügig von dem vorigen unterscheidet. Meistens fehlt lediglich die vierte Zeile.

„Thurs" (Riese) ist die Qual der Frauen
und der Fels-Bewohner
und der Mann der Vardruna.

I C 3. f) Lateinisches Runenlied

Dieses Lied ist eine lateinische Variante des isländischen Runenliedes, das allerdings einige Abweichungen enthält.

„Thurs" (Riese) auf den Klippen,
Schrecken der Frauen,
Sachse in den Steinen,
Vardrunas Ehemann.

Vardruna ist der richtige Name
der Frauen der Riesen.

Mit „Sachse" ist „Mensch, Bewohner" gemeint – die Riesen lebten in den felsigen Einöden.

Aus der Qual der Geburt ist hier ein Schrecken geworden, der sich möglicherweise auf das Wesen und das Verhalten der Riesen bezieht.

Der „Thurs", also der Tyr-Riese wird hier ausdrücklich als „Vardrunas Ehemann" bezeichnet, was die Deutung der Vardruna als Jenseitsgöttin bestätigt.

I C 3. g) Altenglisches Runenlied

Auch diese Verse beruhen auf dem isländischen Runenlied, aber sie sind z.T. schon entsprechend den christlichen Verhaltensregeln umgestaltet worden.

„Thorn" (Dorn) ist sehr, sehr scharf: / schmerzhaft für jeden Gefolgsmann
den er ergreift; / unermeßlich beißend
für jeden Mann / in dem er ruht.

Der „Dorn" wird in diesem Runen-Lied als Schwert aufgefaßt. Dies paßt zu der Auffassung der Rune „thorn" bzw. „thurs" als Tyr-Riese, da dessen Waffe das Schwert ist.

Die Rune „thorn/thurs" ist somit ein Ausdruck für den toten Schwertgott-Göttervater Tyr im Jenseits, in dem er zu einem „toten Gott" oder „Ahnen-Gott", d.h. zu einem Riesen wird.

I C 3. h) Norwegisches Runen-Lied

In diesem Lied wird die Rune „Thorn" als Riese aufgefaßt – ursprünglich als der ehemalige Göttervater und Schwertgott Tyr, der während der Nacht bzw. während des Winters als Riese im Jenseits weilte.

Thurs (Riese) verursacht den Frauen Schmerzen;
nur wenige erfreut das Unglück.

Ob damit die Geburtswehen gemeint sind? Falls ja, dann könnte dies eine Anspielung auf die Wiedergeburt des Tyr am Morgen bzw. im Frühling sein – aber das ist sehr unsicher ...

I C 3. i)   Schwedisches Runen-Lied

Dieses Lied enthält nur den ersten Vers des vorigen Liedes in verkürzter Form:

Thorn ist der Frauen Qual.

I C 3. j)   Abecedarium Nordmannicum

Dieser Alphabeth-Spruch ist ein normannischer Merkvers für die Runen. In ihm finden sich ein paar Bestätigungen für die bisherigen Deutungen, aber keine neuen Informationen.

Feu forman	*Feu* (Vieh) *zuerst,*
Ur after	*Ur* (Stier) *danach,*
Thuris *thritten stabu,*	**Thuris** (Riese) *ist der dritte Buchstabe,*
Os is himo oboro,	*Os* (Ase) *folgt diesem,*
Rat endost ritan	*Rat* (Rat) *wird danach geritzt,*
Chaon thanne cliuôt.	*Chaon* (Geschwür) *klebt daran,*
Hagal, Naut hab&	*Hagal* (Hagel), *Naut* (Not) *hält,*
Is, Ar endi Sol	*Is* (Eis), *Ar* (Jahr) *und Sol* (Sonne)
Tiu, Birca endi Man midi	*Tiu* (Tyr), *Birca* (Birke) *und Man* (Mann) *zusammen mit ihnen*
Lagu the leohto,	*Lagu* (See) *der lichte*
Yr al bihabet.	*Yr* (Eibe) *hält alles umfangen.*

I A 2. k)   Lied des Rig

Auch der Göttervater Rig, dessen Name „König" eine Heiti für Tyr-Heimdall ist, lehrt die Königssöhne Runen mit magischer Wirkung.

Die Rune, mit deren Hilfe man „Schwerter stumpf machen" könnte die „thorn"-Rune sein.

Konur der junge / kannte Runen,
Zeitrunen / und Zukunftrunen;
Zumal vermocht er / Menschen zu bergen,
Schwerter zu stumpfen, / die See zu stillen.

Vögel verstand er, / wuste Feuer zu löschen,
Den Sinn zu beschwichtigen, / Sorgen zu heilen.
Auch hatt er zumal / acht Männer Stärke.

Er stritt mit Rigr, / dem Jarl, in Runen,
In allerlei Wissen / erwarb er den Sieg.
Da ward ihm gewährt, / da war ihm gegönnt,
Selbst Rigr zu heißen / und runenkundig.

„Konur" bedeutet „König". „Rigr" bedeutet „Herrscher". „Jarl" bedeutet in etwa „Graf" (englisch: „earl").

I A 3. l)   Odins Rabenzauber

Die Rune „thorn" wird in diesem bilderreichen Lied mit dem „Schlafdorn" gleichgesetzt, mit dem der Göttervater Odin bzw. der Tyr-Zwerg Dain jeden Abend die Menschen in Schlaf versetzt. Dieser „Dorn" wird mit Tyrs Schwert identisch sein.

Die folgenden vier Strophen sind eine bildreiche Schilderung der anbrechenden Nacht.

Antwort gab Omi, sie alle hörten es:
„Die Nacht ist zu nützen zu neuem Entschluß.
Bis Morgen bedenke wer es vermag
Glücklichen Rat den Göttern zu finden."

„Omi" ist Odin.

Über den Rand von Rindrs Ebene
sank Fenrirs müde Nahrung nieder;
Vom Gastmahl schieden die Götter,
grüßten Hroptr und Frigg, als Hrimfari auffuhr.

„Rindr" ist die Erdgöttin. „Fenrirs müde Nahrung" ist der Sonnengott-Göttervater Tyr, dem Fenrir die rechte Hand abgebissen hat. Der „Rand von Rindrs Ebene" ist somit der westliche Horizont, an dem am Abend die Sonne (Tyr) versinkt. „Hroptr" ist Odin. „Hrimfari" ist der Nacht-Riese, der im Osten erscheint, wenn die Sonne im Westen versinkt.

*Da hebt sich von Osten aus den Eliwagar
Der Dorn aus den Gefilden des Reif-kalten Thursen,
Mit der Dain alle Menschen im ruhmreichen Midgard
jede Nacht in Schlaf schlägt.*

„Elivagar" bedeutet „Eiswogen" und ist das kalte Niflheim-Jenseits. Der „Dorn" ist der Schlafdorn und zugleich die Rune „Thorn". Diese Rune bezeichnete zudem die Thursen, also die Riesen und insbesondere den Tyr-Riesen im Jenseits. Der Tyr-Riese bzw. der Tyr-Zwerg Dain läßt alle Menschen mit seinem Schwert („thorn") in den Schlaf sinken.

*Die Kräfte ermatten, die Arme ermüden,
Schwindelnd wankt der weiße Schwertgott.
Benommenheit zerstreut den Wind der Riesin,
Die Tätigkeit des Geistes aller Menschen.*

Der „weiße Schwertgott" ist der Sonnengott-Göttervater Tyr, der am Abend stirbt.
Der rege, wache Geist der Menschen wird als ein Wind, der zu einer Göttin gehört, aufgefaßt. Er wird am Abend von Benommenheit eingehüllt.

I A 3. m) Der Schlafdorn

Der Schlafdorn ist ein wichtiges Motiv in der germanischen Mythologie. Es wird unter „Schlafdorn" in Band 55 ausführlich dargestellt.
Der Charakter des Schlafdornes sieht kurz zusammengefaßt wie folgt aus:

Odin versetzt die Walküre Sigdrifa mit seinem Schlafdorn ineinen endlosen Schlaf, aus dem sie nur erwachen kann, in dem sie einen Mann heiratet – dies ist eine Umdeutung der Jenseitsreise des Toten bei seiner Bestattung, des Sonnengott-Göttervaters am Abend und im Herbst, des König bei seiner Krönung und des Helden bei seiner Einweihung. Dort im Jenseits vereinen sich alle diese Jenseitsreisenden mit der Göttin, um anschließend von ihr wiedergeboren zu werden.
Die Rune „Thorn" hat dieselbe Wirkung wie der Schlafdorn – sie bezeichnet sowohl den Schlafdorn als auch den Thursen-Riesen, zu dem der Sonnengott-Göttervater nach seinem abendlichen bzw. herbstlichen Tod im Jenseits wird. Nach ihr wurde der Jenseits-Riese Tyr als „Thorn" oder als „Bölthorn", also „Übel-Dorn" benannt. Später wurde dieser Name von Odin, der fast die gesamte Mythologie des Tyr übernommen hat, in „Bölverk" umbenannt, als er in das Jenseits zu Gunnlöd reiste, was der abendlichen und herbstlichen Umwandlung des im Diesseits herrschenden Tyr in den im

Jenseits gefangenen Tyr-Riesen entspricht. Dieser Dorn („thorn") ist auch das Schwert des Tyr-Riesen („thurs") sowie evtl. auch der Speer Gungnir des Odin.

Die Rune der Wiedergeburt des Tyr am Morgen bzw. im Frühjahr ist die Rune „Tyr".

Die Schlafdorn-Symbolik wurde auch auf das Einschlafen der Menschen ausgeweitet – so wie der Sonnengott-Göttervaters an jedem Abend „einschläft" d.h. „stirbt", so schlafen auch die Menschen an jedem Abend ein. In dieser Funktion wurden Tyr und später Odin als „Dain", d.h „Toter" bezeichnet. Odin bezeichnete sich auch mit diesem Namen, als er den Zwergen die Runen lehrte – zu diesem Zeitpunkt muß er im Jenseits gewesen sein, da das altnordische Wort „dwergaz" die Bedeutung „Totengeist" hat.

Odin-Dain ist offenbar am Abend in das Jenseits eingegangen und hat dabei mit seinem Schlafdorn alle Menschen eingeschläfert und dann anschließend im Jenseits die Zwerge die Runen gelehrt. Der Schwerpunkt dieses Magie-Unterrichtes wird sicherlich auf der Rune „Thorn", die den Tod bewirkte, auf der Rune „Tyr", die die Wiedergeburt bewirkte, und evtl. noch auf der Rune „Man", die die morgendliche Sonnenanrufung verkörperte, gelegen haben.

Diese letzte Rune wurde vor allem von dem Zwerg „Volkrörir" benutzt, der am Morgen die Lieder für die Asen und Alben und vor allem für den Göttervater sang – sein Name bedeutet „Volks-Erheber" oder etwas wörtlicher „der bewirkt, daß sich die Menschen erheben".

Volkrörir ist offensichtlich derselbe wie Dain – nur am Morgen statt am Abend – Dain ist Tyr-Odin beim abendlichen Singen der Thorn-Rune und Volkrörir ist Tyr-Odin beim morgendlichen Singen der Tyr-Rune und der Man-Rune.

In den Sagas wird „Stechen mit dem Schlafdorn" auch als Umschreibung für „(mit einem Schwert) töten" benutzt – „Thorn" ist also auch eine Heiti für „Schwert".

In manchen Liedern und Sagen tritt auch eine Wurzel an die Stelle des Schlafdorns. In einem Fall hat diese Wurzel auch die Wirkung, die Jungfrau aus dem Jenseits-Reich des Drachen in das Diesseits zurückzuholen.

Dieser Schlafdorn und diese Wurzel sind mit der Mistel identisch, mit der Hödur durch die List des Loki den Baldur tötete. Baldur ist ein Aspekt des Göttervaters Tyr: Er verkörpert den Sommer und die Richtigkeit. Der Schlafdorn bzw. die Mistel ist ursprünglich zumindestens zeitweilig auch im Besitz des Loki gewesen, der sie vom Tor der Hel geholt hat.

Die Mistel als immergrüne Pflanze wird sicherlich auch die Hoffnung auf einen neuen Frühling verkörpert haben und entspricht daher auch der „heilenden Wurzel", die die Jungfrau aus dem Jenseits zurückholt. Die Mistel ist eher die Wiedergeburts-Rune „Tyr" als die Todes-Rune „Thorn".

Der Schlafdorn könnte aus dem „Mistelpfeil" entstanden sein, aber es wäre auch denkbar, daß es sich bei ihm um einen Schlangenzahn oder einen Drachenzahn handelt, da die Schlangen/Drachen die Gestalt der Toten auf ihrer Reise in die Unterwelt waren – so wie Odin auf seiner Reise in das Hügelgrab der Gunnlöd die Gestalt einer Schlange annahm.

I C 3. n) Thorsdrapa

Der Riesen-Name „Thorn" wird in der Thorsdrapa benutzt, um einen Ahnen der Riesen zu bezeichnen. Da in den Kenningar, die nach dem Muster „Männer des Riesen X" konstruiert sind, der „Riese X" stets der ehemalige Göttervater Tyr ist, der von Thor getötet wird, kann man davon ausgehen, daß auch in der Kenning „Thorns Nachkommen" der Riese „Thorn" Tyr im Jenseits ist. Diese Vermutung wird dadurch bestätigt, daß „Thorn" auch eine Bezeichnung für „Schwert" ist und Tyr der Schwertgott ist.

Der Geist-gefestigte Thor mußte nicht oft
von dem Geier-Pfad um diese Fahrt gebeten werden,
denn sie waren begierig,
Thorns Nachkommen zu besiegen.

„Geist-gefestigt" ist eine Umschreibung für „mutig".
Der *„Geier-Pfad"* ist offensichtlich Loki. Vermutlich hat er diese ungewöhnliche Kenning erhalten, weil er mithilfe seiner magischen Schuhe fliegen, d.h. auf dem „Pfad der Geier" wandern konnte.

I C 3. o) Skirnir-Lied

In diesem Lied findet sich die ausführliche Darstellung eines Fluches bzw. der Anrufung der Götter vor einem Fluch sowie der Androhung, diesen Fluch auch tatsächlich zu „aktivieren". Dabei spielt die „thorn"-Rune eine zentrale Rolle.

Skirnir ist der Priester-Diener des Gottes Freyr, von dem er ins Jenseits geschickt wird, um für seinen Herrn die Riesin Gerda, also die Jenseitsgöttin zu freien. Als Gerdr diese Werbung ablehnt, versucht es Skirnir zunächst mit Geschenken und schließlich mit Drohungen – man könnte durchaus noch das eine oder andere zu dieser Art von Umgang der Götter mit den Göttinnen anmerken … Nun, der Stil der Werbung paßt auf jeden Fall zu der sonstigen räuberischen Lebensweise der Wikinger.

Gerda (zu ihrer Magd):
„Welch ein Getöse hör ich ertönen
Hier in unsern Hallen?
Die Erde bebt davon und alle Wohnungen
In Gymirsgard erzittern."

„Gymir" ist der Meeres-Riese Ägir-Hler und somit der Göttervater Tyr als Riese in der Wasserunterwelt. Nach ihm ist das Heim der Gerda, d.h. die Unterwelt als „Gymirsgard", d.h. „befestigter Ort des Gymir" benannt worden.

Magd (zu Gerda):
„Ein Mann ist hier außen von der Mähre gestiegen
Und läßt im Grase sie grasen."

Gerda (zur Magd):
„Bitte ihn einzutreten in unsern Saal
Und den milden Met zu trinken,
Obwohl mir ahnt, daß hier außen sei
Meines Bruders Mörder."

Der Mörder von Gerdrs Bruder ist zunächst einmal unbekannt, da auch schon Gerdas Bruder unbekannt ist. Loki spricht in der Lokasenna von einem Mörder des Bruders der Idun. Möglicherweise ist hier von derselben Mythe die Rede. Der bekannteste Brudermörder in den germanischen Mythen ist Hödur, der durch eine List des Loki den Baldur tötete.

Da die Göttin/Riesin als Wiederzeugungs-Geliebte des öfteren als die Tochter des Göttervaters umgedeutet worden ist, könnte es sein, daß Baldur der ermordete Bruder der Gerda und Idun ist, da beide als Kind des Tyr-Odin angesehen worden sein könnten. Der Brudermörder wäre dann sowohl Hödur als auch Loki.

Loki ist wiederum der Gott, der dem Göttervater ständig die Frau raubt und mir ihr auch Kinder zeugt (zusammen mit Sif den Ullr).

Da von Freyr, der Skirnir gesendet hat, nur dessen Totschlag des Sonnen-Riesen Beli bekannt ist, könnte auch dieser Riese gemeint sein – allerdings sind Baldur und Beli letztlich beide der am Abend bzw. im Herbst sterbende Sonnengott-Göttervater Tyr.

Gerda fürchtet offenbar, daß Freyr oder evtl. auch Loki oder Hödur vor dem Tor stehen könnten.

Gerda (zu Skirnir):
„Wer bist Du von den Alfen oder Asensöhnen

Oder weisen Wanen?
Warum fuhrst Du allein durch flackernde Flamme
Um unsere Säle zu schauen?"

Skirnir:
„Ich bin keiner der Alfen noch der Asensöhne,
Noch der weisen Wanen.
Doch fuhr ich alleine durch die flackernde Flamme,
Um eure Säle zu sehen.

Elf allgoldene Äpfel habe ich:
Die will ich Dir, Gerda, geben,
Um Deine Liebe zu erkaufen, damit Du Freyr bekennst,
Daß Dir niemand lieber ist als er."

Skirnir sagt hier über sich, daß er ein Mensch ist – auch wenn er einen Alben/Wanen-Namen trägt. Dies würde zu seiner Deutung als Priester des Freyr passen, da diese Schamanen-Priester durch ihren Beruf eng mit den Ahnen verbunden gewesen sind und somit durchaus einen Alben-Namen tragen konnten.

Diese bereits bei ihrem Beginn eher rustikale Werbung nach dem Prinzip „Gold für Liebe" ist nicht ganz so plump, wie sie zunächst wirkt, weil der Apfel ein Symbol der Wiedergeburt und der Seele ist: Die Äpfel der Idun gaben den Göttern ihre ewige Jugend und in der Völsungen-Saga wird berichtet, wie Odin und Frigg dem kinderlosen König Rerir (Sigurds/Siegfrieds Urgroßvater) und seiner Frau auf deren Bitte hin durch eine Walküre einen magischen Apfel senden, durch dessen Verspeisen die Königin dann schwanger wird.

Die elf goldenen Äpfel könnten somit auch als eine Bitte an Gerda, dem Freyr eine Wiedergeburt zu schenken, aufgefaßt werden. Allerdings ist dieses Motiv hier schon zu einer realen Brautwerbung umgedeutet worden.

Gerda:
„Die elf Äpfel nehme ich nicht an
für die Minne eines Mannes!
Freyr und ich sollen, solange wir beide atmen,
Niemals zusammen sein!"

Solche schwierigen Brautwerbungen finden sich des öfteren einmal in den Mythen und Sagas, wenn es sich um umgedeutete Jenseitsreisen und Wiedergeburten handelt. Auch Odin muß in der Erzählung in der „Gesta danorum" („Geschichte der Dänen") zu vielen Listen und Gestaltwandlungen greifen, bis er sich endlich mit der Riesin/

Königstochter Rindr vereinen kann, damit sie den Baldur-Rächer Vali gebären kann.

Diese Schwierigkeiten bei der Brautwerbung werden ursprünglich die Schwierigkeiten und Hindernisse auf dem Weg in das Jenseits gewesen sein. Die möglichen Probleme bei dieser so wesentlichen Wiederzeugung sollten u.a. durch die Opferung eines Herdentieres bei der Bestattung beseitigt werden werden, durch die die Zeugungskraft des Tieres auf den Toten im Jenseits übertragen wurde.

Skirnir:
„Ich gebe Dir den Ring, der mit Odins jungem Erben
In der Glut lag –
Acht ebensoschwere Ringe enttraüfeln ihm
In jeder neunten Nacht."

Als nächstes bietet Skirnir der Gerda Odins Ring Draupnir an, der das wichtigste Symbol der Jenseitsreise gewesen ist und ursprünglich vermutlich ein Symbol der Sonne gewesen ist, die am Abend stirbt und am Morgen wiedergeboren wird. Durch dieses Angebot wird es offensichtlich, daß es sich bei Skirnirs Brautwerbung um eine Jenseitsreise handelt – genauso wie bei Odins Reise zu Rindr oder Swipdags Reise zu Menglöd.

Die Glut, in dem der Ring gelegen hat, ist Baldurs Bestattungsfeuer gewesen.

Gerda:
„Nach dem Ring, der mit Odins jungem Erben
in der Lohe lag, verlangt mich nicht.
In Gymirsgard bedarf ich des Goldes nicht:
Mein Vater hat genügend Schätze für mich."

Skirnir:
„Siehst Du, Mädchen, das scharfe Zauber-Schwert,
Das ich in der Hand halte?
Das Haupt hau ich Dir ab von Deinem Hals,
Wenn Du Dich Freyr verweigern willst."

Hier beginnt Freyr mit genauso gewaltsamen Methoden wie Odin in der Gesta danorum bei seiner Werbung um Rindr. Auch im Edda-Lied über Wieland den Schmied, der der Göttervater als Schmied seines zerbrochenen magischen Schwertes in der Unterwelt ist, gibt es Hinweise darauf, daß er bei seiner Vereinigung mit Bödwild Zwang angewendet hat.

Da ein Schwert auch „thorn", also „Dorn" genannt werden konnte, findet sich hier eine erste Anspielung auf die „thorn"-Rune, die im folgenden immer konkreter wird.

Die friedlichen Varianten der Wieland-Mythe, der Odin/Rindr-Mythe sowie die friedliche Swipdag/Menglöd-Mythe zeigen, daß die Anwendung von Gewalt bei der Brautwerbung, also dem Streben der Wiederzeugung erst eine recht späte Entwicklung ist, in der das Vertrauen in die Götter bereits unter dem Einfluß des Christentums zu schwinden begann und daher die Furcht vor dem Tod schließlich die Oberhand erhielt. Und Angst führt oft zu Gewalt … auch in den Mythen …

Gerda:
„Ich werde niemals Zwang erdulden
wegen der Minne eines Mannes!
Aber wenn Dich Gymir sieht, dann bin ich sicher,
Daß ihr Kühnen einen Kampf beginnen werdet."

Nach dieser standhaften Gegenwehr der Gerda beginnt Skirnir nun mit eine langen Litanei von Drohungen, die durchaus durch die von den germanischen Priestern bei Bestattungen gesprochenen Texte inspiriert sein könnten, da sie auf magische Weise der Jenseitsgöttin drohen, wenn sie den Toten nicht zu seiner Wiederzeugung empfangen sollte.

Falls diese Deutung zutreffend ist, werden diese Texte aber wohl erst in ein sehr späten Phase der germanischen Religion solche Drohungen enthalten haben, da solch eine angstgeleitete Haltung gegenüber den Göttern fast immer ein Zeichen dafür ist, daß sich die Religion bereits in der Auflösung befindet.

Ironischerweise will Skirnir mit dem Zauberschwert, das Freyr von Tyr übernommen hat, den Riesen Gymir, der der ehemalige Göttervater Tyr in der Unterwelt ist, erschlagen – also den bereits toten Tyr mit dessen eigenem Schwert töten … Dieser Aspekt der Mythe wird den Wikingern jedoch wohl kaum noch bewußt gewesen sein.

Skirnir:
„Siehst Du, Mädchen, das scharfe Zauber-Schwert,
Das ich in der Hand halte?
Seine Schneide wird den alten Riesen erschlagen,
wird Deinen Vater töten!

Ich werde Dich, Maid, mit der Zauberrute
Zu meinem Willen zwingen!
Du wirst dorthin kommen, wo Dich die Kinder der Menschen
Nicht mehr sehen werden!"

Die Zauberrute ist der Zauberstab der Seher und Seherinnen, der ihre Verbindung zu den Göttern symbolisiert und den Weltenbaum verkörpert. Die Drohung mit einem

Zauberstab bestätigt die Vermutung, daß Skirnir ein Freyr-Priester ist. Die Drohung selber ist wohl ein Zwang durch Hypnose, die zumindestens von den Druiden der den Germanen nahe verwandten Kelten gut bekannt ist. Es ist jedoch auch denkbar, daß Skirnir einen Stab meint, in den er Runen geritzt hat.

Die beiden letzten Verse klingen danach, als ob Gerdr durch den Zauberstab getötet werden sollte, denn der Ort, an dem sie die „Kinder der Menschen nicht mehr sehen" ist die Unterwelt.

Skirnir droht Gerda offensichtlich damit, sie durch Hypnose willenlos zu machen und schließlich durch Magie bzw. durch eine Verfluchung zu töten. Auch hier war dem Skalden offenbar nicht mehr bewußt, daß Gerda eigentlich die Jenseitsgöttin als Wiederzeugungs-Geliebte ist.

Skirnir:
„Auf dem Felsen des Adlers sollst Du in der Frühe sitzen:
Von der Welt fortgewandt zu Hel!
Die Speisen sollen Dir widerwärtiger sein als irgendeinem
Auf der Erde der von den Menschen verabscheute Midgardswurm!"

Der Adler ist der Seelenvogel des Göttervaters. Der am Morgen auf einem Felsen sitzende Adler ist ein Bild für die wiedergeborene Sonne. Die Drohung an Gerda, daß sie am Morgen auf diesem Felsen sitzen, aber nicht in das Diesseits, sondern zu Hel blicken soll, bedeutet, daß sie die Unterwelt nicht mehr mit der Morgensonne verlassen darf – es ist ein ziemlich heftiger Fluch, mit dem Skirnir hier droht.

Skirnir droht Gerda anscheinend damit, sie wie den Adler-Riesen Hraesvelgr an den Himmelsrand oder gar in die Hel zu bannen – obwohl sich Gerda bereits in der Unterwelt befindet. Auch der Ursprung dieser Bilder sind dem Skalden nicht mehr bewußt gewesen.

Skirnir:
„Ein scheußliches Wunderwesen wirst Du draußen werden,
Hrimnir wird Dich angaffen, alle werden Dich anstarren!
Du wirst weiter bekannt werden als der Wächter der Götter:
Dann kannst Du hinter Gitter hervorgaffen!"

Die Gefangenschaft in der Hel wird hier als eine Besonderheit beschrieben, die alle auf sie blicken lassen wird.

Der Name des oft erwähnten Riesen „Hrimnir" bedeutet „Rußiger" und entspricht somit dem Namen „Surtur" („Schwarzer"). Er könnte somit der am Morgen aus der Unterwelt zurückkehrende Sonnengott-Göttervater Tyr sein. Hrimnir wäre dann mit dem „Adler auf dem Felsen am Morgen" aus der vorigen Strophe identisch, was hier durchaus einen Sinn ergäbe.

Der „Wächter der Götter" ist Heimdall, der auf der Regenbogenbrücke, die hinauf nach Asgard führt, allen wohlbekannt ist.

Das Gitter, durch das Gerda in die Welt blicken wird, ist das Gitter „Walgrind" („Gitter-Tor am Totenreich") vor dem Tor zur Hel.

Diesen Flüchen scheint die Vorstellung zugrunde zu liegen, daß man die Unterwelt normalerweise am Morgen wieder verlassen kann – vermutlich zusammen mit der Sonne.

Skirnir:
„Einsamkeit und Abscheu, Zwang und Ungeduld
Werden Dir Trübsinn und Tränen bringen!
Setze Dich nieder, denn ich werde Dir nun
den anschwellenden Strom Deines Leides verkünden,
Deinen zweischneidigen Schmerz!

Trolle sollen Dich ängstigen den ganzen den Tag
Hier im Gehege der Joten!
Du sollst Dich krümmen den ganzen Tag
Hier vor der den Hallen der Hrimthursen:

Der Speise beraubt,
Um Speise verzweifelt!
Leid statt Lust wird Dein Lohn sein
und Du wirst dein Unglück mit Tränen tragen!

Mit einem dreiköpfigen Thursen wirst Du Dein Leben teilen
Oder unvermählt altern!
Die Sehnsucht wird Dich
Von Morgen zu Morgen scheuchen!
Wie die Distel wirst Du verdorren, die sich
In die Öffnung des Ofens gedrängt hat!"

Der „dreiköpfige Riese" erinnert an den Riesen Thrivaldi („dreifacher Herrscher") und an die dreiköpfige Frau auf dem kleineren der beiden Goldhörner von Gallehus. Auch dieser Riese wird somit ursprünglich der Sonnengott-Göttervater in der Unterwelt gewesen sein und somit dem Surtur und dem Hrimnir entsprechen.

Die Flüche des Skirnir beziehen sich offenbar zu einem großen Teil auf den Sonnenaufgang, der der Gerda verwehrt werden soll. Dies bestätigt die Vermutung, daß Freyr und Sonnengott-Göttervater Tyr eine engere Verbindung zueinander gehabt haben.

Skirnir:
„Ich ging zum Hügel in den tiefen Wald,
Um Zauberstäbe zu finden:
Und Zauberstäbe habe ich gefunden!"

Diese Zauberstäbe sind entweder Seher(innen)-Stäbe oder Stäbe, auf die man bei Verfluchungen, Segnungen u.ä. Runen ritzte. Der Umstand, daß Skirnir erst bei dieser Gelegenheit nach solchen Stäben gesucht hat, spricht dafür, daß es Runen-Stäbe sind, denn den Seher(innen)-Stab erwirbt man sich nach seiner Ausbildung zur Seherin bzw. zum Seher.

Skirnir:
„Odin ist Dir gram! Der Asenfürst grollt Dir!
Und Freyr verflucht Dich!
Fliehe, üble Maid, bevor Dich
Der Zauberzorn der Götter vernichtet!

Hört es, ihr Joten! Hört es, ihr Reifriesen!
Hört es, Suttungs Söhne! Hört es, ihr Asen selber!
Wie ich der Maid verbiete, wie von der Maid verbanne
die Gesellschaft mit Männern!
Die Gemeinschaft mit Männern!"

Hier verflucht Skirnir die Gerda, daß sie nie mit einem anderen Mann mehr zusammen sein wird, wenn sie sich dem Freyr verweigert. Dies kann man nur noch eine Brachial-Brautwerbung nennen ...

Skirnir:
„Hrimgrimnir heißt der Riese, der Dich haben soll
Hinter dem Totentor!
Dort werden verworfene Knechte
Dir Ziegen-Harn in knotige Wurzeln gießen:
Anderer Trank wird Dir nicht eingeschenkt!
Maid, nach Deinem Willen!
Maid, nach meinem Willen!

Eine Thurs-Rune schneid ich Dir in drei Stäbe:
Ohnmacht, Unmut, Ungeduld.

*Ich werde sie abschneiden, so wie ich sie eingeschnitten habe,
Wenn ich es tun muß!"*

Die drei „thorn/thurs"-Runen, die Skirnir in die drei Stäbe geritzt hat, sind mit allen seinen Flüchen aufgeladen worden. Wenn Skirnir nun die Runen wieder von den Stäben abschneidet, sind sie „aktiviert" worden und das Schicksal wird seinen Lauf nehmen. Offenbar war es notwendig die Runen durch das Abschneiden zu „töten", d.h. ins Jenseits zu senden, damit sie von dort aus durch die magische Kraft der Götter zu Wirklichkeit werden.

Skirnir stellt Gerda nun vor die Wahl, Freyr als Mann anzunehmen oder mit dem Fluch belegt zu werden, der ihr *„Ohnmacht, Unmut und Ungeduld"* bringen wird.

Diese „Fluch-Litaneien" scheinen bei den westlichen Indogermanen die übliche Methode gewesen zu sein, denn auch von den Kelten sind sehr lange und sehr kunstvoll ausgearbeitete Flüche bekannt, für der Sturmzauber des Taliesin aus dem „Book of Taliesin" ein sehr anschauliches Beispiel ist.

Gerda ist ursprünglich die Wiedergeburts-Muttergöttin des Göttervaters Tyr gewesen. Nun droht Skirnir ihr damit, daß er sie dazu verflucht, die Frau des Hrimgrimnir zu werden, der mit großer Wahrscheinlichkeit einer der Riesen-Namen des Tyr in der Unterwelt ist ... Auch dies wird dem Skalden, der dieses Lied verfaßt hat, nicht mehr bewußt gewesen sein.

Gerda:
*„Nun sei Dir Heil, Held – nimm den Eiskelch
voller firnen Metes.
Ich hätte nie gedacht, daß ich einen
Von dem Stamm der Wanen wählen würde."*

„Firn" ist der Schnee vom Vorjahr oben auf einem Gletscher, der im Laufe eines Jahres zu einer eisähnlichen Masse zusammengedrückt worden ist. Das Adjektiv „firn" bedeutet „eiskalt" oder „eisgekühlt". Vornehmen Gästen servierte man den Met offenbar „on the rocks".

Skirnir:
*„Meiner Werbung Erfolg wüßte ich gerne gesichert,
bevor ich von hier gehe.
Wann meinst Du in Minne dem mannhaften Sohn
Des Niörd zu nahen?"*

Gerda:
„Barri heißt der Wald mit den stillen Wegen,

den wir beide kennen:
Nach neun Nächten soll Niörds Sohn dort
Gerda Freude gönnen."

„Barri" bedeutet „Nadelwald" – kein besonders spezifischer Name eines Waldes. Da sich Freyr und Gerdr dort treffen und der Hintergrund dieser Mythe die Wiederzeugung im Jenseits ist, wird dieser Wald mit „Myrkwid" („Düsterwald") identisch sein, der auf dem Weg ins Jenseits liegt und manchmal auch das Jenseits selber zu verkörpern scheint.

Die „neun Nächte" sind wieder ein Hinweis auf die Jenseitsreise, da die „9" die Zahl des Jenseits ist.

Da ritt Skirnir heim.

I A 3. p) Grettir-Saga

Vermutlich wird auch in dem folgenden Schadenszauber die „thorn/thurs"-Rune verwendet worden sein.

Da wurde es so getan, wie sie es befohlen hatte, und als sie hinab zum Strand kam, humpelte sie am Meer entlang als ob sie zu einem entwurzelten Baum geführt werden würde, der so groß war, daß ihn ein Mann gerade noch auf seiner Schulter tragen konnte.

Sie blickte auf den Baum und befahl ihnen, ihn vor ihren Augen umzuwenden und auf einer Seite sah er aus, als ob er versengt und gescheuert worden wäre.

Da ließ sie dort, wo er gescheuert worden war, ein kleine freie Fläche schneiden. Da nahm sie ihr Messer und schnitt Runen in die Wurzel und färbte sie mit ihrem Blut rot und sang viele mächtige Zauber-Worte über ihnen. Dann ging sie rückwärts und gegen den Sonnenlauf um den Baum herum und belegte ihn mit vielen starken Zaubersprüchen.

Danach ließ sie den Baum in das Meer hinausstoßen und sprach über ihn, daß er nach Drangey treiben solle und daß Grettir von ihm Schaden erleiden solle.

Das Rückwärts-Laufen und das Laufen gegen den Sonnenlauf, d.h. gegen den Uhrzeigersinn ist in vielen Kulturen typisch für einen Schadenszauber, da diese Bewegungsweise der natürlichen Ordnung der Dinge, also dem Sonnenlauf widerspricht. Diese Bewegung ist somit mit dem Jenseits und evtl. auch mit Loki, dem Zerstörer der natürlichen Ordnung verbunden.

Die vollständige Geschichte dieses erfolgreichen Zaubers findet sich in dem Kapitel

„Zauberin" in Band 58.

I A 3. q) Hervarar-Saga

Schadenszauber mithilfe von Schadens-Runen (vermutlich die „thorn"-Rune) waren offenbar soweit verbreitet, daß sie geradezu zu der Redewendung *„randvoll mit Schadens-Runen sein"* für „verrückt sein" geführt waren.

Der tote König Angantyr, der von seiner Tochter aus seinem Hügelgrab herausgerufen wird, spricht zu ihr:

„Hervor, Tochter,
was treibt Dich dazu, mich so zu rufen?
Bist Du randvoll mit Schadens-Runen?
Dir steht Leid bevor!
Du bist nicht bei Sinnen,
Du bist verrückt geworden,
Du hast den Verstand verloren:
Einfach tote Männer auferwecken!"

I A 3. r) Beowulf-Epos

An manchen Stellen wird auf die spezielle Wirkung einer Rune hingewiesen ohne das gesagt wird, um welche Rune es sich handelt. Die im folgenden genannte „Streitrune" könnte „thorn" sein, da diese mit dem Tod des Tyr verbunden war.
Die Formulierung „die Streitrune lösen" bedeutet „einen Streit vom Zaun brechen".

Nun redete Unferth, / des Ecglaf Sohn,
Der dem Fürsten der Dänen / zu Füßen saß,
Die Streitrune lösend / – dem Stolzen verdrießlich
War Beowulfs Fahrt / durch die brandenden Wogen,
Denn der Menschen keinem / in Mittelgarten
Gönnte er es, reicheren / Ruhm zu erwerben
Unterm himmlischen Saal, / als er selber heimtrug.

I A 3. s) Völsungen-Saga

Auch in dieser Saga werden auf dieselbe Weise „Streit-Runen" erwähnt, womit wohl wieder die Todes- und Schwert-Rune „thorn" gemeint sein wird.

Dag zu Sigrun:
„Mit irren Worten brabbelst Du,
Du hast Deinen Verstand verloren,
wenn Du auf Deinen eigenen Bruder
solch schreckliches Schicksal herabrufst!
Laß Odin allein
solches Unheil senden
und Streit-Runen zwischen
Freunde und Verwandte werfen!"

Offenbar ist Dag der Ansicht, daß die Streit-Runen („thorn") dem neuen Göttervater Odin gehören – so wie das Schwert („thorn") dem ehemaligen Göttervater Tyr gehört.

I A 3. t) Havamal

Odin:
„Ich weiß, daß ich hing am windigen Baum
Neun lange Nächte,
Vom Speer verwundet, dem Odin geweiht,
Mir selber ich selbst,
Am Ast des Baums, dem man nicht ansehen kann
Aus welcher Wurzel er sproß.

Sie boten mir nicht Brot noch Met;
Da neigt ich mich nieder
Auf Runen sinnend, lernte sie seufzend:
Endlich fiel ich zur Erde."

Dieser Baum ist offensichtlich der Weltenbaum. Das Hängen an ihm wird eine Jenseitsreise sein. Der Schamanengott Odin bevorzugte für den Weg zwischen den beiden Welten den Weltenbaum, während Tyr dafür die beiden Horizont-Tore im Osten und im Westen benutzte. Auch die Hallen des Tyr orientierten sich an dem Sonnenlauf, während der Saal Walhalla des Odin am Fuße der Weltesche steht.

Diese Strophe bestätigt die Herkunft der Runen aus dem Jenseits – vermutlich von dem Tyr-Riesen Bölthorn, der als der Großvater des Odin angesehen wurde.

Über dieses „Hängen am Baum" berichtet auch der Bischof Adam von Bremen, der dies allerdings nicht als Einweihung erkennt, sondern für eine Art Opferung oder Hinrichtung hält.

Diese Strophe hängt mit dem Sonnenuntergang (Tod des Tyr) und daher auch mit der Schlaf- und Todes-Rune „Thorn" zusammen.

Evtl. ist hier auch der Speer, mit dem Odin verwundet worden ist, ein „thorn", also ein „Dorn".

I A 3. u) Sonnen-Lied

In diesem Lied über den Sonnenuntergang und die Jenseitsreise werden ebenfalls Runen erwähnt, die aufgrund des generellen Themas dieses Liedes vermutlich wieder „thorn"-Runen sind.

Das sind die Runen,
die da ritzten
Njörds Töchter neun,
Radwör die älteste,
und Kreppwör die jüngste
Mit ihrer Schwestern sieben.

I A 3. v) Beowulf-Epos

Auch Riesen und Riesinnen konnten als „Runen der Unterwelt" bezeichnet werden. Vermutlich beruht dies darauf, daß sowohl die Runen als auch diese Riesinnen magische Kräfte besaßen und beide eng mit dem Jenseits verbunden waren.

Mit den beiden „Hel-Runen" sind der Riese Grendel und seine Mutter gemeint. Als konkrete Rune kommt hier die „thorn"-Rune infrage, da sie sowohl die Riesen bezeichnete als auch eine Assoziation zum Tod und somit zum Jenseits („Hel") besaß.

/ Die Menschen konnten nicht sagen,
wo das Lager / dieser Hel-Runen war.

I A 3. w)   Sonnen-Lied

In dem „Sonnen-Lied" erscheinen noch ein zweitesmal Runen, die dieses mal zum einen das „Todeslos" sind („Todesstäbe") und zum anderen die Kennzeichen der Toten sind, die in christlicher Weise bereits zu Markierungen ihrer Sünden umgedeutet worden sind. Auch diese Runen könnten „thorn"-Runen sein.

Viele sah ich
der Erde befohlen
Ohne das letzte Geleit;
Heidnische Sterne
umstanden ihr Haupt
Von Todesstäben getroffen.

Manche sah ich da,
die der Missgunst sich
Wegen des Glück anderer ergeben,
Blutige Runen
standen auf ihrer Brust
Vermerkt wegen ihren Meineiden.

I C 3. x)   Der Runenstein von Björketorp

Die Runen bewirkten Magie und sie wurden auch selber durch Magie geschützt. In der Inschrift auf dem um ca. 550 n.Chr. errichteten Runenstein von Björketorp warnt der Runen-Schreiber jeden, der sich diesem Stein mit zerstörerischen Absichten nähert, mit den folgenden Worten:

Ich, der Runen-Meister, verberge hier Macht-Runen. Endloses Unglück und unerwarteter Tod wird den ereilen, der diese Schrift zerstört. Ihm sende ich Vernichtung.

Derartige Zauber finden sich auf sehr vielen Monumenten alter Kulturen. Am berühmtesten sind vermutlich die Flüche gegen Grabräuber im alten Ägypten.
Auf diesem Stein sind zwar keine auffälligen „thorn"-Runen eingeritzt worden, aber der Fluch entspricht dem Charakter der „thorn"-Rune.

I C 3. y) Gisli-Saga

In dieser Saga wird über ein mit Runen beschriebenes Schwert berichtet, das zerbrochen ist und aus dem eine Speerspitze geschmiedet wurde. Das Zerbrechen und die Runen könnten ein Hinweis darauf sein, daß dieses Schwert seinen Ursprung in dem mythischen Schwert des Tyr hat, daß ebenfalls in jedem Herbst zerbrach und dann in der Unterwelt von Tyr-Wieland neugeschmiedet wurde.

Die Runen auf diesem Schwert werden daher recht sicher die Rune Thorn enthalten haben, da diese sowohl einen Bezug zu „Tyr" hat als auch zu „Schwert" und „Tod, Schaden".

Einst lebte ein Mann, über den wir bereits gesprochen haben: Thorgrim Flaschen-Nase. Er wohnte in Nebstead, am Innenbogen des Flusses. Er war voller Hexenkunst und Zauberei und er war ein Magier und Zauberspruch-Sänger.

Diesen Mann luden Thorgrim und Thorkel zu ihrem Fest ein, denn sie hatten ein genausogroßes Fest veranstaltet wie Gisli.

Thorgrim, der Priester des Freyr, war ein Mann, der geschickt im Schmieden von Eisen war.

Da gingen diese drei zusammen beiseite – die beiden Thorgrims und Thorkel. Da holte Thorkel die zerbrochen Teile von „Graustahl" hervor, die ihm zugefallen waren, als sie das Erbe geteilt hatten, und Thorgrim schmiedete aus ihnen eine Speerspitze und diese Speerspitze war am Abend ganz fertig und auf seinen Schaft aufgesetzt worden.

Es war eine große Speerspitze und auf ihr waren Runen und sie war eine Speerhülse, die eine Spanne lang war.

I A 3. z) Hyndla-Lied

Im Prinzip konnte man auf alles Runen schreiben – selbst auf ein Halfter. Allerdings ist das Halfter des Hel-Hyndla ein ganz besonderes Halfter, da sie mit ihm ihren Bruder, den Fenris-Wolf, lenkt und das Halfter selber ihr zweiter Bruder, die Midgardschlange Jörmungandr ist.

Freya:
„Nun wähl aus dem Stall einen Deiner Wölfe,
Und laß ihn rennen mit dem Runenhalfter."

Welche Runen auf diesem Halfter, d.h. auf Jörmungandr standen, wäre sehr interessant zu wissen, aber dies wird hier nicht mitgeteilt. Da die Midgardschlange jedoch nach der Jenseitsgöttin das größte und wichtigste Wesen in der Unterwelt ist, würde es nicht verwundern, auf ihrem Rücken „thorn"-Runen zu finden, da diese mit dem Eintritt in die Unterwelt assoziiert wurden.

I A 3. aa) Beowulf-Epos

In diesem Epos wird ein Schwert beschrieben, das dem Grendel gehört hat, also dem ehemaligen Gott Tyr in der Wasserunterwelt.

Nun ward der goldene / Griff dem König,
Dem Heldengreis, / in die Hand gegeben,
Die Arbeit der Riesen. / Als Eigentum kam
Nach dem Tode der Teufel / das treffliche Kunstwerk
An den Herrscher der Dänen, / da hingerafft
Durch den rächenden Stahl / der ruchlose Mörder,
Der Gegner Gottes, / der grimme Unhold
Nebst der scheußlichen Mutter. / Den Schatz nun erhielt
Der beste Fürst / zwischen beiden Meeren,
Der in Schonens Gauen / sein Gold verschenkte.
Das Heft beschaute / der Held verwundert,
Das alte Erbstück: / der ersten Fehde
Urbeginn / war dort eingegraben,
Wie die Flut verschlang / das Volk der Giganten
Die frechen Gesellen, / die fremd geworden
Dem Lenker der Welt / und den Lohn empfingen
Vom waltenden Gott / in des Wassers Tiefe.
Auch war auf dem glänzenden / Golde verzeichnet,
Mit Runenstäben / geritzt die Kunde,
Für wen die edle / Waffe zuerst,
Das unschätzbare Schwert, / geschmiedet wurde,
Gedreht der Griff / und mit Drachenbildern
Die Klinge verziert.

Der Tyr-Riese Grendel und seine Mutter, die ebenfalls zu einer Riesin umgedeutete Jenseitsgöttin, die beide in der Wasserunterwelt leben, können von keinem Schwert außer dem des Grendel verletzt werden. Nach dem Töten des Grendel mit diesem Schwert löst sich dessen Klinge auf, was eine Variante des Zerbrechens dieser Klinge bei Tyrs Tod ist.

Dieses Schwert ist viel größer als normale Schwerter. Seine Klinge ist kunstvoll geätzt. Auf dem gedreht geschmiedeten Griff und der Parierstange sind Drachen (Tyr im Jenseits) und die Mythe des Todes der Riesen in der Flut zu sehen – Tyrs Reise in die Wasserunterwelt. Auf dem Griff ist auch mit Runen der Name des ersten Besitzers eingraviert – vermutlich „Tyr". Man kann auf dem Griff daher auf jeden Fall die Tyr-Rune vermuten – evtl. auch die beiden Runen „Tyr – Thorn", was dann „Schwert des Tyr" bedeuten würde.

I A 3. ab) Faröer-Sagas: Brünhild-Lied

In diesem Lied werden Runen mit der Waberlohe assoziiert, also mit dem Jenseitstor-Symbol, das durch die Bestattungsfeuer inspiriert worden ist. Mit diesen „Runen" könnte wieder die Todes- und Jenseitsreise-Rune „thorn" gemeint sein.

„Du sollst den Saal mir lassen bereiten in öden Marken:
Mit so geringer Bedienung will ich darin verweilen.
Du sollst mir den Goldstuhl setzen in öder Mark zu stehn,
Wie ihn die zwei Zwerge aufs Beste mit Runen zu schlagen verstehn.

Wie ihn die zwei Zwerge aufs Beste mit Runen zu schlagen verstehn:
Beides mit Rauch und Waberlohe, die um den Saal dort brennt.
Dieselbe Waberlohe, die wird mich also schützen,
Nur Sjurdur der berühmte, der wagt dagegen zu kämpfen."

Er ließ den Saal ihr bereiten also in öden Marken:
Mit so geringer Bedienung fuhr sie darin zu verweilen.
Er ließ in öden Marken ihr schlagen den Saal:
Beides mit Rauch und Waberlohe, die um den Saal dort brennt.

Und so große Waberlohe ließ er sein darum,
Wie die zwei Zwerge konnten aufs Beste mit Runen vollbringen.
Und so große Waberlohe ließ er darum schlagen,
Dass die Zwerge nicht vermochten ihm mit Trug zu nahen.

I C 3. c Beowulf-Epos

In diesem Epos wird an einer Stelle ein Riese *„Hel-Rune"* genannt. Vermutlich ist damit die Thorn-Rune gemeint, zumal der betreffende Riese ein umgedeuteter Tyr-Riese ist.

I C 3. ad) Kenningar

Es gibt einige Kenningar, die das Wort „Thorn" enthalten. In ihnen bedeutet „Dorn" stets „Schwert".

Schwert	*Stachel des Schwertgurtes*		Eyvindr Skalden-Verderber Finnsson	Lausavisur
Schwert	*Wunden-Dorn*		Gamli Kanon	Harmsol
Schwert	*Kampf-Dorn*		Sigvatr Thordarson	Knutsdrapa
Mjöllnir	*verletzender Dorn*	Dorn = allgemein für „Waffe"	Eilifir Godrunason	Thorsdrapa
Himmel	*Heid-Thornir*	„Heide-Dorn": Heide = Jenseits; Dorn = Schwert; => Sonnen-Schwert des Tyr-Surtur im Jenseits; Heid-Thornir bedeutet zunächst „Sonne(-ngott)", sekundär auch „Himmel"	Snorri Sturluson	Skaldskaparmal

I C 3. ae) Die Saga über Bosi und Herraud

Der vollständige Fluch findet sich bei der „Fehu", der ersten Rune des Futharks.

Sechs kommen hier:
Sag ihre Namen,
entziffre alle!
Ich zeige sie Dir.
Rätst Du sie nicht,
wie ich's richtig heiße,
so fahr hin zur Hel,
von Hunden zerfleischt,
deine Seele aber
sinke zur Hölle!

Am Ende des Manuskript folgen 6 Runenzeichen: Raidho, Ansuz, Thurisaz, Fehu, Algiz, Uruz. Dies könnten die „sechs" in dem Rätsel am Schluß sein.

Raidho = Ritt, Fahrt, Reise
Ansuz = Ase = Odin oder Tyr
Thurisaz = Thurse (Tyr) und Dorn = Schwert (Tyrs Schwert) = Tyr

Fehu = Vieh, Besitz
Algiz = Elch
Uruz = Wasser, Stier

Wenn man diese sechs Runen kombiniert, kommt man auf die Jenseitsreise (Raidho) des Tyr (Ansuz, Thurisaz) zusammen mit seinen beiden Alcis-Söhnen (Algiz), bei der sich Tyr in einen Stier (Fehu, Uruz) verwandelt. Ob diese Deutung so zutrifft, ist allerdings unsicher, da die Runen allgemein viele Elemente aus den Tyr-Mythen enthalten.

Es fällt auch auf, daß fünf dieser sechs Runen den Anfang des Futhark bilden: Fehu – Uruz – Thurisaz – Ansuz – Raidho. Doch dann fehlt die Rune „Kaun" und stattdessen bleibt die Rune „Algiz" übrig.

I C 3. af)   „Pfurz-Runen"
(Galdrbok, Island, ca. 1600 n.Chr.)

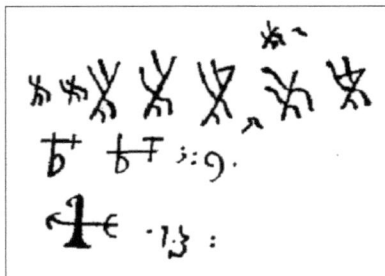

Offensichtlich sind Blähungen ein ernsthaftes Problem gewesen … und man konnte einen anderen daher auch mit Blähungen verfluchen …

Die „Riesen-Rune" ist die Thorn/Thurs-Rune.

Schreibe diese Stäbe mit Deinem eigenen Blut auf eine weiße Kalbshaut; nimm das Blut von Deinem Schenkel und sprich:

„Ich schreibe Dir acht Asen-Runen,	(„ass"-Rune)
neun Not-Runen,	(„naudh"-Rune)
dreizehn Riesen-Runen,	(„thurs"-Rune)
die Deinen Bauch mit üblem Kot und Gas plagen werden,	
und sie alle werden Deinen Bauch mit großem Pfurzen plagen!	
Mögen sie Dich von Deinem Platz vertreiben	
und Deine Eingeweide platzen lassen!	
Möge Dein Pfurzen niemals enden,	
weder am Tag noch in der Nacht!	
Du wirst so schwach wie der Feind Loki sein,	
der von allen Göttern zusammen gebunden wurde!	
Bei Deinem mächtigsten Namen	

*Herr, Gott, Geist,
Erschaffer,
Odhinn, Thor,
Erlöser,
Freyr, Freya,
Oper, Satan, Beelzebub,
ihr Helfer,
mächtiger Gott,
die ihr beschützt mit den Gefährten
von Oteos, Mors, Notke, Vitales."*

In der Magie wird oft nach dem Prinzip gehandelt, daß man, wenn man alle Wesen ruft, der richtige dabei sein wird und die Wirkung insgesamt am größten sein wird.

Diese Rune wird sowohl „thorn" genannt, womit ein Dorn, aber im übertragenden Sinne auch ein Schwert gemeint ist, als auch „thurs", was die Riesen und insbesondere den Tyr-Riesen im Jenseits bezeichnet. Tyr ist der wichtigste aller „Thursen" und seine Waffe ist der „thorn", d.h. sein Schwert.

Tyrs Schwert ist auch der Schlafdorn, durch den alle Menschen am Abend in Schlaf versinken. Das „Stechen mit dem Schlafdorn" konnte auch als Umschreibung für „mit dem Schwert töten" benutzt werden.

Dieser Schlaf-„thorn" wird auch der Mistelzweig sein, durch den Baldur stirbt, da dessen Tod eine Variante des Todes des ehemaligen Sonnengott-Göttervaters Tyr am Abend und im Herbst ist. Am Abend sinkt der „weiße Schwertgott" Tyr nieder – der „thurs" mit dem „thorn" stirbt.

Möglicherweise ist dieser Schlafdorn auch ein Schlangen- oder Drachenzahn, da die Toten auf ihrer Reise in das Jenseits die Gestalt dieser Tiere annehmen – aber diese Deutung ist unsicher.

Die Frau des „thorn"-Riesen Tyr ist die Jenseitsgöttin Vardruna, die sich mit ihm in seinem Hügelgrab vereint und ihn anschließend wiedergebiert – Vardruna bedeutet „Hügelgrab-Geheimnis".

„Thurs" ist identisch mit Saturnus, dem Vater des Götterkönigs Jupiter – so wie der alte Tyr-„Thurse" der Vater des jungen, wiedergeborenen Tyr ist.

„Thurs" wird weiterhin dem „Herrn des Thing" gleichgesetzt – dies ist ein Beiname des Tyr gewesen.

Die Rune „thorn" wurde aufgrund ihrer Symbolik des „Tyr-Todes" auch für Schadenszauber, d.h. meistens zum Töten benutzt. In Bezug auf diese Rune und den zu ihr gehörenden Flüchen war der ehemalige Göttervater Tyr als Jenseits-Riese die wichtigste Gestalt, die bei diesen Flüchen angerufen wurde und zu der man den Verfluchten schickte.

Vermutlich stehen die Begriffe „Schadens-Runen", „Streit-Runen", „Todes-Stäbe" und „Hel-Runen" alle für die Rune „thorn".

Die Streit-Runen („thorn") gehören zu dem neuen Göttervater Odin wie das Schwert („thorn") zu dem ehemaligen Göttervater Tyr.

Der am Weltenbaum hängende Odin, der dabei die Runen findet, entspricht dem Sonnengott-Göttervater Tyr, der am Abend stirbt und am Morgen wieder die Regenbogenbrücke hinauf an den Himmel empor steigt. Daher ist vermutlich auch der rituelle Einweihungs-Tod mit der Rune „thorn" assoziiert gewesen.

Die enge Verbindung zu den beiden Kriegsgöttern Tyr und Odin führten zu der Verwendung der „thorn"-Rune im Kampf und zu dem Bild, daß sie auf die Klauen des Wolfes (Wolf = Krieger des Tyr), die Krallen des Adlers (Seelenvogel des Tyr/Odin) und auf den Kopf der Brücke (Regenbogenbrücke des Tyr-Heimdall) geschrieben standen.

I C 4. Die 4. Rune des Futhark-Alphabeths

„ansus"

ᚨ

I C 4. a) Die Bedeutung des Runen-Namens „ansus"

Der Runen-Name „ansus", „as" oder „os" bedeutet „Ase" – altnordisch „ass" oder „oss". Der älteste Beleg für diese Bezeichnung für „Gott" stammt aus einer Inschrift aus Vimose in Dänemark, die um ca. 150 n.Chr. verfaßt worden ist und „asau wija" d.h. „Ich weihe dem Asen" lautet.

Durch die Schriften des römisch-gotischen Gelehrten Jordanes ist bekannt, daß man damals die mythischen Vorfahren der Goten „Ansis" nannte und daß sie von Jordanes als Halbgötter angesehen wurden.

Dieses Substantiv leitet sich von dem germanischen „ansuz, ansiz" ab, das ebenfalls „Gott" bedeutet haben wird.

Die indogermanische Wurzel dieser Worte ist das Substantiv „hensus" für „Lebenskraft", das eine Bildung zu dem Verb „hens" für „erzeugen" ist. Zu den Ableitungen dieser Wortwurzel gehören u.a. die indische Bezeichnung „Asura" für eine Gruppe von riesenähnlichen Götter, das hethitische Verb „hass" für „erzeugen, gebären" und das tocharische Verb „as" für „herstellen".

Die Lebenskraft wurde offenbar eng mit dem Zeugen und Gebären assoziiert. Selbst bei Odin, der im Altnordischen als „der Ase" bezeichnet wurde, ist die Vereinigung mit den Riesinnen noch immer ein zentrales Thema, auch wenn dies genauso wie bei dem „Charmeur" Zeus bei genauerem Hinsehen noch als Wiederzeugung erkennbar ist.

Die weibliche Form zu „ass, oss" im Altnordischen wird mit der sehr seltenen Feminin-Endung „-ynja" gebildet. Diesem „asynja" entsprechen lediglich zwei weitere Formen: „vargynja" für „Wölfin" und das recht junge „apynja" für „weiblicher Affe". Diese schon zur Zeit der Edda sehr altertümliche Feminin-Endung läßt darauf schließen, daß es auch schon sehr lange Asinnen gegeben haben muß, d.h. daß die Lebenskraft-Götter auch Göttinnen gewesen sind – was sich aber auch schon aus dem hethitischen Verb „hass" ergibt, das sowohl „erzeugen" als auch „gebären" bedeutet.

Zur Zeit der Edda war „der Ase" eine Umschreibung für „Odin". Es ist natürlich gut denkbar, daß vor 500 n.Chr. auch der ehemalige Göttervater Tyr „der Ase" und somit wohl auch der „Lebenskraft-Spender" gewesen ist, bevor er durch Thor und Odin abgesetzt worden ist.

Die Rune „os" bedeutet somit allgemein „Ase" und speziell „Odin" und hat in früherer Zeit vermutlich die Bedeutung „Tyr" gehabt.

I C 4. b) Das Runenlied aus dem Havamal

Odin:
„Ein viertes weiß ich, wenn der Feind mir schlägt
In Bande die Bogen der Glieder,
so bald ich es singe, bin ich ledig der Fessel,
von den Händen fällt gleich der Haft."

Diese Fesselung ist zunächst eine einfache Gefangenschaft. Eine solche Fesselung wird von Odin in der Nibelungen-Saga berichtet, in der er zusammen mit Hönir und Loki von Hreidmar wegen dem Mord an dessen Sohn Otr gefangengenommen wird.

Dann ist von Odin auch noch das Hängen am Weltenbaum bekannt, das ebenfalls eine Form der Fesselung ist.

Schließlich werden auch die Götter allgemein „bönd", also „Band, Fessel" genannt, womit jedoch ein verbindendes Band, d.h. eine Art „Lebenskraft-Nabelschnur" gemeint ist.

Die wichtigste Assoziation zu der „Fessel" findet sich jedoch in der alten Jahreszeiten-Mythe: Im Sommer herrscht Tyr im Diesseits, während Loki in der Unterwelt gefesselt ist („Loki" heißt „Eingesperrter") und im Winter herrscht Loki, während Tyr als „Utgardloki" („im Jenseits Gefesselter") in der Unterwelt gefangen liegt.

Der Gesang des Odin über die Befreiung aus seiner Fesselung könnte somit durchaus ursprünglich von Tyr gesungen worden sein – und natürlich auch von Loki, der sich in jedem Herbst wieder von den Fesseln, in die ihn die Asen gelegt haben, befreit.

I C 4. c) Das Sigdrifa-Lied

Der „Lösende" im Sigdrifa-Lied ist vermutlich eine „die" und eine Bezeichnung für die Hebamme. Es ist allerdings nicht auszuschließen, daß auch ein Lösen der Fesseln gemeint gewesen ist.

Sidgrifa:
„ (Die Runen stehen)
auf des Lösenden Hand."

Da Odin auch der Seher-Gott ist und wie die Wala einen Seher-Stuhl mit dem Namen „Hlidskialf" (siehe „Hochsitz" in Band 57) besitzt (und den er vermutlich von den Seherinnen übernommen hat), könnte sich auch der folgende Vers auf die „os"-Rune beziehen – obwohl dies eine nur eine sehr vage Vermutung ist:

Sidgrifa:
„(Die Runen stehen)
auf dem Sitz der Wala."

Das Thema „Odin" läßt vermuten, daß auch der folgende Spruch über die Dichtkunst einen Bezug zu der „os"-Rune haben könnte:

Sigdrifa:
„(Die Runen stehen)
auf Bragis Zunge."

Bragi ist der Gott der Dichtkunst.

Noch ein weiterer Vers könnte sich auf die „os"-Rune beziehen, auch wenn sie recht unspezifisch beschrieben wird:

Sigdrifa:
„ Dies sind
... ...
rühmliche Macht-Runen."

I C 4. d)   Isländisches Runengedicht

Dieses Lied besteht aus je vier Zeilen mit Stabreim zu jeder Rune.
Das erste Wort in der ersten Zeile ist der germanische Runen-Name.
Das erste Wort in der vierten Zeile ist jeweils die lateinische Übersetzung dieses Wortes, auf das dann jeweils ein alter isländischer Königstitel folgt.

„Oss" (Ase) ist der Alte Gote
und Asgards Anführer
und Walhallas Fürst.
Jupiter Spitzen-Fürst.

„Alter Gote" kann man auch etwas freier mit „Alter Gott" übersetzen, da Odin oft

„Gote" genannt wird. Da Odin normalerweise jedoch nicht als „alter Gott" bezeichnet wird, könnte hier ein älteres Motiv vorliegen, in dem der „alte Gote" noch der „alte Tyr" als Riese im Jenseits gewesen ist.

Die Bezeichnung „Spitzen-Fürst" könnte ebenfalls ein wenig freier mit „Spitzbube" im Sinne von „der, der beim Angriff an der Spitze geht" übersetzen. Es kann jedoch auch einfach der „Waffen-Fürst", d.h. ehemals Tyr und später dann Odin gemeint sein.

Als Jupiter wird Odin hier indirekt als der Sohn des Saturn, d.h. des Tyr bezeichnet. Odin als Nachfolger des Tyr ist mythologisch gesehen auch der Sohn des Tyr: der neue Göttervater Odin ist der wiedergeborene alte Göttervater Tyr – auf diese Weise wird geschickt die bereits bestehende Mythe von der Wiedergeburt des Tyr dazu benutzt, Odin an dessen Stelle zu setzen.

Die beiden Umschreibungen „Asgards Anführer" und „Walhallas Fürst" zeigen, daß der „Ase" der Göttervater Tyr bzw. Odin sein muß.

I C 4. e)   Trideilur Runa

Dies ist ein zweites isländisches Runenlied, das sich nur geringfügig von dem vorigen unterscheidet. Meistens fehlt lediglich die vierte Zeile.

„Oss" (Ase) ist der Alte Gote
und Asgards Anführer
und Walhallas Fürst.

I C 4. f)   Lateinisches Runenlied

Dieses Lied ist eine lateinische Variante des isländischen Runenliedes, das allerdings einige Abweichungen enthält.

„Os" (Ase) ist Odin,
Herr der Goten,
Herrscher der Halle der Unterwelt.
Asgards König.

Odin wurde zum einen als Götterkönig aufgefaßt: „Herr der Goten (Götter)" und „Asgards König". Und er wurde zum anderen als der Herr der Unterwelt betrachtet.

Beides galt jedoch einst auch für Tyr.

I C 4. g)   Altenglisches Runenlied

Auch diese Verse beruhen auf dem isländischen Runenlied, aber sie sind z.T. schon entsprechend den christlichen Verhaltensregeln umgestaltet worden.

„Os" (Mund) *ist die Quelle / aller Aussprüche,*
der Weisheit Stütze / und den Weisen eine Wohltat,
und die Freude / und das Entzücken der Edlen.

Diese Verse leiten sich von der Bedeutung von „os" im Altenglischen her – aber da Odin auch der Gott der Skalden ist, fügt sich dieser Runen-Spruch über das weise Sprechen gut in das übrige Bild.

I C 4. h)   Norwegisches Runen-Lied

Auch diese Strophe benutzt das Bild des Mundes – hier in der Form einer Fluß-„Mündung":

Oss (Flußmündung) *ist der Weg der meisten Reisen,*
so wie die Scheide für das Schwert.

Der Fluß in seinem Bett oder das Schiff im Fluß wird hier möglicherweise dem Schwert in seiner Scheide verglichen.
Es gab auch die Redewendung, daß die meisten Reisen durch die Mündung eines Flusses führen – was angesichts der weiten Meeresfahrten der Wikinger und ihr Wohnen an Flüssen auch fast immer so gewesen sein wird. Die Flußmündungen waren sozusagen die „Haustüren" für die Schiffe zwischen Heimat und Fremde.

I C 4. i)   Schwedisches Runen-Lied

In diesem Vers ist das Bild aus dem vorigen Runen-Lied zu der Aussage „Jeder Fluß hat eine Mündung." geworden:

Mündung in jedem Fluß

I C 4. j) Abecedarium Nordmannicum

Dieser Alphabeth-Spruch ist ein normannischer Merkvers für die Runen. In ihm finden sich ein paar Bestätigungen für die bisherigen Deutungen, aber keine neuen Informationen.

Feu forman	*Feu* (Vieh) *zuerst,*
Ur after	*Ur* (Stier) *danach,*
Thuris thritten stabu,	*Thuris* (Riese) *ist der dritte Buchstabe,*
Os *is himo oboro,*	**Os** (Ase) *folgt diesem,*
Rat endost ritan	*Rat* (Rat) *wird danach geritzt,*
Chaon thanne cliuôt.	*Chaon* (Geschwür) *klebt daran,*
Hagal, Naut hab&	*Hagal* (Hagel), *Naut* (Not) *hält,*
Is, Ar endi Sol	*Is* (Eis), *Ar* (Jahr) *und Sol* (Sonne)
Tiu, Birca endi Man midi	*Tiu* (Tyr), *Birca* (Birke) *und Man* (Mann) *zusammen mit ihnen*
Lagu the leohto,	*Lagu* (See) *der lichte*
Yr al bihabet.	*Yr* (Eibe) *hält alles umfangen.*

I C 4. k) Merseburger Zaubersprüche

Diese beiden berühmten Zaubersprüche sind in dem Domkapitel von Merseburg als Randnotiz in einer Handschrift, die um ungefähr 900 n.Chr. verfaßt worden ist, gefunden worden.

Der erste Merseburger Zauberspruch hat wie die Rune „os" die Entfesselung zum Thema. Hier sind es jedoch Nornen oder Walküren, d.h. die Jenseitsgöttin, die diese Fesseln binden und wieder lösen. Da das Fesseln und Befreien in der Jahreszeiten-Mythe genauso wie das Tafl-Spiel eine Umdeutung der früheren Mythe ist, in der Tyr und Loki abwechselnd starben und von der Jenseitsgöttin wiedergeboren wurden, ist diese „Frauen-Variante" der Fesselung wohl die ältere Version.

„Einst saßen Frauen,
setzten sich hierher und dorthin.
Einige banden Fesseln,
einige hielten das Heer auf,
einige lösten ringsumher
die Fesseln:
Entspringe dem Fesselband,
entflieh den Feinden."

I A 4. l) Lied des Rig

Die Rune, mit deren Hilfe man „die Zukunft sehen" konnte, könnte die „os"-Rune sein, da Odin auch der Seher-Gott ist. Diese Textstelle würde dann der Zeile „(die Runen stehen) auf dem Sitz der Wala" aus dem Sigdrifa-Lied entsprechen.

Konur der junge / kannte Runen,
Zeitrunen / und Zukunftrunen;
Zumal vermocht er / Menschen zu bergen,
Schwerter zu stumpfen, / die See zu stillen.

Vögel verstand er, / wuste Feuer zu löschen,
Den Sinn zu beschwichtigen, / Sorgen zu heilen.
Auch hatt er zumal / acht Männer Stärke.

Er stritt mit Rigr, / dem Jarl, in Runen,
In allerlei Wissen / erwarb er den Sieg.
Da ward ihm gewährt, / da war ihm gegönnt,
Selbst Rigr zu heißen / und runenkundig.

„Konur" bedeutet „König". „Rigr" bedeutet „Herrscher". „Jarl" bedeutet in etwa „Graf" (englisch: „earl").

I A 4. m) Faröer-Sagas: Högni-Lied

Auf dem Runenstab der Zauberin-Königin, die diesen Stab ihrem Sohn Högni gab, wird wohl unter anderem auch eine „os"-Rune gestanden haben, da man mit diesem Stab alle Schlösser öffnen konnte.

Aufstand Königin Grimhild, die kluge und holdselige:
„Ziehst Du ins Hunnenland, laß mich Dir folgen."
Ich kann nicht sehen, Mutter mein, daß Deine Augen weinen:
Die Woge bricht an der Blumenwange, das kann ich nicht sehen."

Antwort gab Königin Grimhild im ersten Worte da:
„Nimm Du diesen Runenstab und achte wohl darauf.
Nimm Du diesen Runenstab bind' ihn um Deine Lenden,
Der kann alle Schlösser schließen, alle Sorgen lindern."
… … …

Dieser „Runenstab", den sich Högni umbinden konnte, war entweder an einem Gürtel befestigt oder die Runen befanden sich auf dem Gürtel selber. Über diesen Runenstab oder Runengürtel wird noch zweimal berichtet:

König Artala:
„Bitte Högni mich zu rächen, wenn er leben mag.
Nimm Du diesen Runengürtel, bind' ihn um Deine Lenden:
Der kann alle Schlösser aufschließen und Deine Schmerzen lindern."
... ...

Högni stund außen davor, froh und ohne Sorge:
Er schloß sie wieder mit dem Runengürtel, daß keiner von ihnen heraus konnte.

I C 4. n) Jakob Grimm: Deutsche Mythologie

Auch an anderen Stellen wird von Runengürteln berichtet:

Fridlevus, bei Saxo grammaticus vernimmt nachts aus der luft ›sonum trium olorum superne clangentium‹, die ihm weissagen und einen gürtel mit runen herabfallen lassen.

I C 4. o) Amulett von Lindholmen

Um ca. 450 n.Chr. ist in Dänemark ein Amulett aus Knochen in der Form eines Mondsichel-förmigen Fisches hergestellt worden, auf dem die folgende Runen-Inschrift angebracht worden ist:

ek erilaz sawilagaz hateka.
aaaaaaaazzznnnbmuttt. alu.

Die erste Zeile läßt sich leicht übersetzen:

Ich heiße Jarl Sonne.

Die Zahl „8" (8x „a") hat die Bedeutung „vollkommen"; die Zahl „3" (3x „z"/„n") hat die Bedeutung „Zyklus, Wiedergeburt". Die Z-Rune „algiz" bedeutet „Hirsch"; die „naudiz"-Rune bedeutet „Not". Das Wort „bmutt" ist unbekannt. „Alu" bedeutet „Zauber, Magie, Weihung".
Daraus ergibt sich für die zweite Zeile:

Vollkommener Ase, wiedergeborener Hirsch, drei Nöte, bmutt. Dies ist magisch wirksam!

Der Besitzer dieses Amuletts hieß „Sonne" und war ein Jarl. Der „vollkommene Ase" ist um 450 n.Chr. der Sonnengott-Göttervater Tyr gewesen. Tyrs Opfertiere sind der Stier und der Hirsch gewesen. Sie wurden ihm geopfert, um seine Wiederzeugung im Jenseits magisch abzusichern (siehe „Wiederzeugung" in Band 51).

Der „zyklische Hirsch" und die „zyklische Not" könnten der zyklische Tod und die anschließende Wiedergeburt des ehemaligen Sonnengott-Göttervaters Tyr sein. Für diese Deutung spricht auch, daß der Fisch (Form des Runen-Knochens) ein Symbol für die Seele in der Wasserunterwelt gewesen ist.

Die magische Aktivierungs-Formel „Alu" bedeutet in diesem Zusammenhang, daß der durch die Runen beschriebene Wunsch wirksam wird.

Daraus ergibt sich nun:

Ich heiße Jarl Sonne.
Vollkommener Tyr-Ase, wiedergeborener Tyr-Hirsch, drei Nöte, bmutt. Dies ist magisch wirksam!

Etwas weniger „stenographisch" formuliert, würde diese Inschrift dann wie folgt lauten:

Ich heiße Jarl Sonne.
Vollkommener Tyr – Du stirbst und wirst wiedergeboren. bmutt.
So werde auch ich wiedergeboren werden!

Vermutlich ist mit Tyr an dieser Stelle auch noch der Sieg des Tyr über seine Feinde assoziiert worden.

I C 4. p) Speerschaft von Kragehul

Auf diesem Speerschaft wurde um ca. 520 n.Chr. eine längere Inschrift eingeritzt, die zeigt, daß man von den Asen „Gaben" erwartet hat:

Ich bin der Runenmeister, der zum Gefolge des Ansu-Gisalas gehört.
Die wirksame Magie der Gebo-Ansu, Gebo-Ansu, Gebo-Ansu.
Ich weihe den Hagala, den Brecher der Helme!

„Hagala" bedeutet „Hagel" und ist der Name des Speeres.

Der Name „Ansu-Gisalas" lautete später „Asgisl" und bedeutete „Geisel der Asen", wobei „Geisel" hier eine positive Bedeutung wie „Geweihter, Schützling, Diener" o.ä. haben muß und evtl. „Priester" im Sinne von „Diener der Asen" haben könnte. Möglicherweise ist mit „Ansu" der Göttervater Odin gemeint, der „der Ase" war – es könnte aber um 520 n.Chr. auch noch der ehemalige Göttervater Tyr gemeint sein.

Die dreimal wiederholte Formel „Gebo-Ansu" bedeutet „Gabe des Asen" und könnte diesen Speer mit dem Namen „Hagel" dem Gungnir des Odin gleichgesetzt haben – ein in der Magie sehr typisches Vorgehen.

In dem Zusammenhang der Zauberformel könnte das „Gefolge" dann die Priesterschaft eines bestimmten Gottes sein.

Der „Helm-Zerstörer" ist der Speer.

Die eigentliche Zauberformel ist „G-A", also die Runen Gebo-Ansus. Die erste dieser beiden Runen bedeutet „Geber", die zweite „Ase, Odin", was zusammen „Odin als Spender/Helfer/Geber" bezeichnen könnte, was wiederum den geweihten Speer dem magischen Speer Gungnir des Odin gleichsetzen könnte – wenn diese Magie funktioniert hat, müßte dieser Speer unbesiegbar gewesen sein ...

I C 4. q) Die Saga über Bosi und Herraud

Der vollständige Fluch findet sich bei „Fehu", der ersten Rune des Futharks.

Sechs kommen hier:
Sag ihre Namen,
entziffre alle!
Ich zeige sie dir.
Rätst du sie nicht,
wie ich's richtig heiße.
so fahr hin zur Hel,
von Hunden zerfleischt,
deine Seele aber
sinke zur Hölle!

Am Ende des Manuskript folgen 6 Runenzeichen: Raidho, Ansuz, Thurisaz, Fehu, Algiz, Uruz. Dies könnten die „sechs" in dem Rätsel am Schluß sein.

Raidho = Ritt, Fahrt, Reise
Ansuz = Ase = Odin oder Tyr
Thurisaz = Thurse (Tyr) und Dorn = Schwert (Tyrs Schwert) = Tyr
Fehu = Vieh, Besitz

Algiz = Elch
Uruz = Wasser, Stier

Wenn man diese sechs Runen kombiniert, kommt man auf die Jenseitsreise (Raidho) des Tyr (Ansuz Thurisaz) zusammen mit seinen beiden Alcis-Söhnen (Algiz), bei der sich Tyr in einen Stier (Fehu Uruz) verwandelt. Ob diese Deutung so zutrifft, ist allerdings unsicher, da die Runen allgemein viele Elemente aus den Tyr-Mythen enthalten.

Es fällt auch auf, daß fünf dieser sechs Runen den Anfang des Futhark bilden: Fehu – Uruz – Thurisaz – Ansuz – Raidho. Doch dann fehlt die Rune „Kaun" und stattdessen bleibt die Rune „Algiz" übrig.

I C 4. r) Bügelfibel von Dischingen

Auf dieser Fibel stehen lediglich zwei Runen:

A E

Wenn man diese Runen, so wie es auch von vielen anderen Inschriften bekannt ist, als Abkürzungen nimmt, d.h. davon ausgeht, daß nicht die Rune, sondern der Runen-Name gemeint ist, ergäbe sich die Bedeutung:

A(nsuz) E(hwaz)

Auf deutsch würde dies dann *„Ase des Pferdes"*, d.h. *„Pferde-Ase"* bedeuten, womit entweder Tyr auf seinem Streitwagen, der von seinen beiden Pferde-Söhnen („Alcis") gezogen wird, oder Odin auf seinem achtbeinigen „Doppelpferd" (das aus den beiden Alcis entstanden ist) sein könnte.

Da diese Fibel um ca. 550 in Württemberg, also bei den Südgermanen gefunden worden ist, wird der „Pferde-Ase" Odin sein, da dieser bei den Südgermanen schon in vorrömischer Zeit an die Stelle des Tyr als Göttervater getreten ist.

Man könnte „Pferde-Ase" auch als eine Kenning für „Reiter, Krieger" auffassen, wobei man sich dann jedoch fragen müßte, warum dies auf der Fibel steht – während eine Fibel mit dem Namen des Odin offensichtlich ein Amulett ist – vermutlich für den Kampf, da der Göttervater der Germanen immer auch der Kriegsgott gewesen ist.

Die Übersetzung von *„A E"* lautet somit recht wahrscheinlich „Odin". Man kann sich natürlich fragen, warum auf dieser Fibel „A E" und nicht „Odin" bzw. „Woden" steht – vielleicht weil der Träger der Fibel selber ein berittener Krieger gewesen ist? Für diese Auffassung würde sprechen, daß diese Fibel von ihrer Herstellungsweise eher eine Art Abzeichen als ein Kleidungs-Verschluß gewesen ist. Diese Fibel könnte eine Art Kennzeichen der „Wotan-Kavallerie" gewesen sein …

Es ist leider nicht bekannt, ob diese Fibel aus einem Männer- oder Frauengrab stammt.

I C 4. s)   Kamm von Setre

Die Inschrift auf diesem um ca. 620 n.Chr. angefertigten Kamm scheint ein Liebeszauber zu sein. Wenn dieser Zauber dadurch aktiviert wurde, daß sich die betreffende Frau mit diesem Kamm kämmte, setzt das voraus, daß die Frau entweder keine Runen lesen konnte und sie auch niemand über deren Bedeutung aufgeklärt hat, oder daß sie mit diesem Zauber einverstanden gewesen ist …

Nanna (Nana) ist die Frau des Gottes Baldur.

„Alu" bedeutet „heilig, Magie".

„NA" könnten auch die beiden Runen „Ansus" für „Asen" und „Naud" für „Not, Benötigtes, Bedürfnis". Man könne die Runen-Kombination „NA" also auch als „Mögen die Asen mir das geben, was ich brauche!" lesen. Das Wort „nana" wäre dann die bei Zaubersprüchen häufige, bekräftigende Verdoppelung.

Es gibt somit zwei Übersetzungs-Möglichkeiten:

Heil Dir, Maid unter den Maiden!
Magie der Na, Magie der Nanna!

oder:

Heil Dir, Maid unter den Maiden!
Mögen die Asen mir durch meine Magie das geben, was ich brauche!
Mögen die Asen mir durch meine Magie wirklich das geben, was ich brauche!

I C 4. t)   „Pfurz-Runen"
(Galdrbok, Island, ca. 1600 n.Chr.)

Offensichtlich sind Blähungen ein ernsthaftes Problem gewesen … und man konnte einen anderen daher auch mit Blähungen verfluchen …

Schreibe diese Stäbe mit Deinem eigenen Blut auf eine weiße Kalbshaut; nimm das Blut von Deinem Schenkel und sprich:

„Ich schreibe Dir acht Asen-Runen,	(„ass"-Rune)
neun Not-Runen,	(„naudh"-Rune)

dreizehn Riesen-Runen, („thurs"-Rune)
die Deinen Bauch mit üblem Kot und Gas plagen werden,
und sie alle werden Deinen Bauch mit großem Pfurzen plagen!
Mögen sie Dich von Deinem Platz vertreiben
und Deine Eingeweide platzen lassen!
Möge Dein Pfurzen niemals enden,
weder am Tag noch in der Nacht!
Du wirst so schwach wie der Feind Loki sein,
der von allen Göttern zusammen gebunden wurde!
Bei Deinem mächtigsten Namen
Herr, Gott, Geist,
Erschaffer,
Odhinn, Thor,
Erlöser,
Freyr, Freya,
Oper, Satan, Beelzebub,
ihr Helfer,
mächtiger Gott,
die ihr beschützt mit den Gefährten
von Oteos, Mors, Notke, Vitales."

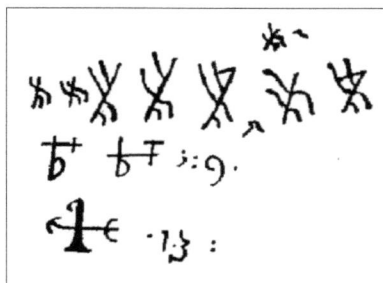

In der Magie wird oft nach dem Prinzip gehandelt, daß man, wenn man alle Wesen ruft, der richtige dabei sein wird und die Wirkung insgesamt am größten sein wird.
Auch hier werden wie bei dem Amulett von Lindholmen acht Asen-Runen benutzt.

Die Rune „os" bedeutet „Ase", was jedoch meistens auf „der Ase", d.h. „Odin" eingeengt wird. Vor 500 n.Chr. wird der „Ase" der damalige Göttervater Tyr gewesen sein.
Der indogermanische Ursprung des Wortes „os" ist „zeugen, gebären" und hat sich über germanisch „ansuz" für „Lebenskraft, Gott" zu der altnordischen Bezeichnung für „Gott" weiterentwickelt.
Der Schwerpunkt der Bedeutungen dieser Rune liegt auf dem Asen Odin. Davon leitet sich das Lösen der Fesseln ab sowie der Mund als die Quelle der Weisheit.
Vermutlich hat Odin sowohl die Wiederzeugung (alte Bedeutung von „Ase") als auch das Lösen seiner Fesseln und evtl. auch den Mund als Weisheits-Quelle von Tyr übernommen (Tyr befreit sich im Frühjahr): Tyr liegt im Winter gefangen in der Unterwelt („Utgardloki") und Loki ist im Sommer in der Unterwelt gefangen

I C 5.   Die 5. Rune des Futhark-Alphabeths

„reid"

I C 5. a)   Die Bedeutung des Runen-Namens „reido"

Das Substantiv „reid" bedeutet „Ritt, Reiten" und im übertragenen Sinne auch „Fahrt, Reise, Wagen, Schiff".

Der germanische Vorläufer dazu ist „raido" für „Reiten, Wagen, Fahrt".

Diese Bedeutung findet sich auch schon im Indogermanischen in dem Verb „reidh" für „fahren, (sich) bewegen", zu dem das Substantiv „rotho" für „Rad, Wagen" gebildet worden ist.

Das altnordische Substantiv „reid" ist somit primär die Fortbewegung eines Menschen mit einem Hilfsmittel – entweder mit einem Pferd oder mit einem von Pferden oder anderen Tieren gezogenen Wagen. Bei den seefahrenden Wikingern, wurde diese Bedeutung auch auf das „Wogen-Roß", also auf die Drachenschiffe ausgedehnt. Auch das „Fliegen" der Seherinnen auf ihrem Stab wurde als „Hexen-Ritt" der „Zaunreiterinnen" bezeichnet.

I C 5. b)   Das Runenlied aus dem Havamal

Die Funktion dieser Rune wird hier sehr klar beschrieben: den Angriff eines Gegners vereiteln, indem man dessen Geschosses unschädlich macht und ausbremst.

Es läßt sich nur ein sehr indirekter Zusammenhang dieser Runen-Funktion mit dem Namen der Rune finden: Die Pfeile wurden zumindestens in früher Zeit vor allem von Streitwagen und später dann vom Pferderücken aus abgeschossen. Diese „Kavallerie" ist aber wohl kaum noch eine wesentliche Assoziation zu dieser Runen-Strophe gewesen.

Odin:
„Ein fünftes kann ich: fliegt ein Pfeil
gefährdend ins Heer,
wie hurtig er auch fliege, ich werd' ihn hemmen,
wenn fest ich ins Auge ihn fasse."

I C 5. c) Das Sigdrifa-Lied

In diesem Lied werden einige Runen aufgezählt, die auf Fortbewegungsmittel geschrieben worden sind und die somit die Rune „reid" sein könnten.

Sigdrifa:
„(Die Runen stehen)
auf Arwakrs Ohr und Alswidrs Huf,
auf dem Rad, das da rollt unter Rögnirs Wagen,
auf Sleipnirs Zähnen, auf des Schlittens Bändern."

I C 5. d) Isländisches Runengedicht

Dieses Lied besteht aus je vier Zeilen mit Stabreim zu jeder Rune.
Das erste Wort in der ersten Zeile ist der germanische Runen-Name.
Das erste Wort in der vierten Zeile ist jeweils die lateinische Übersetzung dieses Wortes, auf das dann jeweils ein alter isländischer Königstitel folgt.

„Reid" (Reiten) ist gesegnetes Sitzen
und eine schnelle Reise
und die Arbeit des Pferdes.
Reise-Edelmann.

Mit dem „Reise-Edelmann" könnte der ins Jenseits reisende Schamanengott Odin oder auch der in seinem zweispännigen Streitwagen über den Himmel fahrende Sonnengott-Göttervater Tyr sein – aber auf diese Assoziation wird nirgendwo explizit hingewiesen.

I C 5. e) Trideilur Runa

Dies ist ein zweites isländisches Runenlied, das sich nur geringfügig von dem vorigen unterscheidet. Meistens fehlt lediglich die vierte Zeile.

„Reid" (Reiten) ist gesegnetes Sitzen
und eine schnelle Reise
und die Arbeit des Pferdes.

I C 5. f)   Lateinisches Runenlied

Dieses Lied ist eine lateinische Variante des isländischen Runenliedes, das allerdings einige Abweichungen enthält.

„Reid" (Reiten) ist eine Pferde-Reise,
die Freude des Sitzenden,
eilige Reise.
Arbeit des Boten-Pferdes.

I C 5. g)   Altenglisches Runenlied

Auch diese Verse beruhen auf dem isländischen Runenlied, aber sie sind z.T. schon entsprechend den christlichen Verhaltensregeln umgestaltet worden.

„Rad" (Reiten) ist leicht / für den Krieger in der Halle,
aber sehr anstrengend / für den, der oben
viele Meilen lang / auf einem kraftvollen Pferd sitzt.

Die Germanen schätzten Ironie: In der Halle beim Biertrinken auf der Sitzbank zu „reiten" und über das Reiten zu reden ist leicht, aber es tatsächlich auf dem Pferderücken zu tun, ist schwer.

I C 5. h)   Norwegisches Runen-Lied

Zu dem Bild des Reitens kommt hier noch Regin der Schmied hinzu – vermutlich dadurch inspiriert, daß sein Name mit einem „R" beginnt und die Reiter damals in der Regel Schwerter trugen.

Reiten, sagt man, ist das Übelste für die Pferde;
Regin schmiedete das Beste aller Schwerter.

I C 5. i)   Abecedarium Nordmannicum

Dieser Alphabeth-Spruch ist ein normannischer Merkvers für die Runen. In ihm finden sich ein paar Bestätigungen für die bisherigen Deutungen, aber keine neuen Informationen.

Feu forman	*Feu* (Vieh) *zuerst,*
Ur after	*Ur* (Stier) *danach,*
Thuris thritten stabu,	*Thuris* (Riese) *ist der dritte Buchstabe,*
Os is himo oboro,	*Os* (Ase) *folgt diesem,*
Rat *endost ritan*	**Rat** (Rat) *wird danach geritzt,*
Chaon thanne cliuôt.	*Chaon* (Geschwür) *klebt daran,*
Hagal, Naut hab&	*Hagal* (Hagel), *Naut* (Not) *hält,*
Is, Ar endi Sol	*Is* (Eis), *Ar* (Jahr) *und Sol* (Sonne)
Tiu, Birca endi Man midi	*Tiu* (Tyr), *Birca* (Birke) *und Man* (Mann) *zusammen mit ihnen*
Lagu the leohto,	*Lagu* (See) *der lichte*
Yr al bihabet.	*Yr* (Eibe) *hält alles umfangen.*

I C 5. j)   Der Schildbuckel von Skabersjö

Ein Schildbuckel ist die metallene Halbkugel, die auf der der Mitte der Vorderseite eines Schildes angebracht ist, hinter der sich der Schild-Griff befindet.

Der Schildbuckel von Skabersjö wurde schon vor 700 n.Chr. hergestellt, aber erst um ca. 1025 n.Chr. mit Runen beschriftet.

Diese Inschrift beginnt mit einer Reihe von „R"-Runen, deren Zahl nicht mehr sicher bestimmbar ist – es können zwischen 13 und 16 Runen sein.

Möglicherweise sollten es 16 „R"-Runen sein, um ihre magische Wirkung durch die „Doppel-8" zu verstärken. Möglicherweise ist hier die Wirkung der R-Rune der fünften Strophe aus Odins-Runenlied gemeint, da diese einen Schutz vor Pfeilen beschreibt – was schließlich eine der Aufgaben eines Schildes war.

I C 5. k)   Groas Erweckung

Möglicherweise gehört auch zu diesem Schutzzauber der Groa für ihren Sohn Swipdag die Reid-Rune.

Dies sing ich zum vierten: Wenn Feinde Dir drohend
Am Galgenweg begegnen,
Dann mangle ihnen der Mut und die Macht sei mit Dir
Bis sie sich zum Frieden fügen.

I C 5. l) Hyndla-Lied

Freya:
"Dem Thor werd ich opfern, werd ihn erflehen,
Daß er günstig immerdar sich Dir erweise,
Ob freilich kein Freund der Riesenfrauen.

Nun wähl aus dem Stall Deiner Wölfe einen,
Und laß ihn rennen mit dem Runenhalfter."

Hyndla:
"Dein Eber ist träg Götterwege zu treten;
Ich will mein Roß, das rasche, nicht satteln."

Ob sich auf dem Halfter des Wolfes (Fenrir), der von Freyas Schwester Hel-Hyrrokkin geritten wird, wohl die Reid-Rune befand?

I C 5. m) Die Saga über Bosi und Herraud

Der vollständige Fluch findet sich bei der „Fehu", der ersten Rune des Futharks.

Sechs kommen hier:
Sag ihre Namen,
entziffre alle!
Ich zeige sie dir.
Rätst du sie nicht,
wie ich's richtig heiße.
so fahr hin zur Hel,
von Hunden zerfleischt,
deine Seele aber
sinke zur Hölle!

Am Ende des Manuskript folgen 6 Runenzeichen: Raidho, Ansuz, Thurisaz, Fehu, Algiz, Uruz. Dies könnten die „sechs" in dem Rätsel am Schluß sein.

Raidho = Ritt, Fahrt, Reise
Ansuz = Ase = Odin oder Tyr
Thurisaz = Thurse (Tyr) und Dorn = Schwert (Tyrs Schwert) = Tyr

Fehu = Vieh, Besitz
Algiz = Elch
Uruz = Wasser, Stier

Wenn man diese sechs Runen kombiniert, kommt man auf die Jenseitsreise (Raidho) des Tyr (Ansuz Thurisaz) zusammen mit seinen beiden Alcis-Söhnen (Algiz), bei der sich Tyr in einen Stier (Fehu Uruz) verwandelt. Ob diese Deutung so zutrifft, ist allerdings unsicher, da die Runen allgemein viele Elemente aus den Tyr-Mythen enthalten.

Es fällt auch auf, daß fünf dieser sechs Runen den Anfang des Futhark bilden: Fehu – Uruz – Thurisaz – Ansuz – Raidho. Doch dann fehlt die Rune „Kaun" und stattdessen bleibt die Rune „Algiz" übrig.

Die Bedeutung der Rune *„reid"* ist der Ritt und die Fahrt. Damit werden auch die Fahrt des Tyr, des Thor und der Freya in ihren zweispännigen Streitwagen sowie der Ritt des Odin auf seinem „Doppelpferd" Sleipnir gemeint sein.

Der Schutz vor gegnerischen Pfeilen, der im Havamal berichtet wird, steht nur sehr lose über das Motiv des Streitwagens im Zusammenhang mit der Bedeutung „Ritt".

I C 6.   Die 6. Rune des Futhark-Alphabeths

„kaun"

I C 6. a)   Die Bedeutung des Runen-Namens „kaun"

Das altnordische Substantiv „kaun" bedeutet „Beule, Geschwulst".

Der germanische Vorläufer „kauna(m)" dieses Wortes hat fast dieselbe Bedeutung: „Geschwulst, Geschwür".

Dem liegt das indogermanische Substantiv „gounom" für „Gekräuseltes, Gewölbtes" zugrunde, das seinerseits eine Bildung zu dem Verb „gu, geu" für „biegen, krümmen, wölben" ist.

Der Name für die „kaun"-Rune bedeutet somit „Beule, Geschwür, Geschwulst". Hier ist offensichtlich, daß der Name der Rune nicht nach einem mit ihr verbundenen magischen Ziel, sondern nach anderen Kriterien ausgewählt worden ist. Es wäre natürlich denkbar, daß diese Rune nicht nach der Therapie, sondern nach der Diagnose benannt worden ist, d.h. daß „kaun" die Bedeutung „Rune für das Heilen von Geschwüren", also in etwa „Krebs-Therapeutikum" hatte.

Manchmal wurde diese Rune auch „kenan", d.h. „Fackel" genannt.

I C 6. b)   Das Runenlied aus dem Havamal

Dieses Runen-Lied ist nicht das einzige, daß sich nicht an dem Namen der Rune orientiert, sondern eine von dem Runen-Namen weitgehend unabhängige Verwendung der Rune beschreibt.

Odin:
„Ein sechstes kann ich, versehrt mich ein Krieger
mit harter Wurzel des Holzes:
den anderen allein, der's mir antut,
verzehrt der Zauber, ich bleibe frei."

In dieser Strophe geht es offensichtlich um in Wurzeln geritzte Runen, mit denen jemand verflucht werden soll. Die Rune „kaun" wirkte anscheinend wie ein Spiegel oder ein Schutzkreis, der den Angriff zum Absender zurückschickte.

Falls man Geschwüre als etwas angesehen haben sollte, was ähnlich dem „Zwergen-Schlag" („Hexenschuß"; siehe „Buri" in Band 34) durch „schwarze Magie" ausgelöst wurde, dann könnte „kaun" der Schutz gegen jede Art von magischem Angriff angesehen worden sein.

I C 6. c) Das Sigdrifa-Lied

Möglicherweise gehörte auch die Rune „kaun" zu den Heiler-Runen und den Zauberer-Runen aus dem Sigdrifa-Lied:

Sigdrifa:
„(Die Runen stehen)
auf des Lösenden Hand und des Lindernden Spur"

Sigdrifa:
„Das sind Berge-Rune" (=Schutz-Runen)

Sigdrifa:
„Das sind rühmliche Macht-Runen."

I C 6. d) Isländisches Runengedicht

Dieses Lied besteht aus je vier Zeilen mit Stabreim zu jeder Rune.
Das erste Wort in der ersten Zeile ist der germanische Runen-Name.
Das erste Wort in der vierten Zeile ist jeweils die lateinische Übersetzung dieses Wortes, auf das dann jeweils ein alter isländischer Königstitel folgt.
Von dieser Runen-Strophe gibt es zwei Textvarianten, die sich jedoch nur geringfügig unterscheiden.

„Kaun" (Entzündung, Geschwür) ist das Verhängnis der Kinder
und ein Schlachten-Tag
und das Haus des verfaulten Fleisches.
Peitschen-König.

„Kaun" (Entzündung, Geschwür) ist das Verhängnis der Kinder
und eine Reise zu einem Schlachten-Tag
und das Haus des verfaulten Fleisches.
Peitschen-König.

Es ist verwunderlich, daß Geschwüre besonders Kinder befallen haben sollen.
Die Krankheit wird dem Kampf auf einem Schlachtfeld verglichen.
Die „Peitsche" ist die Krankheit, die den von ihr Betroffenen quält. Der *„Peitschen-König"* ist der bereits zu einem bedrohlichen Riesen umgedeutete Tyr im Jenseits, der nicht nur hier als Krankheitsverursacher angesehen wird.

I C 6. e) Trideilur Runa

Dies ist ein zweites isländisches Runenlied, das sich nur geringfügig von dem vorigen unterscheidet. Meistens fehlt lediglich die vierte Zeile.

„Kaun" (Entzündung, Geschwür) ist das Verhängnis der Kinder
und ein Schlachten-Tag
und das Haus des verfaulten Fleisches.

I C 6. f) Lateinisches Runenlied

Dieses Lied ist eine lateinische Variante des isländischen Runenliedes, das meistens einige Abweichungen enthält.

„Kaun" (Geschwür) *ist ein Geschwür,*
das Leid der Kinder,
Spuren der Wein-Presse.
Kasten des Eiters.

Diese Verse sind eine Beschreibung des Krankheitsbildes: Eiter-gefüllte Geschwüre, die vor allem bei Kinder auftreten und Spuren hinterlassen. Diese Beschreibung paßt deutlich besser zu Windpocken, Masern u.ä. Kinderkrankheiten als zu zu Krebs-Geschwüren. Diese Bläschen hinterlassen manchmal auch Spuren, also kleine Narben auf der Haut.

I C 6. g) Altenglisches Runenlied

Auch diese Verse beruhen auf dem isländischen Runenlied, aber sie enthalten manchmal wie hier bei der „kaun"-Rune andere Deutungen des Runen-Namens.

"Cen" (Fackel) gehört den Lebenden / und wird an ihrem Feuer erkannt,
hell und leuchtend / brennt sie innen,
wo Fürsten / behaglich beisammen sitzen.

Das „Feuer im Inneren" kann das Feuer in der Halle, evtl. auch der edle Geist der Fürsten und das Fieber in den Kindern sein – die letzte dieser drei Deutungen paßt allerdings nur zu den isländischen Runen-Liedern.

I C 6. h) Norwegisches Runen-Lied

Dieses Lied folgt dem Thema des isländischen Runen-Liedes und ergänzt es durch eine ähnliche zweite Zeile:

Geschwüre sind tödlich für Kinder,
der Tod läßt die Leichen erblassen.

I C 6. i) Stein von Ellestad

Ich, Sigimar,
ohne Makel habe ich
den Stein errichtet.
KKK III KKK

Die neun Runen in der letzten Zeile sind entweder eine Zauberformel oder sie wirken selber als Runen. „Sigimar" bedeutet „Sieg-Ruhm".

I C 6. j) Steinfragment von Eketorps

Auf diesem von ungefähr 550 n.Chr. stammendem Stein-Bruchstück befindet sich eine kurze Inschrift:

Geh fort von hier!
Magie K!

Dieser Zauberspruch könnte sich genausogut auf Fieber wie auf einen spukenden Geist oder noch allerlei anderes beziehen. Das Problem soll sich jedenfalls durch die Kraft der K-rune auflösen. Da die K-rune die beiden Namen „kenaz" für „Fackel" und „kaunan" für „Geschwür" hat, scheint dieser Zauberspruch ein Heilungszauber zu sein:

Geh fort von hier,
Fieber-Geschwür, durch die Magie der K-Rune!

I C 6. k) Stein von Torvika

Auf diesem um ca. 580 n.Chr. errichteten Runenstein steht ein Heilungsspruch:

Fort von hier! Entferne Dich! GK

Die Rune „G" bedeutet „Geber" und die Rune „K" hat die Bedeutung „Beule, Geschwür, Pickel, Fieber". „GK" ist somit ein Kürzel für den Verursacher einer fiebrigen Krankheit – der hier als böser Geist angesehen wird, der vertrieben werden muß.
Somit kann man diese Inschrift wie folgt in „Klartext" schreiben:

Fort von hier! Entferne Dich, Fieber-Geist!

I C 6. l) Abecedarium Nordmannicum

Dieser Alphabeth-Spruch ist ein normannischer Merkvers für die Runen. In ihm finden sich ein paar Bestätigungen für die bisherigen Deutungen, aber keine neuen Informationen.

Feu forman	*Feu* (Vieh) *zuerst,*
Ur after	*Ur* (Stier) *danach,*
Thuris thritten stabu,	*Thuris* (Riese) *ist der dritte Buchstabe,*
Os is himo oboro,	*Os* (Ase) *folgt diesem,*
Rat endost ritan	*Rat* (Rat) *wird danach geritzt,*
Chaon *thanne cliuôt.*	**Chaon** (Geschwür) *klebt daran,*
Hagal, Naut hab&	*Hagal* (Hagel), *Naut* (Not) *hält,*
Is, Ar endi Sol	*Is* (Eis), *Ar* (Jahr) *und Sol* (Sonne)
Tiu, Birca endi Man midi	*Tiu* (Tyr), *Birca* (Birke) *und Man* (Mann) *zusammen mit ihnen*
Lagu the leohto,	*Lagu* (See) *der lichte*
Yr al bihabet.	*Yr* (Eibe) *hält alles umfangen.*

Der Name der „kaun"-Rune bedeutet „Beule, Geschwür, Pickel" und scheint auch der Name von Kinderkrankheiten mit eitrigen Hautbläschen wie Masern und Windpocken gewesen zu sein.

„Kaun" wurde auch als Schutzrunde gegen feindliche Zauber angesehen.

Schließlich war „kaun" in der altenglischen Form „cen" auch noch eine Bezeichnung für „Fackel".

Diese beiden recht verschiedenen Beschreibungen der Rune „kaun" haben noch am ehesten in der Vorstellung von Schutz und Heilung durch ein „inneres Feuer" bzw. in den fiebrigen Krankheiten einen gemeinsamen Nenner.

I C 7. Die 7. Rune des Futhark-Alphabeths

"hagal"

ᚻ

I C 7. a) Die Bedeutung des Runen-Namens "hagal"

Das altnordische Substantiv „hagal(l)" stammt von dem germanischen „hagalaz" ab. Beide Worte bedeuten „Hagel".
 Die indogermanische Wurzel dieses Begriffes lautet „kaghlo" und bedeutet „Stein, Kiesel". Der Hagel ist somit als „Eis-Steinchen" benannt worden.

I C 7. b) Das Runenlied aus dem Havamal

Im Havamal findet sich jedoch nicht der Hagel, sondern das Feuer. Vielleicht ist jedoch der Hagel als Mittel zum Feuerlöschen angesehen worden – das ist jedoch eher unwahrscheinlich, da in dem Runen-Lied kein Hinweis darauf zu finden ist, sondern „hagal" eher als eine magische Feuerwehr-Rune aufgefaßt wird, mit deren Hilfe noch alle Menschen aus dem Haus gerettet werden können.
 Es ist in diesem Lied nicht ganz ersichtlich, ob es sich bei dem Hausbrand um eine Unvorsichtigkeit oder um Brandstiftung oder gar um eine Brandschatzung (Überfall mit Anzünden der Häuser) handelt. Vielleicht waren aber auch alle drei Fälle gemeint.

Odin:
„Ein siebtes weiß ich, wenn hoch der Saal steht
über den Leuten in Lohe,
wie breit sie schon brenne, ich berge sie noch:
den Zauber weiß ich zu zaubern."

Die christliche Variante dieser Rune wäre die Anrufung des Heiligen Florian, der vor dem Brand von Häusern bewahrt bzw. solche Brände wieder löscht.

I C 7. c) Isländisches Runengedicht

Dieses Lied besteht aus je vier Zeilen mit Stabreim zu jeder Rune.
Das erste Wort in der ersten Zeile ist der germanische Runen-Name.

Das erste Wort in der vierten Zeile ist jeweils die lateinische Übersetzung dieses Wortes, auf das dann jeweils ein alter isländischer Königstitel folgt.

„Hagall" (Hagel) ist das kalte Korn
und der Graupel-Schauer
und die Krankheit der Schlangen.
Hagel-Heerführer.

Das „kalte Korn" ist das Hagelkorn.
Der Hagel ist die „Krankheit der Schlangen" bzw. das „Verderben der Schlangen", weil die Kälte die wechselwarmen Reptilien erstarren läßt.

I C 7. d) Trideilur Runa

Dies ist ein zweites isländisches Runenlied, das sich nur geringfügig von dem vorigen unterscheidet. Meistens fehlt lediglich die vierte Zeile.

„Hagall" (Hagel) ist das kalte Korn
und der Graupel-Schauer
und die Krankheit der Schlangen.

I C 7. e) Lateinisches Runenlied

Dieses Lied ist eine lateinische Variante des isländischen Runenliedes, das allerdings einige Abweichungen enthält.

„Hagall" (Hagel) ist Hagel,
das kalte Kornfeld,
Regen-Kugeln: die Krankheit der Schlangen.

Mit dem „kalten Kornfeld" ist vermutlich die Erde, die dicht mit Hagelkörnern bestreut ist, gemeint.

I C 7. f) Altenglisches Runenlied

Diese Verse beruhen auf dem isländischen Runenlied und sind nur geringfügig umgeformt worden.

„Haegl" ist das weißeste Korn, / es schlägt vom Himmel herab,
Windstöße treiben ihn vor sich her / und dann wird er zu Wasser.

Diese Verse könnte man geradezu „Natur-Poesie" nennen.

I C 7. g)   Norwegisches Runen-Lied

Die erste Zeile übernimmt den von den anderen Liedern bekannten Hagel-Vers. Der zweite Vers ist vermutlich dadurch inspiriert worden, daß es für die Hagall-Rune auch eine zweite Form gegeben hat, die dem Christus-Monogram „Pax", also „Friede" ähnelt:

Hagel ist das kälteste Korn;
Christus erschuf die Welt.

✳	⁕
Hagal-Rune	Christus: Pax

I C 7. h)   Abecedarium Nordmannicum

Dieser Alphabeth-Spruch ist ein normannischer Merkvers für die Runen. In ihm finden sich ein paar Bestätigungen für die bisherigen Deutungen, aber keine neuen Informationen.

Feu *forman*	*Feu* (Vieh) *zuerst,*
Ur after	*Ur* (Stier) *danach,*
Thuris thritten stabu,	*Thuris* (Riese) *ist der dritte Buchstabe,*
Os is himo oboro,	*Os* (Ase) *folgt diesem,*
Rat endost ritan	*Rat* (Rat) *wird danach geritzt,*
Chaon thanne cliuôt.	*Chaon* (Geschwür) *klebt daran,*
Hagal, *Naut hab&*	**Hagal** (Hagel), *Naut* (Not) *hält,*
Is, Ar endi Sol	*Is* (Eis), *Ar* (Jahr) *und Sol* (Sonne)
Tiu, Birca endi Man midi	*Tiu* (Tyr), *Birca* (Birke) *und Man* (Mann) *zusammen mit ihnen*
Lagu the leohto,	*Lagu* (See) *der lichte*
Yr al bihabet.	*Yr* (Eibe) *hält alles umfangen.*

I A 7. i) Lied des Rig

Auch der Göttervater Rig, dessen Name „König" eine Heiti für Tyr-Heimdall ist, lehrt die Königssöhne Runen mit magischer Wirkung.
Die Rune, mit deren Hilfe man „Feuer löschte", könnte die „hagal"-Rune sein.

Konur der junge / kannte Runen,
Zeitrunen / und Zukunftrunen;
Zumal vermocht er / Menschen zu bergen,
Schwerter zu stumpfen, / die See zu stillen.

Vögel verstand er, / wuste Feuer zu löschen,
Den Sinn zu beschwichtigen, / Sorgen zu heilen.
Auch hatt er zumal / acht Männer Stärke.

Er stritt mit Rigr, / dem Jarl, in Runen,
In allerlei Wissen / erwarb er den Sieg.
Da ward ihm gewährt, / da war ihm gegönnt,
Selbst Rigr zu heißen / und runenkundig.

„Konur" bedeutet „König". „Rigr" bedeutet „Herrscher". „Jarl" bedeutet in etwa „Graf" (englisch: „earl").

I C 7. j) Brakteat von Olst

Auf diesem Gold-Amulett findet sich eine Inschrift, die auf zwei Arten gelesen werden kann;
entweder:

hag-alu   = Hagel – Alu (Alu = Schutzformel) => Schutz vor Hagel und Schaden

oder:

hagal-u   = Hagel (Plural) = Hagelkörner

Die erste der beiden Lesungen ist wahrscheinlicher, da sie eine magische Aussage enthält, was besser zu einem Amulett paßt.

I C 7. k) Stein-Bruchstück von Kinneve

Der in einem Grab gefundene Stein ist zerbrochen, sodaß nur noch ein Teil der Inschrift lesbar ist. Der Spruch auf dem Stein wird recht sicher eine Hilfe für den Toten gewesen sein.

...sir Magie H

Das unvollständige erste Wort wird der Name des Toten gewesen sein, „Alu" bedeutet „Magie", und die Rune „H" wird die beabsichtigte Wirkung kennzeichnen. Dies Rune steht für „Hagel", aber vermutlich auch für „hag", d.h. für „Schutz, Hof, Heimat". Es könnte sich somit um Kampfmagie („Hagel") oder um Schutzmagie („Heimat") handeln.

I C 7. l) Odins Rabenzauber

In diesem Lied wird die Vermutung ausgesprochen, daß „böse Geister" mithilfe von Runen das Wetter verzaubert haben.

Die Asen ahnten übles Verhängnis:
Geister verwirrten mit Runen das Wetter.
Urda sollte Odhrörir beschützen,
vor dem mächtigsten Winter.

Ungewöhnliche Vorgänge im Wetter und allgemein in der Natur wurden früher bei fast allen Völkern als böses Omen angesehen, die meistens durch böse Geister verursacht wurden. Der „böse Geist" schlechthin ist in der germanischen Mythologie Loki, der auch den Tod des Baldur herbeiführte, der zu dem Ragnarök führte. Loki ist u.a. der Gott des Jenseits und des Winters, der sich in diesem Lied ankündigt, da Baldurs Ermordung durch Hödur/Loki zu dem Fimbul-Winter („gewaltiger Winter") führt, der der Anfang des Ragnarök ist.

„Urd(-a)" ist eine der drei Nornen, die unter den Wurzeln der Weltesche der Unterwelt sitzen und das Schicksal bestimmen. Sie scheint die „ursprüngliche Norne" zu sein, die später durch Skuld und Verdandi zu einer Dreiheit ergänzt wurde. Da sie das Schicksal kennt, kann sie entweder selber als Seherin aufgefaßt werden oder als diejenige, an die sich die Seherinnen innerlich wenden, um die Zukunft zu erkennen.

„Ödrörir" ist der Göttermet, der die Götter unsterblich macht. Da Urd ihn bewacht, muß er sich in der Unterwelt befinden. „Ödrörir" bedeutet „der die Ekstase anregt".

Der Hinweis, daß der Met dadurch, daß er von Urd bewacht wird, großer Schaden (wie sich im folgenden zeigt, ist dies Baldurs Tod) vermieden werden kann, zeigt zumindestens, daß der Met mit dem Tod assoziiert wurde. Es hat geradezu den Anschein, als ob Baldurs Tod mit dem Raub des Mets identisch sein könnte – was dann dem Raub der Idun und ihrer Äpfel entsprechen würde.

Es wäre denkbar, daß die Geister die Is-Rune und die Hagal-Rune benutzt haben, aber sicher ist das natürlich keineswegs …

I C 7. m) Schutz vor Feuer

Sowohl im Grimnir-Lied, in dem Odin zwischen zwei Feuern sitzt, als auch in den Erzählungen von Hrolf Kraki, in dem dieser König und seine zwölf Berserker einen Feuerlauf machen, wird ein Schutz vor Feuer erwähnt.

Allerdings handelt es sich in beiden Fällen nicht um einen Schutz bei dem Brand eines Hauses.

Der Name der Rune „hagal" bedeutet „Hagel", aber sie wird auch mit der Rettung der Menschen in einem brennenden Haus in Verbindung gebracht.

Diese beiden Bedeutungen lassen sich kaum miteinander in Einklang bringen.

I C 8. Die 8. Rune des Futhark-Alphabeths

"naut"

✝

I C 8. a) Die Bedeutung des Runen-Namens "fehu"

Das altnordische Substantiv „naut" bedeutet „Vieh, Rind" und insbesondere „Kalb". Da dieses Wort auch die Bedeutung „etwas, das man braucht", also „Benötigtes, Bedürfnis" hat, ist das „Vieh" das, was man zum Leben benötigt. Das Wort „naut" ist mit dem deutschen „Nutzen, Not, benötigen" eng verwandt.

Das altnordische Wort „naut" geht auf das germanische Substantiv „nauta(m)" zurück, das „(Nutz-)Vieh, Rind, Nutzen, Habe, Besitz" bedeutet.

Der indogermanische Stamm dieser Begriffe ist das Verb „neud" für „greifen, ergreifen, nutzen".

„Naut" ist somit das „Nützliche", womit bei den halbnomadischen Indogermanen in erster Linie stets die Viehherden gemeint sind. Die Rune „naut" entspricht daher recht genau der Rune „fehu" (Vieh).

I C 8. b) Das Runenlied aus dem Havamal

Im Havamal ist „naut" eine Rune, die dem Schlichten von Streit dient. Der einzige Zusammenhang mit „Vieh" ist, daß sich die Stämme bei den Indogermanen gerne gegenseitig das Vieh raubten und bei der „fehu"-Rune gesagt wurde, daß sich selbst Freunde und Verwandte um Besitz, d.h. um Vieh und Gold streiten.

Odin:
„Ein achtes mein eigen ist, das allen wäre
nützlich und nötig:
Wo unter Helden Hader entbrennt,
da mag ich gar schnell ihn zu schlichten."

I C 8. c) Das Sigdrifa-Lied

Die Walküre Sigdrifa empfiehlt Sigurd, sich mithilfe der „naut"-Rune vor Gift in Getränken zu schützen.

Diese Rune weist eine gefährliche Doppeldeutigkeit auf – sie ist das, was man benötigt (Vieh, Besitz) und sie ist das, was Not bringt (Streit, Gift). Diese verborgene Doppelbödigkeit wird auch durch das deutsche „Gift" und das englischen „gift" („Geschenk") offenbart ... .

Sigrdrifa:
„Älrunen lerne, soll eines anderen Frau
nicht trügen Dein Vertrau'n!
Aufs Horn soll man sie ritzen und auf den Rücken der Hand
und zieh'n die Not-Rune auf den Nagel."

Vermutlich ist auch in den folgenden beiden Versen von Sigurds Walküren-Freundin die „naut"-Rune gemeint:

Sigrdrifa:
„(Die Runen stehen)
in Wein und Würze."

Sigrdrifa:
„(Die Runen stehen)
auf dem Nagel der Norne."

Möglicherweise ist mit dem „Fingernagel der Norne" der Fingernagel eines bestimmten Fingers gemeint.

Sigdrifa empfiehlt anscheinend die Kombination der „naut"-Rune mit der „lögr"-Rune, um vor Giftanschlägen gefeit zu sein:

„Den Becher soll man segnen und vor Bösem schirmen,
und die Lögr-Rune werfen in den Labetrank;
dann bin ich gewiß, daß Böses Dir nicht
gemischt wird in den Met."

In eher loser Weise gehören auch noch die folgenden Walküren-Verse zu dem Thema der Gift-Tränke:

Sigrdrifa:
„Gerichtsrunen kenne, wenn Du vor der Rache Deiner Feinde
willst sicher sein.
Winde sie, wick'le sie ein,
und setze sie alle zusammen,

*bei dem Thingmahl, wo Männer
zu vollzähligem Gerichte ziehen sollen."*

I C 8. d) Isländisches Runengedicht

Dieses Lied besteht aus je vier Zeilen mit Stabreim zu jeder Rune.
Das erste Wort in der ersten Zeile ist der germanische Runen-Name.
Das erste Wort in der vierten Zeile ist jeweils die lateinische Übersetzung dieses Wortes, auf das dann jeweils ein alter isländischer Königstitel folgt.

*„Naud" (Not) ist das Leid der Leibeigenen
und eine harte Stellung
und schwere Arbeit.
Sorge der Totenreich-Bewohner.*

„Naud" wird in diesen Versen eher als „Not" und weniger als Benötigtes aufgefaßt. in dem englischen Substantiv „need", das dem altnordischen „naud" entspricht, sind beide Bedeutungen noch enger als im Deutschen miteinander verflochten.

I C 8. e) Trideilur Runa

Dies ist ein zweites isländisches Runenlied, das sich nur geringfügig von dem vorigen unterscheidet. Meistens fehlt lediglich die vierte Zeile.

*„Naud" (Not) ist das Leid der Leibeigenen
und eine harte Stellung
und schwere Arbeit.*

I C 8. f) Lateinisches Runenlied

Dieses Lied ist eine lateinische Variante des isländischen Runenliedes, das inhaltlich mit ihm übereinstimmt. In diesem Lied wird „naut" am deutlichsten als „Not" aufgefaßt.

*„Naud" ist Unheil,
Sklaven-Arbeit,
unglückliches Schicksal.
Gefährliche Arbeit.*

I C 8. g) Altenglisches Runenlied

Auch diese Verse beruhen auf dem isländischen Runenlied, aber sie sind z.T. schon entsprechend der christlichen Weltsicht umgestaltet worden – wie hier die „Not" als Hilfe auf dem Weg zur Erlösung.
Das altenglische Substantiv „nyd" entspricht dem heutigen englischen Wort „need".

„Nyd" (Not) bedrückt das Herz / doch sie wird oft für die Menschensöhne eine Quelle der Hilfe und der Erlösung / wenn sie beizeiten auf sie achten.

I C 8. h) Norwegisches Runen-Lied

Diese beiden Verse stellen die Naut-Rune deutlich als Not-Rune dar:

Beschränkung läßt wenig Wahl;
ein nackter Mann friert im Frost.

I C 8. i) Abecedarium Nordmannicum

Dieser Alphabeth-Spruch ist ein normannischer Merkvers für die Runen. In ihm finden sich ein paar Bestätigungen für die bisherigen Deutungen, aber keine neuen Informationen.

Feu forman	*Feu* (Vieh) *zuerst,*
Ur after	*Ur* (Stier) *danach,*
Thuris thritten stabu,	*Thuris* (Riese) *ist der dritte Buchstabe,*
Os is himo oboro,	*Os* (Ase) *folgt diesem,*
Rat endost ritan	*Rat* (Rat) *wird danach geritzt,*
Chaon thanne cliuôt.	*Chaon* (Geschwür) *klebt daran,*
Hagal, **Naut** *hab*	*Hagal* (Hagel), **Naut** (Not) *hält,*
Is, Ar endi Sol	*Is* (Eis), *Ar* (Jahr) *und Sol* (Sonne)
Tiu, Birca endi Man midi	*Tiu* (Tyr), *Birca* (Birke) *und Man* (Mann) *zusammen mit ihnen*
Lagu the leohto,	*Lagu* (See) *der lichte*
Yr al bihabet.	*Yr* (Eibe) *hält alles umfangen.*

I A 8. j) Die Saga von Egil Skallagrimsson

In dieser Saga wird ein sehr drastisches Beispiel für die Wirkung von Runen gegen Schadenszauber geschildert. Vermutlich hat Egil bei seinem Anti-Gift-Zauber die Not-Rune benutzt und evtl. auch die „lögr"-Rune.

Bard bat ihn zu trinken und mit dem Spotten aufzuhören. Egil trank jedes Horn, das zu ihm kam und er trank auch für Aulvir.

Da ging Bard zu der Königin und sagte ihr, daß dort ein Mann sei, der ihnen Schande bereite, denn wieviel er auch trank, sagte er doch immer wieder, daß er durstig sei.

Da mischten die Königin und Bard einen Trank mit Gift und trugen ihn hinein. Bard weihte das Horn und gab es dann der Ale-Maid. Sie trug es zu Egil und bat ihn zu trinken. Egil zog sein Messer und stach sich in die Handfläche. Dann nahm er das Horn, ritzte Runen hinein und schmierte Blut in sie.

Er sang:

„Ritze Runen rings um das Horn,
röte den ganzen Zauberspruch mit Blut;
Weise Worte wählte ich für das Horn,
der aus dem hohen Horn des Tiers geschaffen wurde.
Laßt uns nun trinken, laßt uns gut trinken,
den Trank, den die freundliche Ale-Trägerin brachte,
und seht, das Gesundheit in dem Ale ruht,
in dem heiligen Ale, den Bard gesegnet hat!"

Da barst das Horn in der Mitte auseinander und der Trank lief auf das Stroh auf dem Boden. Da begannen Aulvir die Sinne zu schwinden. Da stand Egil auf, ergriff Aulvir bei seiner Hand und führte ihn zur Tür.

Egil schob seinen Mantel auf die linke Seite und hielt darunter sein Schwert. Als sie zur Türe kamen, kam Bard ihnen mit einem vollen Horn hinterher und bat sie einen Abschiedstrunk zu trinken. Egil stand in der Tür. Er nahm das Horn und trank es aus.

Dann sprach er eine Strophe:

„Ale wird mit gebracht, denn Ale
ließ Aulvir erblassen.
Aus dem Stier-Horn ließ ich den Schauer
zwischen meine Lippen fließen.
Aber Urd soll Dich blind machen
für die Schläge, Die Du Dir holst:

*Schon bald wirst Du von Odins Gefolgsmann
tödlichen Regen spüren!"*

Mit diesen Worten warf Egil das Horn nieder, ergriff sein Schwert und zog es – es war finster in dem Raum. Er stieß Bard mit seinem Schwert genau durch die Mitte sodaß die Spitze wieder aus seinem Rücken herausragte. Bard stürzte durch diese Wunde tot nieder. Aulvir stürzte ebenfalls nieder und erbrach sich. Egil stürmte aus dem Raum – draußen war es stockfinster. Egil rannte sofort von den Gebäuden fort. Aber in dem Eingangsraum wurde entdeckt, daß sowohl Bard als auch Aulvir gefallen waren.

tödlicher Regen = Blut

I C 8. k)   Heilstab von Ribe

Dieser Stab, der um ca. 1300 n.Chr. in Ribe, der ältesten Stadt Dänemarks (im Südwesten Dänemarks) hergestellt worden ist, enthält eine germanisch-christliche Runeninschrift, die wie folgt lautet:

*Ich bitte die Erde zu wachen
und auch den Himmel oben,
die Sonne und die Heilge Maria
und den Herrgott selber,
daß er mir heilende Hänlden gewährt,
und eine heilende Zunge,
um den Zitterer zu heilen,
wenn er eine Behandlung braucht
an Rücken und Brust,
an Leib und Glied,
an Augen und Ohren,
an jedem Platz, an dem das Böse eintreten kann.
Ein Stein wird 'Dunkler' genannt;
er ragt aus der See empor.
Auf ihm liegen neun Nöte.
Sie sollen weder gut schlafen
noch warm werden
bis es Dir wieder besser geht -
dafür habe ich diese Runen
Worte aussprechen lassen.*

Amen. So sei es.
(Kreuzzeichen)

Der „Zitterer" könnte die Malaria, die Epilepsie oder andere Krankheit sein, die ein starkes Zittern als Symptom aufweist.

Der Sprache dieses Zauberspruches nach zu urteilen ist er aus einem älteren norwegischen Spruch umgeformt worden, der möglicherweise noch rein germanisch gewesen ist.

Die neun Naudir („Nöte") sitzen auf einem dunklen Felsen im Meer. Dies klingt ganz nach der Jenseitsinsel, zumal die „9" die Jenseits-Zahl ist. Man scheint also davon ausgegangen zu sein, daß diese „Naudir" wie der Tod, die man als die größte aller Krankheiten ansah, aus dem Jenseits kamen.

I C 8. l) Kvennagaldur

Aus dem heutigen Island ist ein „Frauen-Zauberspruch" („Kvennagaldur") bekannt, in dem die verschiedenen Wesen mit Zahlen assoziiert werden:

Ich ritze für Dich für acht Asen,
neuen Nöte,
dreizehn Thursen.

Mit den Asen ist die „8" verbunden, weil dies die Zahl der Vollkommenheit ist;
mit den Naudir („Nöten") ist die „9" verbunden, weil dies die Zahl des Todes ist;
mit den Riesen ist die Zahl „13" verbunden, weil dies die Zahl der Störungen ist.

I C 8. m) Runenstein von Granhäcken

Ein Schwellungs-Geist des Wund-Fiebers:
der Herr der Riesen.
Flieh nun! Du bist entdeckt worden!

Nimm Dir drei Schmerzen , Wolf!
Nimm Dir neun Nöte, Wolf!
Wolf, gebrauche den Heilungs-Zauber gut!

Diese Inschrift ist ein Heilungszauber gegen Wundfieber. Die drei Schmerzen und die neun Nöte sind ein häufigeres Motiv. „Wolf" könnte der Kranke, die Krankheit oder auch ein Heilungs-Geist sein – da er Schmerz und Not nehmen und den Heilungszauber gut gebrauchen soll, wäre die Deutung des „Wolfes" als eine Art Hilfsgeist des Heilers am wahrscheinlichsten.

I C 8. n) Amulett von Sigtuna

Auf einem ungefähr aus dem Jahre 1060 n.Chr. stammenden rechteckigen Kupfer-Amulett findet sich die Vertreibung eines Krankheits-Dämons durch einen Zauberspruch. Die drei „Is"(Eis)-Runen sind hier mit „Kühlung" übersetzt worden, da sie offenbar das Fieber des Kranken senken sollten. Die Krankheit wird als Riese, Riesen-König (Tyr, Thrym, Geirröd, Thiazi) und als Wolf angesehen – er ist der König der Naudir.

Riese des Wundfieber! Herr der Riesen!
Fliehe jetzt! Du wurdest entdeckt!
Da – diese drei Schmerzen sind für Dich, Wolf!
Da – diese neun Nöte sind für Dich, Wolf!
Kühlung! Kühlung! Kühlung!
Mögen diese Eis-Runen Dich zufriedenstellen, Wolf!

Nutze diesen Heilungs-Zauber gut.

I C 8. o) Die „Naudir"

Die „Naudir" sind die halb-personifizierten „Nöte", die auf einer finsteren Jenseitsinsel im Meer darauf warten, die Menschen krank zu machen. Sie sind wie die Töchter des Ägir zu neunt, was auf ihre Verbindung zum Jenseits hinweist, aus dem nicht nur der Tod, sondern auch die Krankheiten kamen.
Zu den Naudir zählt auch der ehemalige Sonnengott-Göttervater als Riesenkönig im Jenseits, der in einigen Sprüchen aus England als Krankheitsverursacher erscheint.

I C 8. p) Kamm von Setre

Die Inschrift auf diesem um ca. 620 n.Chr. angefertigten Kamm scheint ein Liebeszauber zu sein. Wenn dieser Zauber dadurch aktiviert wurde, daß sich die betreffende Frau mit diesem Kamm kämmte, setzt das voraus, daß die Frau entweder keine Runen lesen konnte und sie auch niemand über deren Bedeutung aufgeklärt hat, oder daß sie mit diesem Zauber einverstanden gewesen ist …

Nanna (Nana) ist die Frau des Gottes Baldur.

„Alu" bedeutet „heilig, Magie".

„NA" könnten auch die beiden Runen „Ansus" für „Asen" und „Naud" für „Not, Benötigtes, Bedürfnis". Man könne die Runen-Kombination „NA" also auch als „Mögen die Asen mir das geben, was ich brauche!" lesen. Das Wort „nana" wäre dann die bei Zaubersprüchen häufige, bekräftigende Verdoppelung.

Es gibt somit zwei Übersetzungs-Möglichkeiten:

Heil Dir, Maid unter den Maiden!
Magie der Na, Magie der Nanna!

oder:

Heil Dir, Maid unter den Maiden!
Mögen die Asen mir durch meine Magie das geben, was ich brauche!
Mögen die Asen mir durch meine Magie wirklich das geben, was ich brauche!

I C 8. q) „Pfurz-Runen"
(Galdrbok, Island, ca. 1600 n.Chr.)

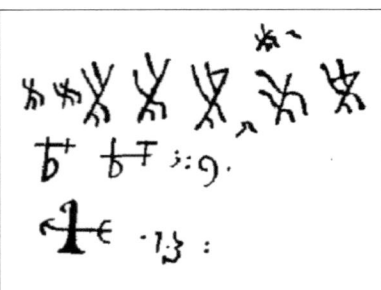

Offensichtlich sind Blähungen ein ernsthaftes Problem gewesen … und man konnte einen anderen daher auch mit Blähungen verfluchen …

Schreibe diese Stäbe mit Deinem eigenen Blut auf eine weiße Kalbshaut; nimm das Blut von Deinem Schenkel und sprich:

„*Ich schreibe Dir acht Asen-Runen,*   („ass"-Rune)
neun Not-Runen,   („naudh"-Rune)
dreizehn Riesen-Runen,   („thurs"-Rune)
die Deinen Bauch mit üblem Kot und Gas plagen werden,
und sie alle werden Deinen Bauch mit großem Pfurzen plagen!
Mögen sie Dich von Deinem Platz vertreiben
und Deine Eingeweide platzen lassen!
Möge Dein Pfurzen niemals enden,

weder am Tag noch in der Nacht!
Du wirst so schwach wie der Feind Loki sein,
der von allen Göttern zusammen gebunden wurde!
Bei Deinem mächtigsten Namen
Herr, Gott, Geist,
Erschaffer,
Odhinn, Thor,
Erlöser,
Freyr, Freya,
Oper, Satan, Beelzebub,
ihr Helfer,
mächtiger Gott,
die ihr beschützt mit den Gefährten
von Oteos, Mors, Notke, Vitales."

In der Magie wird oft nach dem Prinzip gehandelt, daß man, wenn man alle Wesen ruft, der richtige dabei sein wird und die Wirkung insgesamt am größten sein wird.

Auch hier finden sich wieder acht „Asen"-Runen, die vermutlich letztlich auf das achtspeichige Sonnenrad des ehemaligen Göttervaters Tyr zurückgehen.

Der Name der „naud"-Rune bedeutet „Vieh, Besitz, Benötigtes", aber wurde in den Runen-Liedern hauptsächlich im Sinne von „Not, Bedürftigkeit" benutzt.

Von dieser Rune bzw. diesem Wort leitet sich auch die Bezeichnung „Naudir" für die Krankheitsgeister ab, die auf der Jenseitsinsel warten, um über die Menschen herzufallen. Ihr „König" ist der Tyr-Riese.

Diese Rune hilft Streit zu schlichten und zusammen mit der „lögr"-Rune schützt sie vor vergifteten Getränken. Als Gift-Prophylaxe soll man sie auf das Trinkhorn, den rechten Handrücken und den Fingernagel der Norne schreiben.

I C 9. Die 9. Rune des Futhark-Alphabeths

„is"

|

I C 9. a)   Die Bedeutung des Runen-Namens „is"

Der Name dieser Rune bedeutet „Eis". Es sind daher Assoziationen zum Winter, zu den Gletschern in Skandinavien, Island und Grönland sowie zu Niflheim, also der Nordhälfte der Welt wahrscheinlich.
Im Leben der Wikinger spielte Eis zudem bei der Seefahrt eine große Rolle.

I C 9. b)   Das Runenlied aus dem Havamal

In Odins Runenlied wird die Is-Rune zum Beruhigen von Stürmen empfohlen – dies ist zwar nicht die Gefahr durch Eisschollen und Eisberge, wie von dem Namen der Rune nahegelegt wird, aber Eis, Schnee, Sturm, Schneestürme u.ä. sind doch alle eng miteinander verwandt.
   Die Is-Rune war ein genereller Schutz für die Schiffe. In der heutigen Zeit ist St. Christopherus, der christliche Heilige, frühere Jenseitsführer und heutige Beschützer der Autofahrer, an die Stelle der Is-Rune getreten.

Odin:
„Ein neuntes kenn' ich, wenn Not mir droht,
im Meere zu schirmen mein Schiff:
den Wind beschwör' ich auf wogender Flut
und singe in Schlummer die See."

I C 9. c)   Das Sigdrifa-Lied

Die „Brandungs-Runen" der Sigdrifa entsprechen vermutlich der Is-Rune aus Odins Runenlied:

Sigrdrifa:
„Brandungsrunen brauche, wenn Du bergen willst
im Sund das Segelroß!

*Man brennt sie auf den Steven und auf des Steuers Blatt
und in die Ruder ritzt man sie.
Nicht ist zu schwer die Brandung noch zu schwarz die Woge:
zum Hafen kommst Du heil."*

Der Steven ist der Bug des Schiffes – dorthin malten auch die Ägypter das Horusauge als Schutzzeichen. Auch von den Druiden wird berichtet, daß sie das Meer und den Sturm beherrschen konnten. Das bekannteste Beispiel für diesen Zauber ist sicher Christi Stillen des Sturmes auf dem See Genezareth.

I C 9. d) Isländisches Runengedicht

Dieses Lied besteht aus je vier Zeilen mit Stabreim zu jeder Rune.
Das erste Wort in der ersten Zeile ist der germanische Runen-Name.
Das erste Wort in der vierten Zeile ist jeweils die lateinische Übersetzung dieses Wortes, auf das dann jeweils ein alter isländischer Königstitel folgt.

*„Is" (Eis) ist die Rinde des Flusses
und das Dach der Wogen
und eine Gefahr für todgeweihte Männer.
Eis – einer, der den Eber-Helm trägt.*

Die drei ersten Zeilen beschreiben auf poetische Weise und z.T mir Kenningarn das Eis.
„Einer, der einen Eber-Helm trägt", ist entweder ein Krieger, der an einer rituellen Jenseitsreise teilgenommen hat, oder ein Fürst. Der Zusammenhang mit der Is-Rune könnte darin bestehen, daß solche Krieger auch den Gefahren eines Eis-Meeres trotzten – aber diese Deutung ist sehr unsicher.

I C 9. e) Trideilur Runa

Dies ist ein zweites isländisches Runenlied, das sich nur geringfügig von dem vorigen unterscheidet. Meistens fehlt lediglich die vierte Zeile.

*„Is" (Eis) ist die Rinde des Flusses
und das Dach der Wogen
und eine Gefahr für todgeweihte Männer.*

I C 9. f) Lateinisches Runenlied

Dieses Lied ist eine lateinische Variante des isländischen Runenliedes, das heir ausnahmsweise keine Abweichungen aufweist.

„Is" (Eis) ist die Rinde des Flusses
und das Dach der Wogen
und eine Gefahr für todgeweihte Männer.

I C 9. g) Altenglisches Runenlied

Auch diese Verse beruhen auf dem isländischen Runenlied, aber sie sind z.T. schon entsprechend den christlichen Verhaltensregeln umgestaltet worden.

Is ist sehr kalt, / und unendlich schlüpfrig;
Es glitzert, ist klar wie Glas, / ganz wie Gemmen;
ein vom Frost erschaffener Boden, / schön anzusehen.

„Gemme" ist eine veraltete Bezeichnung für „Edelstein", die dem hier benutzten angelsächsischen Wort nach verwandt ist und den Stabreim in dem zweiten Vers bewahrt.

I C 9. h) Norwegisches Runen-Lied

Die Auffassung des Eises als breite Brücke in der folgenden Strophe bezieht sich auf einen zugefrorenen Fluß. Der Bezug des Blinden zu dieser Rune ist unklar.

Is (Eis) ist eine breite Brücke;
der Blinde muß geführt werden.

I C 9. i) Abecedarium Nordmannicum

Dieser Alphabeth-Spruch ist ein normannischer Merkvers für die Runen. In ihm finden sich ein paar Bestätigungen für die bisherigen Deutungen, aber keine neuen Informationen.

Feu forman   *Feu* (Vieh) *zuerst,*
Ur after   *Ur* (Stier) *danach,*
Thuris thritten stabu,   *Thuris* (Riese) *ist der dritte Buchstabe,*
Os is himo oboro,   *Os* (Ase) *folgt diesem,*
Rat endost ritan   *Rat* (Rat) *wird danach geritzt,*
Chaon thanne cliuôt.   *Chaon* (Geschwür) *klebt daran,*
Hagal, Naut hab   *Hagal* (Hagel), *Naut* (Not) *hält,*
Is, *Ar endi Sol*   **Is** (Eis), *Ar* (Jahr) *und Sol* (Sonne)
Tiu, Birca endi Man midi   *Tiu* (Tyr), *Birca* (Birke) *und Man* (Mann) *zusammen mit ihnen*

Lagu the leohto,   *Lagu* (See) *der lichte*
Yr al bihabet.   *Yr* (Eibe) *hält alles umfangen.*

I C 9. j) Amulett von Sigtuna

Auf einem ungefähr aus dem Jahre 1060 n.Chr. stammenden rechteckigen Kupfer-Amulett findet sich die Vertreibung eines Krankheits-Dämons durch einen Zauberspruch. Die drei „I"-Runen sind hier mit „Kühlung" übersetzt worden, da sie offenbar das Fieber des Kranken senken sollten. Die Krankheit wird als Riese, Riesen-König (Tyr, Thrym, Geirröd, Thiazi) und als Wolf angesehen – er ist der König der Naudir (siehe „naut"-Rune).

Riese des Wundfieber! Herr der Riesen!
Fliehe jetzt! Du wurdest entdeckt!
Da – diese drei Schmerzen sind für Dich, Wolf!
Da – diese neun Nöte sind für Dich, Wolf!
Kühlung! Kühlung! Kühlung!
Mögen diese Eis-Runen Dich zufriedenstellen, Wolf!

Nutze diesen Heilungs-Zauber gut.

I C 9. k) Lied des Rig

Auch der Göttervater Rig, dessen Name „König" eine Heiti für Tyr-Heimdall ist, lehrt die Königssöhne Runen mit magischer Wirkung.
Die Rune, mit deren Hilfe man „die See stillen" konnte, könnte die „is"-Rune sein.

Konur der junge / kannte Runen,
Zeitrunen / und Zukunftrunen;
Zumal vermocht er / Menschen zu bergen,
Schwerter zu stumpfen, / die See zu stillen.

Vögel verstand er, / wuste Feuer zu löschen,
Den Sinn zu beschwichtigen, / Sorgen zu heilen.
Auch hatt er zumal / acht Männer Stärke.

Er stritt mit Rigr, / dem Jarl, in Runen,
In allerlei Wissen / erwarb er den Sieg.
Da ward ihm gewährt, / da war ihm gegönnt,
Selbst Rigr zu heißen / und runenkundig.

„Konur" bedeutet „König". „Rigr" bedeutet „Herrscher". „Jarl" bedeutet in etwa „Graf" (englisch: „earl").

I C 9. l)   Odins Rabenzauber

In diesem Lied wird die Vermutung ausgesprochen, daß „böse Geister" mithilfe von Runen das Wetter verzaubert haben.

Die Asen ahnten übles Verhängnis:
Geister verwirrten mit Runen das Wetter.
Urda sollte Odhrörir beschützen,
vor dem mächtigsten Winter.

Ungewöhnliche Vorgänge im Wetter und allgemein in der Natur wurden früher bei fast allen Völkern als böses Omen angesehen, die meistens durch böse Geister verursacht wurden. Der „böse Geist" schlechthin ist in der germanischen Mythologie Loki, der auch den Tod des Baldur herbeiführte, der zu dem Ragnarök führte. Loki ist u.a. der Gott des Jenseits und des Winters, der sich in diesem Lied ankündigt, da Baldurs Ermordung durch Hödur/Loki zu dem Fimbul-Winter („gewaltiger Winter") führt, der der Anfang des Ragnarök ist.

„Urd(-a)" ist eine der drei Nornen, die unter den Wurzeln der Weltesche der Unterwelt sitzen und das Schicksal bestimmen. Sie scheint die „ursprüngliche Norne" zu sein, die später durch Skuld und Verdandi zu einer Dreiheit ergänzt wurde. Da sie das Schicksal kennt, kann sie entweder selber als Seherin aufgefaßt werden oder als diejenige, an die sich die Seherinnen innerlich wenden, um die Zukunft zu erkennen.

„*Ödrörir*" ist der Göttermet, der die Götter unsterblich macht. Da Urd ihn bewacht, muß er sich in der Unterwelt befinden. „Ödrörir" bedeutet „der die Ekstase anregt".

Der Hinweis, daß der Met dadurch, daß er von Urd bewacht wird, großer Schaden (wie sich im folgenden zeigt, ist dies Baldurs Tod) vermieden werden kann, zeigt zumindestens, daß der Met mit dem Tod assoziiert wurde. Es hat geradezu den Anschein, als ob Baldurs Tod mit dem Raub des Mets identisch sein könnte – was dann dem Raub der Idun und ihrer Äpfel entsprechen würde.

Es wäre denkbar, daß die Geister die Is-Rune und die Hagal-Rune benutzt haben, aber sicher ist das natürlich keineswegs …

Der Name der Rune „Is" bedeutet „Eis". Sie schützte Schiffe vor Sturm und Eis.

I C 10. Die 10. Rune des Futhark-Alphabeths

„algiz"

ᛉᛦ

I C 10. a) Die Bedeutung des Runen-Namens „algiz"

Der Name dieser Rune bedeutet „Elch" und evtl. auch „Hirsch".

Es wäre denkbar, daß noch eine Assoziation zu den beiden Pferde-Söhnen des ehemaligen Göttervaters Tyr bestanden hat, die auch „Alcis" („Elche") genannt wurden, weil sie auch die Gestalt von Elchen bzw. Hirschen haben konnten. Zur Zeit der Entstehung der Runen wird es diesen Zusammenhang sicherlich gegeben haben, aber nach der Übernahme des Thrones des Tyr im germanischen Pantheon durch Odin und Thor um 500 n.Chr. wird diese Symbolik nach und nach verlorengegangen sein, so wie diese Zwillings-Symbolik auch an allen anderen Stellen in der germanischen Mythologie mit der Zeit verblaßt ist.

Auch das Opfer eines Hirsches für den Göttervater wird zu den Assoziationen zu dieser Rune gehört haben. Von diesem Zusammenhang ist nur noch im Sonnenlied in einer Strophe etwas erhalten geblieben:

Den Sonnenhirsch sah ich / von Süden kommen
Von Zwein am Zaum geleitet;
Auf dem Felde standen / seine Füße,
Die Hörner hob er zum Himmel.

Zu der Symbolik des Hirsches siehe auch „Hirsch" in Band 42.

I C 10. b) Das Runenlied aus dem Havamal

Im Havamal ist die Algiz-Rune eine Schutz-Rune:

Odin:
„Ein neuntes kann ich, wenn Zaunreiterinnen
durch die Lüfte lenken,
so wirk' ich, daß wirr sie zerstäuben
und als Gespenster schwinden."

Die „Zaunreiterinnen", in der damaligen Sprache „Hagazussa", waren die aufgrund ihrer Nähe zum Jenseits und des wachsenden Einflusses des Christentums bereits schon dämonisierten weisen Frauen. Aus diesem Wort leitet sich durch Verkürzung unser Wort „Hexe" ab. Diese Frauen können schon hier wie später die Hexen durch die Lüfte reiten – der Stab der Seherinnen (Wala = „Stabträgerin") ist dabei zu dem als Haushaltsgerät getarnten Hexenbesen geworden. Die „Gespenster" weisen darauf hin, daß die Seherinnen und auch die Hexen nicht mit ihrem materiellen Körper, sondern nur in ihrem Astralkörper durch die Luft reisten.

I C 10. c)   Das Sigdrifa-Lied

Aus Odins Runen-Lied ergibt sich, daß die Algiz-Rune eine Schutzrune gewesen ist. Der mit ihr verbundene Schutz wird ursprünglich von dem Gott Tyr und seinen beiden Pferde- bzw. Hirsch-Söhnen erbeten worden sein.

Da Tyr und die beiden Alcis ihre Hirschgestalt nur im Jenseits hatten und im Diesseits Menschen waren, könnten sich die folgenden eineinhalb Zeilen aus dem Runenlied der Walküre Sigdrifa auch auf die Algiz-Rune beziehen, da die Norne, die Eule und die Wala alle mit dem Jenseits in Zusammenhang gestanden haben. Dies ist jedoch nur eine sehr vage Vermutung.

(Die Runen stehen ...)
Auf dem Nagel der Norne und der Nachteule Schnabel.
auf der Wala Sitz.

I C 10. d)   Faröische Heldenlieder - Högni-Lied

Gudrun war in der Lage, mithilfe von Runen Illusionen hervorzurufen:

Högni greift so zu den Worten, und spricht für sich:
„Das ist Gudruns Zauberei, die sie ritzt gegen mich.
Das sind keine Hengste, gar keine wirkliche Rosse:
Das ist Gudruns Zauberei, die sie ritzt gegen uns."

Es wäre denkbar, daß für diesen Zauber auch die Algiz-Rune benutzt wurde, da Hirsche und Pferde in mythologischer Hinsicht eng verwandt gewesen sind – aber das ist natürlich nur eine Vermutung. Naheliegender (aber genauso spekulativ) wäre natürlich die Pferde-Rune Ehwaz.

I C 10. e) Die Saga über Bosi und Herraud

Der vollständige Fluch findet sich bei der „Fehu", der ersten Rune des Futharks.

Sechs kommen hier:
Sag ihre Namen,
entziffre alle!
Ich zeige sie dir.
Rätst du sie nicht,
wie ich's richtig heiße.
so fahr hin zur Hel,
von Hunden zerfleischt,
deine Seele aber
sinke zur Hölle!

Am Ende des Manuskript folgen 6 Runenzeichen: Raidho, Ansuz, Thurisaz, Fehu, Algiz, Uruz. Dies könnten die „sechs" in dem Rätsel am Schluß sein.

Raidho = Ritt, Fahrt, Reise
Ansuz = Ase = Odin oder Tyr
Thurisaz = Thurse (Tyr) und Dorn = Schwert (Tyrs Schwert) = Tyr
Fehu = Vieh, Besitz
Algiz = Elch
Uruz = Wasser, Stier

Wenn man diese sechs Runen kombiniert, kommt man auf die Jenseitsreise (Raidho) des Tyr (Ansuz Thurisaz) zusammen mit seinen beiden Alcis-Söhnen (Algiz), bei der sich Tyr in einen Stier (Fehu Uruz) verwandelt. Ob diese Deutung so zutrifft, ist allerdings unsicher, da die Runen allgemein viele Elemente aus den Tyr-Mythen enthalten.

Es fällt auch auf, daß fünf dieser sechs Runen den Anfang des Futhark bilden: Fehu – Uruz – Thurisaz – Ansuz – Raidho. Doch dann fehlt die Rune „Kaun" und stattdessen bleibt die Rune „Algiz" übrig.

Über diese Rune ist nur wenig bekannt. Ihr Name „Algiz" bedeutet „Elch" und im weiteren Sinne auch „Hirsch". Sie wird daher ursprünglich mit der Hirschgestalt des Tyr und seiner beiden Söhne („Alcis") im Jenseits assoziiert worden sein.
Die Rune wurde als Geisterschutz-Rune angesehen.

I C 11. Die 11. Rune des Futhark-Alphabeths

„sol"

ᛋ

I C 11. a) Die Bedeutung des Runen-Namens „sol"

Der altnordische Name der Rune „sol", die im Germanischen „sowilo" hieß, bedeutet „Sonne".

Diese Rune ist eine halbe, d.h. eine „zweiarmige" Swastika (die vier „Arme" hat), also ein halber „Sonnenwirbel". Somit ist dies die älteste Rune, da die Swastika bis zu den mesopotamischen Ackerbauern zurückverfolgt werden kann. Sie ist eng verwandt mit dem „Hrungnir-Herz"-Symbol und mit der keltischen Triskele, die eine dreiarmige Swastika ist.

Diese Rune ist ursprünglich ein Sonnensymbol gewesen und ist erst sekundär durch Halbierung zu einem Schriftzeichen in der Runenschrift geworden.

Man wird daher schon von dem Namen und dem Bild dieser Rune von einer starken Sonnen-Assoziation ausgehen können, die sich bei den Germanen bis zu den skandinavischen Felsritzungen zurückverfolgen läßt, die zwischen 1800 und 500 v.Chr. angefertigt worden sind.

Es ist allerdings zweifelhaft, daß davon einem normalen Wikinger noch viel bewußt gewesen ist.

Es hat auch eine starke Assoziation zwischen der Sonne und dem Schild gegeben – beide waren kreisrund. Auch die Sonne selber wurde auf ihrem Wagen als eine Sonne angesehen, woraus in der Edda ein Schild vor der Sonne auf ihrem Wagen wurde.

Da Tyr bis 500 n.Chr. der Sonnengott-Göttervater der Nordgermanen gewesen ist, wird die Sol-Rune auch fest mit Tyr und mit seinem Sonnenschild assoziiert worden sein.

I C 11. b) Der Sonnenwagen von Trundholm

Dieser Sonnenschild bzw. diese Sonnenscheibe wurde bereits um 1400 v.Chr. auch plastisch dargestellt:

Der Sonnenwagen von Trundholm

Original — *Replik*

Die Räder dieses Wagens sind vierspeichig wie die Sonnensymbole in den skandinavischen Steinritzungen (siehe „Sonne" in Band 48).

I C 11. c)   Das Runenlied aus dem Havamal

In diesem Runen-Lied ist die Sowilo-Rune eine Schutz- und Schildrune.

Odin:
„Ein elftes kann ich, wenn ich zum Angriff
die treuen Freunde führen soll,
in den Schild sing ich's, so ziehen sie siegreich,
heil in den Kampf, heil aus dem Kampf,
bleiben heil, wohin sie auch zieh'n."

I C 11. d)   Germania

Schon der römische Geschichtsschreiber Tacitus berichtet um 100 n.Chr. über den Brauch der Germanen, vor dem Kampf in ihren Schild zu singen:

Auch haben sie noch andere Lieder, durch deren Vortrag, den sie Bardit nennen, sie den Mut entflammen und aus deren Ton allein sie schon den Ausgang des bevorstehenden Kampfes weissagen. Denn je nachdem, wie der Ruf der Schlachtlinie klingt, fühlen sie sich schrecklich oder zaghaft, und sie streben dabei weniger einen Zusammenklang der Stimme an als einen Ausdruck der Tapferkeit.

Sie erstreben dabei vor allem eine Rauheit des Tones und ein gedämpftes Murmeln an – dazu halten sie die Schilde vor den Mund, damit die Stimme durch den Widerhall desto voller und tiefer anschwillt.

Hier ist zwar noch nicht von Runen die Rede, aber dieser Schild-Gesang ist doch deutlich als die Wurzel des Runen-Schildzaubers des Odin erkennbar.

I C 11. e) Das Sigdrifa-Lied

Das in dem folgenden Vers benutzte Bild ist der Sonnengott-Göttervater mit dem leuchtenden Sonnen-Schild.

Auf dem Schilde stehen die Runen vor dem scheinenden Gott.

I C 11. f) Die Goldhörner von Gallehus

Auf dem kleineren der beiden goldenen Trinkhörner von Gallehus sind der Sonnengott-Göttervater Tyr und entweder der Mondgott oder Tyr im Jenseits jeweils mit Schwert und Schild dargestellt worden. Die Sonne bzw. der Mond oder die „Schwarzsonne" der Unterwelt sind jeweils auf ihrer Brust, auf ihren Genitalien und auf ihrem Schild abgebildet worden.

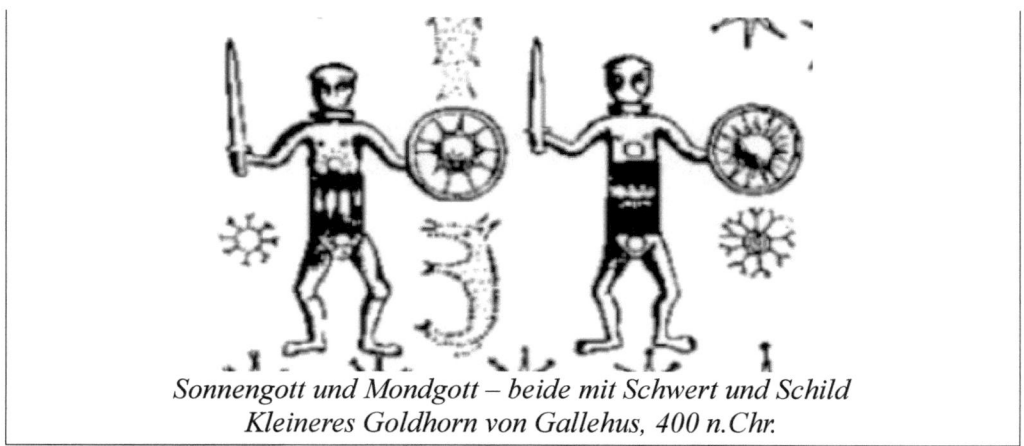

Sonnengott und Mondgott – beide mit Schwert und Schild
Kleineres Goldhorn von Gallehus, 400 n.Chr.

I C 11. g)   Das Sigdrifa-Lied

Möglicherweise beziehen sich auch die Schutzrunen („Berge-Runen") in den Versen der Walküre Sigdrifa u.a. auf die Sowilo-Rune:

„Das sind Buchen-Runen, das sind Berge-Runen,
Dies alle Ale-Runen
Und rühmliche Macht-Runen."

I C 11. h)   Isländisches Runengedicht

Dieses Lied besteht aus je vier Zeilen mit Stabreim zu jeder Rune.
Das erste Wort in der ersten Zeile ist der germanische Runen-Name.
 Das erste Wort in der vierten Zeile ist jeweils die lateinische Übersetzung dieses Wortes, auf das dann jeweils ein alter isländischer Königstitel folgt.

Sol (Sonne) ist der Schild der Wolken
und ein strahlendes Rad
und das lebenslange Leid des Eises.
Rad der Nachkommen des Siegreichen

In diesen Versen wird die Sonne deutlich als Schild und als Rad bezeichnet.

I C 11. i)   Trideilur Runa

Dies ist ein zweites isländisches Runenlied, das sich nur geringfügig von dem vorigen unterscheidet. Hier fehlt wie immer die vierte Zeile, aber bei dieser Rune ist auch die dritte Zeile verändert worden.

Sol ist der Wolken-Schild
und ein strahlende Rad
und ein sich drehende Rad.

I C 11. j)   Lateinisches Runenlied

Dieses Lied ist eine lateinische Variante des isländischen Runenliedes, das allerdings einige Abweichungen enthält.

*Sol ist die Ausstattung des Schiffes,
der leuchtende Strahl,
das sich drehende Rad.*

Das hier wörtlich mit „Ausstattung des Schiffes" übersetzte Formulierung lautet im Lateinischen „ornamentum navibus". Möglicherweise ist damit auch die Sonne als der Schmuck eines Schiffes gemeint – im doppelten Sinne: Als die Schilde an der Bordwand der Drachenschiffe und als Sonne, die wie auf den skandinavischen Felsritzungen auf einem Schiff über das Himmelsmeer fährt. Die erste dieser beiden Deutungen ist jedoch zur Zeit der Niederschrift dieser Runen-Sprüche mit Sicherheit weitaus bekannter und üblicher gewesen.

Man sollte das lateinische Runenlied daher eher wie folgt übersetzen:

*Sol ist der Schmuck des Schiffes,
der leuchtende Strahl,
das sich drehende Rad.*

Auch hier wird die Sonne als ein Schild aufgefaßt. Auch Snorri Sturluson führt in seinen Schild-Heitis in den Thulur am Ende der Edda u.a. die Umschreibung „Leuchtender" für „Schild" an, die ebenfalls am ehesten durch die Auffassung der Sonne als ein Schild erklärbar ist.

I C 11. k) Altenglisches Runenlied

Auch diese Verse beruhen auf dem isländischen Runenlied, aber sie haben außer dem Sonnen-Thema kaum noch Ähnlichkeit mit der entsprechenden isländischen Strophe.

Sigel (Sonne) *ist stets / die Hoffnung des Seemanns,
wenn sie das Meeres-Roß / über das Bad der Fische reiten,
bis das Pferd der Tiefe sie wieder / an Land zurückbringt.*

Meeres-Roß = Schiff
Bad der Fische = Meer
Pferd der Tiefe = Schiff

„Sigel" bedeutet im Alt-Angelsächsichen „Segel, Sonne, Halsband, Halsreif, Fibel, Brosche, Edelstein". Hier wird der (goldene) Halsreif noch deutlich mit der Sonne assoziiert – so wie auch Freyas Brisingamen ein Symbol der Sonne ist.

I C 11. l)   Norwegisches Runen-Lied

Der zweite Vers hat am ehesten einen Bezug zu dem ersten, wenn man die Sonne als Gottheit ansieht. Sowohl der ehemalige germanische Göttervater Tyr als auch der christliche Gott Vater sind von den Germanen eng mit der Sonne assoziiert worden.

Sol (Sonne) ist das Licht der Welt;
ich beuge mich dem göttlichen Willen.

I C 11. m)   Abecedarium Nordmannicum

Dieser Alphabeth-Spruch ist ein normannischer Merkvers für die Runen. In ihm finden sich ein paar Bestätigungen für die bisherigen Deutungen, aber keine neuen Informationen.

Feu forman	*Feu* (Vieh) *zuerst,*
Ur after	*Ur* (Stier) *danach,*
Thuris thritten stabu,	*Thuris* (Riese) *ist der dritte Buchstabe,*
Os is himo oboro,	*Os* (Ase) *folgt diesem,*
Rat endost ritan	*Rat* (Rat) *wird danach geritzt,*
Chaon thanne cliuôt.	*Chaon* (Geschwür) *klebt daran,*
Hagal, Naut hab	*Hagal* (Hagel), *Naut* (Not) *hält,*
*Is, Ar endi **Sol***	*Is* (Eis), *Ar* (Jahr) *und **Sol*** (Sonne)
Tiu, Birca endi Man midi	*Tiu* (Tyr), *Birca* (Birke) *und Man* (Mann) *zusammen mit ihnen*
Lagu the leohto,	*Lagu* (See) *der lichte*
Yr al bihabet.	*Yr* (Eibe) *hält alles umfangen.*

I C 11. n)   Exeter-Buch: 5. Rätsel

Ich bin von Natur aus einsam, vom Eisen verletzt
und vom Schwert verwundet, kampfesmüde.
Ich sehe oft das Gesicht des Krieges und kämpfe
gegen verhaßte Feinde Ich habe keine Hoffnung,
daß mir jemand in der Hitze des Kampfes zu Hilfe eilt,
bevor ich schließlich getötet werde.
In der befestigten Stadt werden scharf schneidende Schwerter
geschickt von Schmieden in der Flamme geschmiedet,

die tief in mich beißen. Ich kann nur auf
einen noch schrecklicheren Angriff warten; ich brauche nicht
auf die Ärzte in der Stadt zu warten,
die schwere Wunden mit Wurzeln und Kräutern heilen.
Die Narben von den Wunden klaffen weiter und weiter
und Todesschläge erleide ich Tag und Nacht.

ᛋ

Die Sol-Rune unter dem Rätsel ist ein Hinweis auf die Lösung des Rätsels, da sie nicht nur „Sonne", sondern auch „Schild" bedeutet.

I C 11. o) Exeter-Buch: 6. Rätsel

Über diesem Rätsel ist die Sonnen-Rune mit dem Namen „sigel", „sowilo" oder „sol" abgebildet.

ᛋ

Christus, der wahre Verleiher der Siege,
erschuf mich für den Streit. Ich verbrenne die Lebenden,
ungezählte Sterbliche überall auf der Erde.
Ich bereite ihnen Pein, doch niemals berühre ich sie,
wenn mein Herr mich zur Schlacht sendet.
Bisweilen erfreue ich den Geist vieler Menschen;
manchmal beruhige ich die, die ich bekämpfe,
selbst von ferne. Dennoch fühlen sie es,
den Harm und die Heilung, wenn ich dann und wann
bei tiefer Trübsal ihr Schicksal aufhelle.

Die Lösung ist die Sol-Rune, die über den Versen steht: die Sonne und Christus, der von den germanisch-christlichen Skalden sehr oft als Sonne angesehen worden ist.

I C 11. p) Faröer-Sagas: Högni-Lied

Möglicherweise sind auch die in diesem Lied beschriebenen Runenstäbe, die eine schützende Funktion hatten, mit der Sonnen-Rune beschrieben worden.

Aufstund Königin Grimhild, die kluge und holdselige:
„Ziehst Du ins Hunnenland, laß mich Dir folgen."

Ich kann nicht sehen, Mutter mein, daß Deine Augen weinen:
Die Woge bricht an der Blumenwange, das kann ich nicht sehen."

Antwort gab Königin Grimhild im ersten Worte da:
„Nimm Du diesen Runenstab und achte wol darauf.
Nimm Du diesen Runenstab bind' ihm um deine Lenden,
Der kann alle Schlösser schließen, alle Sorgen lindern."

Möglicherweise befand sich unter den Schutzrunen auf diesem Gürtel auch die Sol-Rune, da diese einen schützenden (Sonnen-)Schild darstellt.

I C 11. q) Medaillion von Svarteborg

Auf diesem angefertigten Amulett steht eine Rune und ein Männername:

S Sigaduz

„Sigiduz" ist entweder ein Männername mit der Bedeutung „Sieg-Kampf" oder der Wunsch „Sieg im Kampf!". Die Rune „S" bedeutet entweder „Sonne" oder „Schild".
Da dieses Medaillion um ca. 450 n.Chr., also zu einer Zeit, in der Tyr noch der Sonnengott-Göttervater gewesen ist, angefertigt worden ist, könnte man das „S" für „Sonne" auch als einen Aspekt des Tyr, der u.a. auch der damalige Kriegsgott gewesen ist, auffassen.
Die Übersetzung würde dann lauten:

Möge der Sonnen-gleiche Tyr mich mit einem Schild schützen!

Die Rune Sowilo ist eine Sonnen-Rune. Da die Sonne auch als Schild angesehen wurde, war Sowilo auch eine Schildrune.
Diese Rune wird wohl sowohl als Sonnen-Rune als auch als Schild-Rune eine Schutz-Rune gewesen sein: Diese Rune bewirkte sozusagen, daß der Betreffende von der Sonne wie durch einen Schild geschützt wurde.
Die Bedeutung „Sieg", die dieser Rune insbesondere im dritten Reich beigelegt worden ist, findet sich in den alten Texten nirgendwo.

I C 12. Die 12 Rune des Futhark-Alphabeths

„Tyr"

I C 12. a) Die Bedeutung des Runen-Namens „tyr"

Diese Rune trägt als einzige den Namen eines Gottes, sofern man den Runen-Namen Algiz nicht als den Namen der beiden Pferde-Söhne des Tyr ansieht, die „Alcis" genannt wurden, da sie auch die Gestalt von Hirschen annehmen konnten.

Da die Namen der Runen in einer Zeit entstanden sind, in der Tyr noch der Göttervater der Germanen gewesen ist, ist es nicht verwunderlich, daß ein Teil der Runen durch ihn und seine Mythen geprägt worden ist:

Runen des Göttervaters		
Runen-Namen	***Bedeutung***	***Bezug zum Göttervater***
Tyr	Tyr	der ehemalige Göttervater Tyr
Thorn	Dorn	Schwert des ehemaligen Göttervaters Tyr
Sowilo	Sonne	Schild des ehemaligen Göttervaters Tyr
Algiz	Elch	die beiden Alcis = die beiden Pferde-Söhne des Tyr

I C 12. b) Das Runenlied aus dem Havamal

Odin:
„*Ein zwölftes kann ich, wenn am Zweige hängt
zitternd am Strick ein Toter,
ich ritze und färbe das Runenzeichen,
daß der Recke zu mir kommt und reden kann.*"

Man kann sich hier natürlich fragen, ob die germanischen Schamanen wirklich in der Lage waren, so wie Christus und einige indische Yogis Tote zum Leben zu erwecken – aber es ist immerhin denkbar und es scheint für die Germanen zumindest eine reale Möglichkeit gewesen sein, denn sonst hätte man nicht einer von nur insgesamt achtzehn Runen diese Bedeutung gegeben.

Es ist aber auch denkbar, daß es hier um eine Einweihung geht, da sich auch Odin „der am Galgen Hängende" u.ä. nennt, was auf seine Selbsteinweihung am Weltenbaum anspielt. Es bliebe allerdings die Frage offen, in welcher Weise dabei eine Rune hilfreich sein könnte – vielleicht ist hier aber auch einfach die allnächtliche bzw. allwinterliche Jenseitsreise des Tyr als Vorbild aller Jenseitsreisender gemeint.

Es könnte sich bei dieser Szene natürlich auch einfach um eine Totenbeschwörung, also um ein „Utiseta" handeln.

I C 12. c) Das Sigdrifa-Lied

Sigrdrifa:
„Siegrunen lerne, willst Sieg Du haben!
Auf den Schwertknauf schneide sie,
auf die Blutrinne und des Rückens Breite
und rufe zweimal zu Tyr!"

Es ist merkwürdig, daß man dieselbe Rune zur Schwertweihung und zur Wiederbelebung von Gehenkten benutzt – offenbar spielt dabei vor allem die Mythologie des Gottes Tyr eine Rolle, der zum einen der Schwert- und Kriegsgott ist und zum anderen als Sonne jeden Morgen wiedergeboren wird.

Sigrdrifas Runenstrophe ist ursprünglicher als die des Odin, da sie zu der Mythologie des Tyr paßt.

Hier wird die Tyr-Rune auch als Sieg-Rune bezeichnet. Es ist der Schwertgott-Götterkönig Tyr, mit dem der Sieg assoziiert worden ist, und nicht die Sol-Rune, auch wenn „Sieg" und „Sol" mit „S" beginnen und die Sol-Rune im Dritten Reich als Sieg-Symbol verwendet worden ist.

I C 12. d) Husdrapa

In diesem Lied, das um ca. 985 n.Chr. von Ulfr Uggason verfaßt worden ist, gibt es einen Vers, in dem Odin als „Siegrunen-Baum" umschrieben wird. „Baum" ist eine generelle Umschreibung für „Mann, Krieger". Diese Odin-Kenning entspricht den vielen Umschreibungen für Odin, die sich auf seinen Vorgänger Tyr beziehen wie „Lasten-Tyr", „Hänge-Tyr", „Schrei-Tyr" usw., da die Siegrune die Rune „Tyr" ist.

Dort sehe ich Walküren-Fylgjas und Raben den weisen Siegrunen-Baum zu dem Blut des Heiligen Leichnams begleiten.

Walküren: die Dienerinnen des Odin
Fylgjas: Schutzgeister; auch sie gehören indirekt zu dem Schamanengott Odin
Raben: die Begleiter des Odin
Heiliger Leichnam = der tote Baldur

I C 12. e)   Das Sigdrifa-Lied

Möglicherweise beziehen sich auch die von der Walküre Sigdrifa aufgezählten Machtrunen u.a. auf die Tyr-Rrune.

„... und rühmliche Machtrunen."

I C 12. f)   Isländisches Runengedicht

Dieses Lied besteht aus je vier Zeilen mit Stabreim zu jeder Rune.
Das erste Wort in der ersten Zeile ist der germanische Runen-Name.
Das erste Wort in der vierten Zeile ist jeweils die lateinische Übersetzung dieses Wortes, auf das dann jeweils ein alter isländischer Königstitel folgt.

Tyr ist der einhändige Ase
und der Mahl-Rest des Wolfes
und der Herr des Tempels.
Mars Häuptling

Tyr wurde von dem Fenrir-Wolf die rechte Hand abgebissen – daher ist Tyr der „einhändige Ase" und der „Überrestes des Mahles des Fenrir".
Die Tyr-Kenning „Herr des Tempels" weist darauf hin, daß diese Verse wohl recht alt sind und noch eine Erinnerung an die Zeit enthalten, als Tyr der Göttervater gewesen ist.
Die Bezeichnung des Tyr als „Mars Häuptling" könnte man auch etwas freier als „Anführer im Kampf" oder „Kriegsgott" oder „kriegerischer Göttervater" übersetzen.

I C 12. g)   Trideilur Runa

Dies ist ein zweites isländisches Runenlied, das sich nur geringfügig von dem vorigen unterscheidet. Hier sind jedoch nur die beiden ersten Zeilen übernommen worden.

Tyr ist Baldurs Bruder,
der einhändige Ase,
der Mahl-Rest des Wolfes.

Die erste Zeile stammt aus der Zeit, als Tyr bereits durch Odin und Thor als Göttervater abgesetzt worden war und daher nicht mehr der „Herr des Tempels", sondern schon zu dem Sohn des Odin und somit zu „Baldurs Bruder" umgedeutet worden ist.
Die „Trideilur Runa" ist also jünger als das isländische Runenlied.

I C 12. h) Lateinisches Runenlied

Dieses Lied ist eine lateinische Variante des isländischen Runenliedes, das bei dieser Rune auch eine Zeile aus der „Trideilur Runa" enthält.

Tyr Mars,
Bruder des Baldur,
einhändiger Mann,
vom Wolf Verletzter.

all diese sind aus der Edda entnommen

Der Verfasser dieser Verse kannte offensichtlich die Edda des Snorri Sturluson und weist darauf hin, daß diese Umschreibungen des Gottes Tyr alle in der Edda zu finden sind.

I C 12. i) Altenglisches Runenlied

Auch diese Verse beruhen auf dem isländischen Runenlied, aber sie sind bei dieser Rune durch weitere Bilder ergänzt worden.

Tir (Tyr) *ist der Leit-Stern / er hält treu*
zu den Edlingen; / er bleibt stets auf seinem Kurs
über den Nebeln der Nacht / und versagt niemals.

Hier wird Tyr dem Polarstern gleichgesetzt, der stets am selben Ort bleibt. Diese Beständigkeit hat auch Tyr und auch die Edlinge sollten sie haben.
Dort, wo der Polarstern steht, berührt der Weltenbaum den Himmel, da dieser genau am Nordpol steht. Es wäre daher denkbar, daß Tyr einst auch mit dem Weltenbaum

assoziiert worden ist. Es wäre denkbar, daß „Mundilfari", der der Vater der Sol (Sonne) und des Mani (Mond) ist und der die Erdachse dreht, mit Tyr identisch ist.

I C 12. j)   Norwegisches Runen-Lied

In diesem Lied findet sich wieder das Motiv des einarmigen Gottes.

Tyr ist der einarmige Ase;
der Schmied muß oft blasen.

Die zweite Zeile wird verständlich, wenn man bedenkt, daß Tyr im Jenseits zu dem Schmied Wieland wurde, der sein bei seinem Tod zerbrochenes Schwert neuschmiedete. Die erste Zeile ist somit Tyr im Diesseits und die zweite Zeile Tyr im Jenseits.

I C 12. k)   Abecedarium Nordmannicum

Dieser Alphabeth-Spruch ist ein normannischer Merkvers für die Runen. In ihm finden sich ein paar Bestätigungen für die bisherigen Deutungen, aber keine neuen Informationen.

Feu forman	*Feu* (Vieh) *zuerst,*
Ur after	*Ur* (Stier) *danach,*
Thuris thritten stabu,	*Thuris* (Riese) *ist der dritte Buchstabe,*
Os is himo oboro,	*Os* (Ase) *folgt diesem,*
Rat endost ritan	*Rat* (Rat) *wird danach geritzt,*
Chaon thanne cliuôt.	*Chaon* (Geschwür) *klebt daran,*
Hagal, Naut hab	*Hagal* (Hagel), *Naut* (Not) *hält,*
Is, Ar endi Sol	*Is* (Eis), *Ar* (Jahr) *und Sol* (Sonne)
Tiu, *Birca endi Man midi*	**Tiu** (Tyr), *Birca* (Birke) *und Man* (Mann) *zusammen mit ihnen*
Lagu the leohto,	*Lagu* (See) *der lichte*
Yr al bihabet.	*Yr* (Eibe) *hält alles umfangen.*

I C 12. l)   Brakteat von Seeland

Dieses Amulett ist vermutlich ein Reise-Schutzzauber. Die dreifache „T"-Rune, die zu einem Baum zusammengefügt worden ist, ist der eigentliche Zauberspruch, den man sicherlich „Tyr, Tyr, Tyr" lesen kann. Da der ehemalige Göttervater Tyr wie die Sonne jeden Winter als Utgardloki in der Unterwelt gefangenlag, während Loki auf der winterlichen Erde herrschte, waren Tyrs erfolgreichen Reisen in das Jenseits und vor allem auch wieder aus dem Jenseits zurück in das Diesseits ein gutes Urbild und Vorbild für einen Reise-Schutzzauber.

Da dieses Amulett um ca. 500 n.Chr. hergestellt worden ist, ist der Gott Tyr seinem Hersteller und auch seinem Benutzer noch als Sonnengott-Göttervater geläufig gewesen.

Ich werde Hariuha genannt,
ich bin der Fahrten-weise.
Ich (die Rune) *gebe göttlichen Schutz:*

I A 12. m)   Lied des Rig

Auch der Göttervater Rig, dessen Name „König" eine Heiti für Tyr-Heimdall ist, lehrt die Königssöhne Runen mit magischer Wirkung.

Die Rune, mit deren Hilfe man „bergen", d.h. schützen sowie „Sorgen heilen" konnte, könnte sich evtl. auch auf die Tyr-Rune beziehen – aber das ist sehr ungewiß.

Konur der junge / kannte Runen,
Zeitrunen / und Zukunftrunen;
Zumal vermocht er / Menschen zu bergen,
Schwerter zu stumpfen, / die See zu stillen.

Vögel verstand er, / wuste Feuer zu löschen,
Den Sinn zu beschwichtigen, / Sorgen zu heilen.
Auch hatt er zumal / acht Männer Stärke.

Er stritt mit Rigr, / dem Jarl, in Runen,
In allerlei Wissen / erwarb er den Sieg.
Da ward ihm gewährt, / da war ihm gegönnt,
Selbst Rigr zu heißen / und runenkundig.

„Konur" bedeutet „König". „Rigr" bedeutet „Herrscher". „Jarl" bedeutet in etwa „Graf" (englisch: „earl").

I C 12. n) Beowulf-Epos

In den folgenden Versen werden der Tyr-Riese Grendel und seine Mutter schon auf christliche Weise als „Teufel" bezeichnet.

Nun ward der goldene / Griff dem König,
Dem Heldengreis, / in die Hand gegeben,
Die Arbeit der Riesen. / Als Eigentum kam
Nach dem Tode der Teufel / das treffliche Kunstwerk
An den Herrscher der Dänen, / da hingerafft
Durch den rächenden Stahl / der ruchlose Mörder,
Der Gegner Gottes, / der grimme Unhold
Nebst der scheußlichen Mutter. / Den Schatz nun erhielt
Der beste Fürst / zwischen beiden Meeren,
Der in Schonens Gauen / sein Gold verschenkte.
Das Heft beschaute / der Held verwundert,
Das alte Erbstück: / der ersten Fehde
Urbeginn / war dort eingegraben,
Wie die Flut verschlang / das Volk der Giganten
Die frechen Gesellen, / die fremd geworden
Dem Lenker der Welt / und den Lohn empfingen
Vom waltenden Gott / in des Wassers Tiefe.
Auch war auf dem glänzenden / Golde verzeichnet,
Mit Runenstäben / geritzt die Kunde,
Für wen die edle / Waffe zuerst,
Das unschätzbare Schwert, / geschmiedet wurde,
Gedreht der Griff / und mit Drachenbildern
Die Klinge verziert.

Der Tyr-Riese Grendel und seine Mutter, die ebenfalls zu einer Riesin umgedeutete Jenseitsgöttin, die beide in der Wasserunterelt leben, können von keinem Schwert außer dem des Grendel verletzt werden. Nach dem Töten des Grendel mit diesem Schwert löst sich dessen Klinge auf, was eine Variante des Zerbrechens dieser Klinge bei Tyrs Tod ist.

Dieses Schwert ist viel größer als normale Schwerter. Seine Klinge ist kunstvoll geätzt. Auf dem gedreht geschmiedeten Griff und der Parierstange sind Drachen (Tyr im Jenseits) und die Mythe des Todes der Riesen in der Flut zu sehen – Tyrs Reise in die Wasserunterwelt. Auf dem Griff ist auch mit Runen der Name des ersten Besitzers eingraviert – sehr wahrscheinlich „Tyr". Möglicherweise haben dort auch die beiden Runen „Thorn – Tyr" gestanden, da dies „Schwert des Tyr" bedeuten würde.

I C 12. o) Gesta danorum

„Aber wo ist nun der, der allgemein Odin genannt wird, der Mächtige in der Schlacht, der stets mit nur einem einzigen Auge zufrieden ist? Wenn Du ihn irgendwo siehst, Rute, dann sag' es mir!"

Rute antwortete: „Komm mit Deinem Auge näher heran und blicke unter meinem Arm, dessen Hand ich auf meine Hüfte gelegt habe, hindurch. Doch Du mußt zuerst Dein Auge mit dem Siegzeichen weihen, wenn Du den geschützt sein willst, wenn Du den Kriegsgott von Angesicht zu Angesicht sehen willst."

Da sagte Bjarke: „Wenn ich den schrecklichen Gatten der Frigg sehen könnte, dann wird er, wie sehr er auch durch seinen weißen Schild geschützt sein mag und auch wenn er sein hohes Roß an seinem Zügel führt, niemals Lejre heil verlassen, denn es ist im Krieg erlaubt, den Kriegsgott niederzuwerfen."

Siegzeichen = Tyr-Rune? Thorn-Rune?
weißer Schild = Sonnenschild (= Sol-Rune)
Lejre = die alte dänische Hauptstadt auf der Insel Seeland in der Nähe von Kopenhagen

„Tyr" ist die Rune des ehemaligen Göttervaters. Da Tyr der Schwertgott ist, wurde die Tyr-Rune auch bei der Herstellung von Schwertern und bei der Weihung von Schwertern benutzt. Daran schließt sich die Bedeutung der Tyr-Rune als Siegrune an.

Da Tyr aber auch der Sonnengott ist, ist die nach ihm benannte Rune auch ein Rune der Jenseitsreise und der Wiedergeburt. Als Odin von Tyr die Rolle des Göttervaters übernahm, erhielt die Tyr-Rune auch die Bedeutung einer Rune für die Totenbeschwörung („Utiseta") – die Hauptfunktion des Schamanengottes Odin.

Im Jenseits wurde Tyr zum Schmied (Wieland), der sein bei seinem Tod zerbrochenes Schwert neuschmiedet. Tyr hat zwei deutlich ausgeprägte Erscheinungsformen: Tyr als goldene Sonne und als Schwertgott im Diesseits sowie Tyr als Schwarz-Sonne und als Schmied im Jenseits. Möglicherweise sollte man daher bei der Schwertweihe mit der Tyr-Rune zweimal „Tyr" sprechen.

I C 13. Die 13. Rune des Futhark-Alphabeths

„biarka"

I C 13. a) Die Bedeutung des Runen-Namens „biarka"

Der Name dieser Rune bedeutet „Birke".

I C 13. b) Das Runenlied aus dem Havamal

Odin:
*„Ein dreizehntes kann ich, soll einen Sohn
ich ins weihende Wasser tauchen,
so wird er nicht fallen im Volksgefecht,
kein Schwert wird ihn versehren."*

Die Rune „Bjarka" wurde mit dem Wasser, mit der heidnischen Taufe und mit dem durch diese Taufe verliehenen Schutz assoziiert. Bei fast allen Indogermanen hat die Birke, die nach ihrer Rinde als „die Helle" benannt worden ist, die Assoziation von „Reinheit" und „Jungfräulichkeit". Dies könnte der Ursprung der Verbindung dieser Rune mit der Taufe sein.

I C 13. c) Das Sigdrifa-Lied

Sigrdrifa:
*„Gebärrunen brauche, willst zur Geburt Du helfen,
lösen das Kind von der Kreißenden;
in die hohle Hand soll man sie zeichnen und um die Knöchel sie spannen,
und bei den Disen Gedeihen erfleh'n."*

Die Disen sind Fruchtbarkeitsgöttinnen, Jenseitsführerinnen und Jenseitsgöttinnen – also sozusagen der unbestimmte Plural der Muttergöttin, die die Kinder im Diesseits und die Seelen im Jenseits (wieder-)gebiert. „Dise" ist das alte Wort für Göttin, das z.B. dem lateinischen „dea" und dem indischen „devi" entspricht.
Eine „Kreißende" ist eine Gebärende. Dieses inzwischen veraltete Wort ist hier

wegen dem Stabreim in dem Vers beibehalten worden.

Es ist unsicher, ob mit diesen Gebär-Runen die Birken-Rune gemeint ist. Da diese Rune auch mit der Taufe im Zusammenhang stand, wäre dies durchaus denkbar – aber sicher ist dies keineswegs.

Falls diese Deutung zutreffen sollte, könnten sich auch die beiden folgenden Zeilen aus Sigdrifas Runen-Lied auf die Bjarka-Rune beziehen.

„... auf des Lösenden Hand und des Lindernden Spur ..."

„... das sind Berge-Runen ..."

I C 13. d) Isländisches Runengedicht

Dieses Lied besteht aus je vier Zeilen mit Stabreim zu jeder Rune.
Das erste Wort in der ersten Zeile ist der germanische Runen-Name.
Das erste Wort in der vierten Zeile ist jeweils die lateinische Übersetzung dieses Wortes, auf das dann jeweils ein alter isländischer Königstitel folgt.

Bjarkan ist ein Laub-Glied
und ein kleiner Baum
und ein jugendlicher Wald.
Silberfichte Beschützer

Die Birke wird hier als ein belaubtes Glied oder ein belaubter Leib dargestellt, d.h. als eine Laub-Frau. Die Nordgermanen umschrieben oft Männer mit den Namen von Bäumen, die einen männlichen Artikel hatten, und Frauen mit den Namen der weiblichen Bäume. Selbst in der altnordischen Schöpfungsgeschichte wurden die ersten beiden Menschen aus zwei Bäumen erschaffen – der Mann aus einer Esche und die Frau aus einer Rebe.

In der ersten Zeile ist daher wohl von der jungen „Frau Birke"" die Rede ...

Die Bedeutung der „Silberfichte" in diesem Zusammenhang ist unklar. Möglicherweise wurde sie als der Birke „verwandt" angesehen – ihr Baum-Mann?

Da die Bjarka-Rune eine Schutzrune gewesen ist, lag „Beschützer" als Beiname in der letzten Zeile nahe.

I C 13. e) Trideilur Runa

Dies ist ein zweites isländisches Runenlied, das sich nur geringfügig von dem vorigen unterscheidet. Meistens fehlt lediglich die vierte Zeile.

Bjarka (Birke) ist ein kleines Glied,
ein belaubter Baum,
ein wachsender Baum.

I C 13. f) Lateinisches Runenlied

Dieses Lied ist eine lateinische Variante des isländischen Runenliedes, das allerdings einige Abweichungen enthält.

Bjarkan Birke,
grüne Blätter,
keimender Baum,
wachsendes Holz.

I C 13. g) Altenglisches Runenlied

Auch diese Verse beruhen auf dem isländischen Runenlied, aber sie sind in einigen Fällen wie bei dieser Rune sehr stark umgeschrieben worden.

Bworc (Birke) ist Frucht-leer, / trotzdem hat sie Schößlinge
ohne Samen; / sie ist schön durch ihre Äste,
ihren hohen Helm, / schön geschmückt,
hoch und belaubt. / Sie berührt die Höhe.

Der „Helm" ist die Krone des Baumes – das Wortspiel ist im Angelsächsischen und im Deutschen recht ähnlich: der Helm des Baumes und der Helm des Kriegers bzw. die Krone des Baumes und die Krone des Königs.

In Bezug auf die Vermehrung der Birken hatten die Angelsachsen offenbar noch nicht die Funktion der kleinen Flugsamen der Birken erkannt.

Die „Höhe" ist der Himmel.

I C 13. h) Norwegisches Runen-Lied

Die erste Zeile ist wieder eine Beschreibung der Birke.

Birke hat die grünsten Blätter aller Bäume;
Loki war erfolgreich mit seinem Betrug.

Selbst heute noch hat das Grün des jungen Birkenlaubes einen eigenen Namen: „Maigrün".
„Lokis Betrug" ist sein Mord an Baldur gewesen, den er mithilfe eines Mistelzweiges bewerkstelligt hat. Ob es eine Assoziation zwischen der Mistel und der Birke gegeben hat? Oder zwischen der Rückkehr des Baldur aus der Unterwelt im Frühjahr, wenn die Birken grünen?

I C 13. i) Abecedarium Nordmannicum

Dieser Alphabeth-Spruch ist ein normannischer Merkvers für die Runen. In ihm finden sich ein paar Bestätigungen für die bisherigen Deutungen, aber keine neuen Informationen.

Feu forman	*Feu* (Vieh) *zuerst,*
Ur after	*Ur* (Stier) *danach,*
Thuris thritten stabu,	*Thuris* (Riese) *ist der dritte Buchstabe,*
Os is himo oboro,	*Os* (Ase) *folgt diesem,*
Rat endost ritan	*Rat* (Rat) *wird danach geritzt,*
Chaon thanne cliuôt.	*Chaon* (Geschwür) *klebt daran,*
Hagal, Naut hab	*Hagal* (Hagel), *Naut* (Not) *hält,*
Is, Ar endi Sol	*Is* (Eis), *Ar* (Jahr) *und Sol* (Sonne)
Tiu, **Birca** *endi Man midi*	*Tiu* (Tyr), **Birca** (Birke) *und Man* (Mann) *zusammen mit ihnen*
Lagu the leohto,	*Lagu* (See) *der lichte*
Yr al bihabet.	*Yr* (Eibe) *hält alles umfangen.*

I A 13. j) Sonnen-Lied

Dies ist ein Lied über den Sonnenuntergang und die Jenseitsreise. In ihm werden Runen erwähnt, die die neun Töchter des Njörd, die auch die Mütter des Tyr-Heimdall sind, ritzen. Da sie die Heimdall-Mütter sind, ist anzunehmen, daß sich ihre Runen auf die Geburt des Heimdall beziehen, und sie daher entweder entweder die Sonnenaufgangs-Rune „Man" oder die Geburtsrune „Bjarka" ritzten.

Das sind die Runen,
die da ritzten
Njörds Töchter neun,
Radwör die älteste,
und Kreppwör die jüngste
Mit ihren sieben Schwestern.

> Die Rune „Bjarka" ist vor allem die Birken-Rune. Mit ihr wurden Reinheit und Jungfräulichkeit assoziiert. Die Rune der „jungen Frau Birke" war eng mit der Taufe als Schutzzauber verbunden. Möglicherweise galt Bjarka auch als Gebär-Rune und auch als Wiedergeburts-Rune (Baldur).

I C 14. Die 14. Rune des Futhark-Alphabeths

„man"

I C 14. a) Die Bedeutung des Runen-Namens „man"

Der Name dieser Rune bedeutet „Mann, Mensch". Es wäre möglich, daß das Schriftzeichen dieser Rune als ein Mensch mit erhobenen Armen angesehen wurde – worauf allerdings nirgendwo hingewiesen wird.

Es wäre auch eine Verbindung zu dem dem Germanen-Urahn „Mannus" denkbar, über den Tacitus berichtet. Da dieser Name jedoch schlicht „Mann" bedeutet, ist diese Verbindung recht spekulativ – immerhin war Mannus zu der Zeit, in der die Runen aus einem norditalienischen Alphabeth entwickelt wurden und dabei auch ihre Namen erhielten (100.Chr. - 100 n.Chr.), bei den Germanen noch gut bekannt, sodaß zumindestens eine Assoziation zu diesem Urahn-Gott kaum auszuschließen ist.

Die drei „Zweige" der Man-Rune könnten daher auch als die drei Söhne des Mannus aufgefaßt worden sein, die die Begründer der drei Stämme der Germanen waren: die Ingväonen („Volk des Yngvi"), die Hermionen („Volk des Hermes" o.ä.) und die Istväonen („Volk des Istvi" o.ä.).

I C 14. b) Das Runenlied aus dem Havamal

Bei den Futhark-Reihen ist Man die vierzehnte Rune und Lögr die fünfzehnte Rune. Insbesondere in der älteren Forschung findet sich jedoch auch die umgekehrte Reihenfolge „Lögr – Man".

Die Frage nach der Reihenfolge dieser beiden Runen ist von Bedeutung, weil in Odins Runenlied nicht die Namen der Runen genannt werden, sondern nur ihre Zahl, durch die die Strophen dann den Runen im Futhark zugeordnet werden können.

Die Beschreibung der Runen folgt hier der Reihenfolge im Futhark.

Odin:
„Ein vierzehntes kann ich, soll ich dem Volke
Der Götter Namen nennen,
Asen und Alfen kenn ich allzumal;
Wenige sind so weise."

Die Man-Rune bezieht sich offenbar auf die Mythologie-Kenntnisse der Priester und der Skalden.

Diese Kenntnis des Stammbaumes und der Geschichte der Götter paßt gut zu der Auffassung der Man-Rune als dem Götter-Urahn Mannus, mit dem dieser Stammbaum und diese Geschichte beginnt.

Falls die Man-Rune jedoch auch als ein Mensch mit erhobenen Armen aufgefaßt worden sein sollte, wäre die Aufzählung der Götter-Namen wohl eine Anrufung – das Erheben der Arme ist eine sehr weit verbreitete Anrufungs-Geste.

Diese Form der Aufzählung der Ahnenreihe ist eine Rückverbindung zu dem eigenen Fundament bei den eigenen Ahnen. „Rückverbindung" ist auch die wörtliche Übersetzung von „Religion". Die germanische Bezeichnung „bönd" für „Götter" hat ebenfalls genau diesen Hintergrund: „bönd" bedeutet „Bund, Verbindung, Schnur, Nabelschnur".

Die Herstellung dieser Verbindung ist das Ziel des „Ahnenkultes", der heute als „Familienaufstellung" wieder salonfähig geworden ist.

I C 14. c) Isländisches Runengedicht

Dieses Lied besteht aus je vier Zeilen mit Stabreim zu jeder Rune.
Das erste Wort in der ersten Zeile ist der germanische Runen-Name.
Das erste Wort in der vierten Zeile ist jeweils die lateinische Übersetzung dieses Wortes, auf das dann jeweils ein alter isländischer Königstitel folgt.

Der Mensch ist des Menschen Freude
und die Vermehrung des Staubes
und der Schmuck der Schiffe.
Mensch Großzügiger

Das germanische Sprichwort in der ersten Zeile paßt genau zu der Anrufung der Ahnenreihe, durch die ein Mensch Rückhalt erlangen kann – „no man is an island" ...

Der „Staub" ist die zerfallene Leiche des Menschen – „Asche zu Asche, Staub zu Staub" – ein ausgesprochen christlicher Gedanke ...

Der „Schmuck der Schiffe" sind eigentlich die Schilde an der Bordwand der Drachenboote, aber hier sind die Krieger selber gemeint, die manchmal auch mithilfe ihrer Waffen umschrieben worden sind.

„Großzügigkeit" wurde als eine sehr wichtige Eigenschaft der Fürsten angesehen.

Es fällt auf, daß hier nicht wie in den anderen Strophen dieses Liedes in der vierten Zeile ein Göttername steht, sondern „Mensch". Auch dies paßt zu der Auffassung der Man-Rune als einer Rune der Ahnenreihe.

I C 14. d) Trideilur Runa

Dies ist ein zweites isländisches Runenlied, das sich nur geringfügig von dem vorigen unterscheidet. Meistens fehlt lediglich die vierte Zeile.

Der Mensch ist des Menschen Freude,
die Vermehrung des Staubes,
der Schmuck der Schiffe.

I C 14. e) Lateinisches Runenlied

Dieses Lied ist eine lateinische Variante des isländischen Runenliedes, das allerdings einige Abweichungen enthält.

Madur. Menschen erfreuen sich an Menschen.
Vermehrung des Staubes.
Farben der Schiffe.

„Madur" ist vermutlich das angelsächsische Substantiv „mad" für „Stab, Stock" mit der lateinischen Feminin-Endung „-ura", die fast immer zu „-ur" verkürzt wird. Mit diesem „Stab" wird ein Mann oder allgemein ein Mensch gemeint sein, da alles Aufrechte auch als Umschreibung für „Mann" und „Mensch" verwendet werden konnte. „Madur" entspricht somit der Bedeutung von „Man".
Die „Farben" sind die buntbemalten Schilde an der Bordwand.

I C 14. f) Altenglisches Runenlied

Auch diese Verse beruhen auf dem isländischen Runenlied, aber sie sind z.T. schon entsprechend den christlichen Verhaltensregeln umgestaltet worden.

Man (Menschen), *die sich des Leben freuen, / sind beliebt bei ihren Verwandten;*
doch ein jeder / wird jeden anderen betrügen,
denn so will es der Herr / in seinem Beschluß,
daß das fluchbeladene Fleisch / zu Erde werde.

Der Erkenntnis über den Ursprung der Freude wird hier schon die Last der christlichen Erbsünde beigefügt ...

I C 14. g) Norwegisches Runen-Lied

Wie bei den meisten Strophen dieses Leides stimmt die erste Zeile mit den isländischen und den altenglischen Strophen zu der betreffenden Rune überein, während die zweite Zeile ein neues Motiv enthält.

Man ist die Vermehrung des Staubes;
groß sind die Krallen des Habichts.

Der Habicht erscheint nur sehr selten in der germanischen Überlieferung. Bei Snorri sitzt er „zwischen den Augen des Adlers" auf dem Weltenbaum – dort ist er wahrscheinlich der Seelenvogel des Loki. Der Adler ist der Seelenvogel des Tyr.
 Es fragt sich allerdings, was der Seelenvogel des Loki mit der Man-Rune zu tun hat. Wenn diese Rune mit Tyr assoziiert worden wäre, wäre Loki einfach der Gegener des Göttervaters.
 Es wäre auch denkbar, daß Loki generell mit dem Tod assoziiert worden ist und daher beide Zeilen das Todes-Motiv darstellen – einmal in christlicher und einmal in germanischer Weise. Diese Deutung ist jedoch keineswegs sicher.

I C 14. h) Abecedarium Nordmannicum

Dieser Alphabeth-Spruch ist ein normannischer Merkvers für die Runen. In ihm finden sich ein paar Bestätigungen für die bisherigen Deutungen, aber keine neuen Informationen.

Feu forman	*Feu* (Vieh) *zuerst,*
Ur after	*Ur* (Stier) *danach,*
Thuris thritten stabu,	*Thuris* (Riese) *ist der dritte Buchstabe,*
Os is himo oboro,	*Os* (Ase) *folgt diesem,*
Rat endost ritan	*Rat* (Rat) *wird danach geritzt,*
Chaon thanne cliuôt.	*Chaon* (Geschwür) *klebt daran,*
Hagal, Naut hab	*Hagal* (Hagel), *Naut* (Not) *hält,*
Is, Ar endi Sol	*Is* (Eis), *Ar* (Jahr) *und Sol* (Sonne)
*Tiu, Birca endi **Man** midi*	*Tiu* (Tyr), *Birca* (Birke) *und **Man** (Mann) zusammen mit ihnen*
Lagu the leohto,	*Lagu* (See) *der lichte*
Yr al bihabet.	*Yr* (Eibe) *hält alles umfangen.*

Der Name dieser Rune bedeutet „Mann, Mensch". Sie ist recht sicher auch mit dem Namen des Mannus, der der Urahn der Götter ist, verwandt sein. Die drei „Äste" dieser Rune könnten dann seinen drei Söhnen entsprechen.

Diese Rune ist mit dem Aufzählen und dem Anrufen der Asen und Alfen verbunden, durch das die Rückverbindung zu den Ahnen und der dadurch entstehende Rückhalt bei ihnen wiederhergestellt werden sollte. Dies entspricht dem Ansatz der heutigen Familienaufstellungen, die auf diesen „Ahnenkult" zurückgehen.

In den Versen zu dieser Rune wird auch betont, daß der Mensch des Menschen Freude ist. Diese Rune ist folglich in zweifacher Hinsicht eine Gemeinschafts-Rune: die Gemeinschaft mit den Ahnen und die Gemeinschaft mit der eigenen Familie, der eigenen Sippe und den Freunden und Freundinnen.

I C 1. Die 15. Rune des Futhark-Alphabeths

„lögr"

ᛚ

I C 15. a) Die Bedeutung des Runen-Namens „lögr"

Der Name dieser Rune bedeutet „See". Dies Wort ist mit dem deutschen „Lache" und „Laach", dem englischen „lake" und dem italienischen „Lago" verwandt.

I C 15. b) Das Runenlied aus dem Havamal

Odin:
Ein Fünfzehntes kann ich,
das Thjodrerir der Zwerg
sang vor dem Tor des Tages:
er sang Stärke den Asen
und den Alfen glückliches Gelingen,
klaren Geist dem Schrei-Tyr.

Das Verb „gol", daß hier mit „singen" übersetzt ist, bezeichnet den Galdr-Gesang, also das rituelle Vortragen von Anrufungen, Liedern, Zaubersprüchen und ähnlichem. Thjodrerir führt also ein Ritual durch.

Der „Tag" ist in dem Originaltext der Gott „Delling", der den Morgen verkörpert. Sein Tor befindet sich folglich im Osten am Ort des Sonnenaufgangs.

Die „Stärke", die Thjodrerir den Asen wünscht, ist ganz konkret die Körperkraft.

Mit dem „glücklichen Gelingen" ist sowohl das Geschick im Handeln als auch das Glück bei der Durchführung gemeint. Dies bezieht sich vermutlich auf die Wiedergeburt und ein gutes Leben in Alfheim.

Das Wort, das hier mit „klarer Geist" übersetzt worden ist, bedeutet „Gedanken, Meinung, Absicht, Rat".

Der „Schrei-Tyr" ist eine Odin-Kenning. Die „Schreie" des Odin könnten die Schreie seiner Raben sein, aber genausogut auch Kriegsgeschrei oder magische Gesänge, da diese Art von Zaubergesang auch als „Schreien" bezeichnet wurde. Die Benutzung dieser Kenning, die Odin als eine Form seines Vorgängers Tyr umschreibt, könnte bedeuten, daß dieses Lied ursprünglich an die Asen, die Alfen und an Tyr gerichtet gewesen ist.

Thjodrerir ist ein Zwerg, d.h. er singt dieses Lied wahrscheinlich im Jenseits. Sein Name bedeutet „Erwecker des Volkes".

Er singt es zudem kurz vor der Morgendämmerung, was vermuten läßt, daß dieses Lied an die aufgehende Sonne gerichtet ist. Ein solche Hymne an die aufgehende Sonne ist von vielen indogermanischen Völkern bekannt und ist eines der wichtigsten Elemente in ihrem Kult gewesen und wurde in früher Zeit, z.B. bei den Hethitern um 1500 v.Chr., von den Königen selber gesungen. Die Wahrscheinlichkeit, daß sich dieses Lied ursprünglich auf den Sonnengott-Göttervater Tyr bezogen hat, ist folglich sehr groß.

Es fragt sich nun, wer Thjodrerir ist. Er ist ein Zwerg, er singt wie ein Priester die Sonnenaufgangs-Hymne, er gibt durch seinen Gesang den Asen Stärke, den Alfen (Ahnengeister) Erfolg und dem Göttervater Tyr einen klaren Geist, und er weckt („reisa") die Menschen („Thjod") auf. Diese erstaunliche Macht des Thjodrerir, sein Bezug zum Sonnenaufgang und sein Aufenthalt im Jenseits machen es gut denkbar, daß Thjodrerir ein Beiname des Tyr bei seiner Wiedergeburt ist.

Tyr wäre dann gewissermaßen sein eigener Oberpriester, der im Jenseits dasselbe Lied singt wie seine Priester, die „Diar" im Diesseits. Denselben Zusammenhang gibt es auch bei den drei Riesen Aurgelmir, Thrudgelmir und Bergelmir.

Vor diesem Hintergrund betrachtet ist der „klare Geist" des „Schrei-Tyr" möglicherweise der Aufgang der Sonne, d.h. das Erscheinen des Tyr, an einem wolkenlosen Himmel.

Man könnte diese Runen-Strophe mithilfe dieser Betrachtungen in eine etwas ursprünglichere und leichter verständliche Form (ohne Umschreibungen) übersetzen:

Odin:
Ich kenne ein fünfzehntes Lied,
das der Tyr-Priester
an jedem Morgen singt
damit die Asen Stärke erhalten
und den Ahnen alles glücklich gelingt,
und Sonnen-Tyr am klaren Himmel erscheint.

Es stellt sich die Frage, was diese Anrufung der Sonne am Morgen mit dem See („lögr") zu tun hat. Ist mit diesem See das Wasser der Jenseits gemeint, aus dem am Morgen die Sonne aufsteigt?

I C 15. c) Sonnen-Lied

Im Sonnen-Lied gibt es eine Strophe die sehr stark an die 15. Strophe des Runen-Liedes aus dem Havamal erinnert:

Dieses Lied, / das ich Dich lehrte,
Sollst Du vor dem Volke singen:
Das Sonnenlied / wird selten wohl
Den Leuten zu lügen scheinen.

I A 15. d) Sonnen-Lied

In diesem Lied über den Sonnenuntergang und die Jenseitsreise gibt es noch eine zweite Strophe, die einen Bezug zu der Lögr-Rune haben könnte.
 In der betreffenden Strophe werden Runen erwähnt, die die neun Töchter des Njörd, die auch die Mütter des Tyr-Heimdall sind, ritzen. Da sie die Heimdall-Mütter sind, ist anzunehmen, daß sich ihre Runen auf die Geburt des Heimdall beziehen, und sie daher entweder die Sonnenaufgangs-Rune „Lögr" oder die Geburtsrune „Bjarka" oder beide ritzen.

Das sind die Runen,
die da ritzten
Njörds Töchter neun,
Radwör die älteste,
und Kreppwör die jüngste
Mit ihrer Schwestern sieben.

I C 15. e) Havamal

Zu gedeihen begann ich und begann zu denken,
Wuchs und fühlte mich wohl.
Wort aus dem Wort verlieh mir das Wort,
Werk aus dem Werk verlieh mir das Werk.

Diese Zeilen entsprechen der morgendlichen Wiedergeburt der Sonne und somit der Lögr-Rune.

I C 15. f)   Isländisches Runengedicht

Die Runen-Lieder, die sich auf den Namen der Rune Lögr beziehen, verfolgen ein ganz anderes Thema: das Wasser.

Dieses Lied besteht aus je vier Zeilen mit Stabreim zu jeder Rune.
Das erste Wort in der ersten Zeile ist der germanische Runen-Name.
Das erste Wort in der vierten Zeile ist jeweils die lateinische Übersetzung dieses Wortes, auf das dann jeweils ein alter isländischer Königstitel folgt.

Lögr (Feuchtigkeit) ist wallendes Wasser
oder weiter Kessel
oder der Glitzernden Grund.
Feuchtigkeit lobenswert

Das Wort „glömmungr" bedeutet eigentlich „Lebhafte, Laute, Lärmende", was hier etwas freier mit „Glitzernde" übersetzt ist – gemeint sind die Fische. Ihr „Grund" ist das Meer.

I C 15. g)   Trideilur Runa

Dies ist ein zweites isländisches Runenlied, das sich nur geringfügig von dem vorigen unterscheidet. Meistens fehlt lediglich die vierte Zeile.

Wallendes Wasser,
weiter Kessel,
der Glitzernden Grund.

I C 15. h)   Lateinisches Runenlied

Dieses Lied ist eine lateinische Variante des isländischen Runenliedes, das allerdings einige Abweichungen enthält.

Lögr: strömende Flüssigkeit,
weite See-Straßen,
Kessel,
Boden der Sole-Fische.

Sole ist Salzwasser, also das Wasser des Meeres.

I C 1. i) Altenglisches Runenlied

Auch diese Verse beruhen auf dem isländischen Runenlied, aber sie sind z.T. schon entsprechend den christlichen Verhaltensregeln umgestaltet worden.

Lagu (Wasser) *scheint den Menschen   /   endlos zu sein,*
wenn sie hinausfahren müssen   /   auf schwankendem Schiff
und die Meereswogen   /   sie maßlos ängstigen
und das See-Roß   /   nicht den Zügeln gehorcht.

  See-Roß = Schiff
  Zügel des Schiffes = Steuerruder

I C 15. j) Norwegisches Runen-Lied

Dieses Lied nimmt in der ersten Zeile wieder das übliche Thema auf und fügt wie in den meisten Strophen dieses Liedes in der zweiten Zeile wieder ein neues Thema hinzu.

Ein Wasserfall ist ein Fluß, der von einem Berghang herabstürzt;
aber Hnoss ist Gold.

    Das altnorwegische Wort „nosser" bedeutet „Schatz", aber ist auch der Name der Freya-Tochter „Hnoss", die die Personifizierung von Freyas goldenem Halsreif Brisingamen ist.
    Die Verbindung des Goldes zu dem Wasser ist die beliebteste aller Kenningar: „Feuer des Wassers" = „Gold". Diese Kenning spielt auf die untergehende goldene Sonne an, die nach ihrem „Versinken" dann zu „Feuer im Wasser" geworden ist.
    Freyrs goldener Halsreif Brisingamen ist wie Odins goldener Ring Draupnir und Fullas goldener Haarreif ein Symbol der Sonne.
    Die beiden Verse dieses Runen-Liedes bestätigen daher, daß das Wasser, auf das sich diese Rune bezieht, auch die Jenseits-Wasser sind, aus denen die Sonne am Morgen wiederkehrt.

I C 15. k) Abecedarium Nordmannicum

Dieser Alphabeth-Spruch ist ein normannischer Merkvers für die Runen. In ihm finden sich ein paar Bestätigungen für die bisherigen Deutungen, aber keine neuen Informationen.

Feu forman	*Feu (Vieh) zuerst,*
Ur after	*Ur (Stier) danach,*
Thuris thritten stabu,	*Thuris (Riese) ist der dritte Buchstabe,*
Os is himo oboro,	*Os (Ase) folgt diesem,*
Rat endost ritan	*Rat (Rat) wird danach geritzt,*
Chaon thanne cliuôt.	*Chaon (Geschwür) klebt daran,*
Hagal, Naut hab	*Hagal (Hagel), Naut (Not) hält,*
Is, Ar endi Sol	*Is (Eis), Ar (Jahr) und Sol (Sonne)*
Tiu, Birca endi Man midi	*Tiu (Tyr), Birca (Birke) und Man (Mann) zusammen mit ihnen*
Lagu *the leohto,*	**Lagu** *(See) der lichte*
Yr al bihabet.	*Yr (Eibe) hält alles umfangen.*

I C 15. l) Das Sigdrifa-Lied

Auch Sigdrifa singt über Runen, zu denen auch die Rune Lögr gehören könnte:

„Die Füllung segne, um Dich vor Gefahr zu schützen
Und lege Lauch in den Trank.
So weiß ich sicher: Dir wird nimmer
Der Met mit Gift gemischt."

Auf diese Runen beziehen sich auch die beiden folgenden Verse:

(Die Runen stehen ...)
„... in Wein und Würze ..."

„ ... dies alle Ale-Runen ..."

Im Zusammenhang mit den Versen zur Not-Rune tritt die Lögr-Rune auch als Schutz vor Gift in Getränken auf, was bei einer nach dem Meer benannten Rune recht plausibel ist, da sowohl das Meer als auch Getränke im Wesentlichen aus Wasser bestehen.

I A 15. m) Lied des Rig

Auch der Göttervater Rig, dessen Name „König" eine Heiti für Tyr-Heimdall ist, lehrt die Königssöhne Runen mit magischer Wirkung. leider ist nicht zu erkennen, um welche Runen es sich handelt, da ihre Wirkung recht allgemein angegeben wird.
Vielleicht gehört das „Beruhigen des Meeres" zu der Lögr-Rune:

Konur der Junge / kannte Runen,
Zeitrunen / und Zukunftrunen;
Zumal vermocht er / Menschen zu bergen,
Schwerter zu stumpfen, / die See zu stillen.

Vögel verstand er, / wuste Feuer zu löschen,
Den Sinn zu beschwichtigen, / Sorgen zu heilen.
Auch hatt er zumal / acht Männer Stärke.

Er stritt mit Rigr, / dem Jarl, in Runen,
In allerlei Wissen / erwarb er den Sieg.
Da ward ihm gewährt, / da war ihm gegönnt,
Selbst Rigr zu heißen / und runenkundig.

„Konur" bedeutet „König". „Rigr" bedeutet „Herrscher". „Jarl" bedeutet in etwa „Graf" (englisch: „earl").

I A 15. n) Die Saga von Egil Skallagrimsson

In dieser Saga wird ein sehr drastisches Beispiel für die Wirkung von Runen gegen Schadenszauber geschildert. Vermutlich hat Egil bei seinem Anti-Gift-Zauber die „lögr"-Rune und die „naud"-Rune benutzt.

Bard bat ihn zu trinken und mit dem Spotten aufzuhören. Egil trank jedes Horn, das zu ihm kam und er trank auch für Aulvir.
Da ging Bard zu der Königin und sagte ihr, daß dort ein Mann sei, der ihnen Schande bereite, denn wieviel er auch trank, sagte er doch immer wieder, daß er durstig sei.
Da mischten die Königin und Bard einen Trank mit Gift und trugen ihn hinein. Bard weihte das Horn und gab es dann der Ale-Maid. Sie trug es zu Egil und bat ihn zu trinken. Egil zog sein Messer und stach sich in die Handfläche. Dann nahm er das Horn, ritzte Runen hinein und schmierte Blut in sie.

Er sang:

*„Ritze Runen rings um das Horn,
röte den ganzen Zauberspruch mit Blut;
Weise Worte wählte ich für das Horn,
der aus dem hohen Horn des Tiers geschaffen wurde.
Laßt uns nun trinken, laßt uns gut trinken,
den Trank, den die freundliche Ale-Trägerin brachte,
und seht, das Gesundheit in dem Ale ruht,
in dem heiligen Ale, den Bard gesegnet hat!"*

Da barst das Horn in der Mitte auseinander und der Trank lief auf das Stroh auf dem Boden. Da begannen Aulvir die Sinne zu schwinden. Da stand Egil auf, ergriff Aulvir bei seiner Hand und führte ihn zur Tür.

Egil schob seinen Mantel auf die linke Seite und hielt darunter sein Schwert. Als sie zur Türe kamen, kam Bard ihnen mit einem vollen Horn hinterher und bat sie einen Abschiedstrunk zu trinken. Egil stand in der Tür. Er nahm das Horn und trank es aus.

Dann sprach er eine Strophe:

*„Ale wird mit gebracht, denn Ale
ließ Aulvir erblassen.
Aus dem Stier-Horn ließ ich den Schauer
zwischen meine Lippen fließen.
Aber Urd soll Dich blind machen
für die Schläge, Die Du Dir holst:
Schon bald wirst Du von Odins Gefolgsmann
tödlichen Regen spüren!"*

Mit diesen Worten war Egil das Horn nieder, ergriff sein Schwert und zog es – es war finster in dem Raum. Er stieß Bard mit seinem Schwert genau durch die Mitte sodaß die Spitze wieder aus seinem Rücken herausragte. Bard stürzte durch diese Wunde tot nieder. Aulvir stürzte ebenfalls nieder und erbrach sich. Egil stürmte aus dem Raum – draußen war es stockfinster. Egil rannte sofort von den Gebäuden fort. Aber in dem Eingangsraum wurde entdeckt, daß sowohl Bard als auch Aulvir gefallen waren.

tödlicher Regen = Blut

I C 15. o)   Völsungen-Saga

Auch in dieser Saga erscheint das Motiv der in ein Horn geritzten Runen, die hier allerdings Teil eines Vergessens-Zaubers sind. Es wäre zumindestens denkbar, daß Lögr eine der Runen gewesen ist, die in das Horn geritzt wurden.

Da reichte ihr Gunnar einen Trunk, den sie trinken mußte, in den giftige Dinge gemischt worden waren. Und danach hatte sie keine Erinnerung mehr an die Dinge, die der König ihr angetan hatte.
In diesen Trank war die Macht der Erde und des Meeres mit dem Blut ihres Sohnes vermischt worden. Und in das Trinkhorn waren alle Runen geritzt und mit Blut gerötet worden, so wie es hier gesagt wird:

„*Auf dem Antlitz des Hornes*
waren alle Arten von Runen
geritzt und gerötet –
wie sollte ich sie richtig lesen können?"

I C 15. p)   Scheiben-Fibel von Bülach

Auf dieser Scheiben-Fibel aus der Schweiz steht die einzige bekannte Schweizer Runen-Inschrift:

Liebe Geliebte,
verlange nach mir!
L L

Die beiden „L" sind Abkürzungen für „laukaz" („Lauch, Wasser"). Der Ursprung des Zauberwortes „laukaz" ist der Lauch, der eng mit dem Penis und der Fruchtbarkeit assoziiert worden ist. Dieses Zauberwort steht in der für germanische Zaubersprüche typischen Weise doppelt.
Man kann daher die Formel wie folgt auf eine eher sehr direkte Weise ergänzen:

Lieber Geliebter,
verlange nach mir!
Mögen wir Sex haben! Mögen wir Sex haben!

Die Rune „Lögr" bedeutet „See" und im erweiterten Sinne auch „Wasser" und jede Art von Gewässer. An diese Bedeutung könnten die Gift-Schutzrunen an Trinkhörnern angeknüpft haben, zu denen möglicherweise die Lögr-Rune gehörte.

Auch die morgendliche Sonnen-Anrufung erscheint bei dieser Rune, da die Sonne am Morgen aus der Wasser-Unterwelt zurückkehrt.

Ob auch das Beruhigen des Meeres zu der Wirkung dieser Rune gehört hat, ist möglich, aber unsicher.

Der zweite Name „laukaz" („Lauch") dieser Rune ist wahrscheinlich auch eine Umschreibung für „Penis" und könnte sich auf die Wiederzeugung der Sonne in der nächtlichen Unterwelt beziehen.

I C 16.   Die 16. Rune des Futhark-Alphabeths

„yr"

∫

I C 16. a)   Die Bedeutung des Runen-Namens „yr"

Der Name dieser Rune lautet „yr, iwaz, eiwaz" und bedeutet „Eibe". Da man Bögen oft aus Eibenholz herstellte, war „Yr" auch eine Heiti für „Bogen".
Da der Gott Ullr in der Halle Ydalir, d.h. im „Eibental" wohnt, kann man auch eine Verbindung der Yr-Rune zu diesem Gott der Wildnis und des Winters vermuten, der ursprünglich der Gott Tyr im (winterlichen) Jenseits gewesen ist.

I C 16. b)   Das Runenlied aus dem Havamal

Diese Rune wird von Odin für einen Liebeszauber verwendet:

Odin:
*„Ein sechzehntes kann ich, will von schöner Maid ich
Liebe und Lust erlangen,
den Willen wandle ich der Weißarmigen,
daß sich ihr Sinn ganz zu mir neigt."*

Der Begriff „Weißarmige" wurde in der späteren Literatur geradezu zu einem stehenden Begriff für „schöne Frau" wie z.B. bei „Isolde Blanchemain", Tristans zweiter Frau in „Tristan und Isolde".
Der Zusammenhang zwischen diesem Liebeszauber und der Eiben-Rune ist recht unklar. Es wäre natürlich eine Anspielung zu der Wiederzeugung des Tyr in der winterlichen Unterwelt im Eibental denkbar, aber diese Hypothese scheint doch kein besonders solides Fundament zu haben.

I C 16. c)   Isländisches Runengedicht

Dieses Lied besteht aus je vier Zeilen mit Stabreim zu jeder Rune.
Das erste Wort in der ersten Zeile ist der germanische Runen-Name.

Das erste Wort in der vierten Zeile ist jeweils die lateinische Übersetzung dieses Wortes, auf das dann jeweils ein alter isländischer Königstitel folgt.

Yr (Eibe) *ist ein gespannter Bogen*
und ein Kampf-Vorteil
und Farbautis Pfeil.
Bogen der Yngvi-Nachkommen

Der hier mit „Kampf-Vorteil" übersetzte Ausdruck bedeutet eigentlich „brüchiges Eisen". Aus der Trideilur Runa ergibt sich jedoch, daß hier wohl ein Mißverständnis des Schreibers vorliegt, der bei „Yr" an die Bedeutung „Schlacke" der Rune „Ur" dachte. In der Trideilur Runa findet sich die Bedeutung „Kampf-Vorteil", der im Zusammenhang mit Pfeil und Bogen völlig plausibel ist. Der Ursprung dieses Mißverständnisses ist ein Buchstabendreher: Aus „bardaga" für „Kampf" ist bei einer Abschrift „bargada" geworden, was die späteren Schreiber sich dann zu erklären versucht haben.

Farbauti ist der Vater des Logi. Da er drei Söhne hatte, könnte er ursprünglich einmal der ehemalige Göttervater Tyr gewesen sein. Die magische Pfeile des Göttervaters sind gut bekannt (siehe „Pfeil" in Band 66).

„Yngvi-Nachkommen" sind die schwedischen Könige.

I C 16. d) Trideilur Runa

Dies ist ein zweites isländisches Runenlied, das sich nur geringfügig von dem vorigen unterscheidet. Meistens fehlt lediglich die vierte Zeile.

Yr (Eibe) *ist ein zweifach gespannter Bogen*
und ein Kampf-Vorteil
und Farbautis Pfeil.

I C 16. e) Lateinisches Runenlied

Dieses Lied ist eine lateinische Variante des isländischen Runenliedes, das allerdings einige Abweichungen enthält.

Yr (Eibe) *Bogen:*
gespannte Falle,
Verteidigungsmittel der Bedrängten.

Speer-Werfer

Die „gespannte Falle" ist eine Umschreibung für „Bogen".

Eigentlich könnte man in der letzten Zeile „Bogenschütze" statt „Speer-Werfer" erwarten.

I C 16. f) Altenglisches Runenlied

Auch diese Verse beruhen auf dem isländischen Runenlied, aber sie sind z.T. schon entsprechend den christlichen Verhaltensregeln umgestaltet worden.

Yr (Eibe) *ist eine Freude / aller Fürsten*
und Edlen; / es ist stattlich auf einem Roß,
verläßlich auf einer Reise, / eine Form der Bewaffnung.

Diese Runenstrophe hat die Form eines Rätsels.

I C 16. g) Norwegisches Runen-Lied

In diesem Lied wird die Eibe ganz naturalistisch beschrieben:

Yr (Eibe) *ist der grünste Baum im Winter;*
es knistert, wenn es brennt.

Es könnte eine Verbindung zwischen der Eibe und der Mistel bestanden haben – beide könnten als immergrüne Pflanze die Hoffnung auf einen neuen Frühling und somit auch auf eine Wiedergeburt (im Jenseits) verkörpert haben.

I C 16. h) Abecedarium Nordmannicum

Dieser Alphabeth-Spruch ist ein normannischer Merkvers für die Runen. In ihm finden sich ein paar Bestätigungen für die bisherigen Deutungen, aber keine neuen Informationen.

Feu forman	*Feu* (Vieh) *zuerst,*
Ur after	*Ur* (Stier) *danach,*
Thuris thritten stabu,	*Thuris* (Riese) *ist der dritte Buchstabe,*

Os is himo oboro,	*Os* (Ase) *folgt diesem,*
Rat endost ritan	*Rat* (Rat) *wird danach geritzt,*
Chaon thanne cliuôt.	*Chaon* (Geschwür) *klebt daran,*
Hagal, Naut hab	*Hagal* (Hagel), *Naut* (Not) *hält,*
Is, Ar endi Sol	*Is* (Eis), *Ar* (Jahr) *und Sol* (Sonne)
Tiu, Birca endi Man midi	*Tiu* (Tyr), *Birca* (Birke) *und Man* (Mann) *zusammen mit ihnen*
Lagu the leohto,	*Lagu* (See) *der lichte*
***Yr** al bihabet.*	***Yr** (Eibe) hält alles umfangen.*

Mit dem „Umfangen" des Yr ist vermutlich gemeint, daß die Rune Yr diese Verse abschließt und sie dadurch „umfängt".

I A 16. i) Die Saga von Egil Skallagrimsson

Falsch geschriebene Zauber-Runen scheinen des öfteren vorgekommen zu sein – zumindestens wird in der Saga über den Skalden Egil Skallagrimsson noch ein zweiter Fall berichtet:

Der Mann, der die Runen für Helga geritzt hatte, wohnte nicht weit entfernt. Es kam nun heraus, daß er sie gebeten hatte, seine Frau zu werden, aber das Thorfinn sie ihm nicht geben wollte.
Danach hatte sie dieser Sohn des Landbesitzers verführen wollen, aber sie hatte nicht eingewilligt. Da hatte er für sie Liebes-Runen geritzt, aber er wußte nicht genau, wie man sie schreiben muß, und davon war sie krank geworden.

Zu diesen Liebes-Runen könnte auch die Rune Yr gehört haben, da Odin sie für diesen Zweck empfiehlt. Die Verbindung zwischen der Eibe und der Liebe ist unklar – eine Assoziation zwischen der wintergrünen Eibe und der Wiederzeugung des Tyr in der winterlichen Unterwelt scheint weit hergeholt zu sein.

I C 16. j) Die Saga über Thorstein Vikiung-Sohn

Da warf Ogautun ein rundes Stück Holz in ihren Schoß, durch das sie ihre Meinung sofort änderte und Bele zurückwies und Jokul heiratete.

Dieser sehr effektive Liebeszauber könnte ein Holz mit der eingeritzten Yr-Rune gewesen sein.

I C 16. k)   Sittengedicht

Das rat ich zum achten,
daß Du Arges meidest
und nicht Buhlstäbe brauchst:
nicht verführe die Maid
noch die Frau des andern!
Nicht verlocke zur Liebschaft sie!

Diese „Buhlstäbe" werden vermutlich Yr-Runen sein.

Der Name der Rune Yr bedeutet „Eibe". Da man Bögen oft aus Eibenholz herstellte, hatte diese Rune auch die sekundäre Bedeutung „Bogen".

Sowohl die Eibe als auch der Eibenbogen gehören fest zu den Symbolen des Wintergottes Ullr, der vermutlich der Gott Tyr im Winter-Jenseits ist, da in diesem Zusammenhang „Eibental" („Ydalir") genannt wird.

Möglicherweise gab es eine Assoziation zu der ebenfalls immergrünen Mistel. Beide Pflanzen könnten Symbole für die Wiederkehr des Tyr und somit des Sommers gewesen sein.

In Odins Runen-Lied ist Yr eine Liebeszauber-Rune. Es wäre zumindestens denkbar, daß dies ein Einzelaspekt aus der Tyr-Mythe ist und aus der Wiederzeugung des Tyr mit der Jenseitsgöttin im Winter stammt.

I C 17. Die 17. Rune des Futhark-Alphabeths

„ehwaz"

I C 17. a) Die Bedeutung des Runen-Namens „ehwaz"

Der Namen der Rune „Ehwaz" bedeutet „Pferd" (lateinisch „equus"). Zu dieser Rune sind viele Assoziationen möglich gewesen, die mit der Wichtigkeit der Pferde im Krieg beginnen und bis zu der Umwandlung der beiden Pferde-Söhne des ehemaligen Göttervaters Tyr zu dem achtbeinigen „Doppelpferd" Sleipnir des neuen Göttervaters Odin reichen.

I C 17. b) Das Runenlied aus dem Havamal

Auch diese Runen scheint primär ein Liebeszauber zu sein, auch wenn die Formulierung mehr nach einer Heirat klingt als bei der Yr-Rune.

Odin:
„Ein siebzehntes kann ich, durch weises Gesetz
zwei Leben zu binden,
das schwerlich wieder
die holde Maid mich wird meiden."

Der Zusammenhang zwischen dem Pferd und der Heirat könnte noch am ehesten die Identifizierung der (männlichen) Toten mit einem Herdentier (Pferd, Hirsch, Stier, Ziegenbock, Eber) sein, durch die deren Zeugungskraft bei der Wiedergeburt gesichert werden sollte.

I C 17. c) Das Sigdrifa-Lied

Es gab auch Pferde-Runen:

(Die runen stehen ...)
„... auf Arwakrs Ohr und Alswidrs Huf ..."

Arwakr und Alswidr sind die beiden Rosse vor dem Sonnenwagen, also Tyrs Pferde-Zwillingssöhne. Zu den Runen, die auf ihren Ohren und Hufen stehen, wird sicherlich auch die Ehwaz-Rune gezählt haben.

I C 17. d) Altenglisches Runenlied

Auch diese Verse beruhen auf dem isländischen Runenlied, aber sie sind z.T. schon entsprechend den christlichen Verhaltensregeln umgestaltet worden.

Eh (Pferd) ist eine Freude / für die Fürsten unter den Edlen,
ein Huf-stolzes Roß, / wenn reiche Krieger
auf dem Pferderücken / sich über sie unterhalten:
dies ist stets eine Wohltat / für Ruhelose.

Nur die reichen Krieger konnten sich ein Pferd leisten. Sie ritten dann stolz einher und schilderten sich gegenseitig die großen Vorzüge ihres Rosses – so wie man heute vor seinen Kumpels die Vorteile des neuen Autos preisen würde ...
  Die „Ruhelosen" sind die Reiter, die nicht ruhig zuhause bleiben und den Acker bestellen können.
  Die leise Ironie des Verfassers dieser Strophen ist kaum zu übersehen.

I A 17. e)   Die Saga von Egil Skallagrimsson

Falsch geschriebene Zauber-Runen scheinen des öfteren vorgekommen zu sein.

Der Mann, der die Runen für Helga geritzt hatte, wohnte nicht weit entfernt. Es kam nun heraus, daß er sie gebeten hatte, seine Frau zu werden, aber das Thorfinn sie ihm nicht geben wollte.
  Danach hatte sie dieser Sohn des Landbesitzers verführen wollen, aber sie hatte nicht eingewilligt. Da hatte er für sie Liebes-Runen geritzt, aber er wußte nicht genau, wie man sie schreiben muß, und davon war sie krank geworden.

Der Sohn des Landbesitzers könnte neben der Yr-Rune auch die Ehwar-Rune benutzt haben, aber er hat sie falsch geschrieben oder mit anderen, unpassenden Runen kombiniert.

I C 17. f)   Faröische Heldenlieder - Högni-Lied

Gudrun war in der Lage, mithilfe von Runen Illusionen hervorzurufen:

Högni greift so zu den Worten, und spricht für sich:
„Das ist Gudruns Zauberei, die sie ritzt gegen mich.
Das sind keine Hengste, gar keine wirkliche Rosse:
Das ist Gudruns Zauberei, die sie ritzt gegen uns."

Es ist wahrscheinlich, daß für diesen Zauber die Pferde-Rune „Ehwar" benutzt („geritzt") wurde. Evtl. wurde sie durch die Hirsch-Rune „Algiz" ergänzt, da Hirsche und Pferde in mythologischer Hinsicht eng verwandt gewesen sind – aber das ist natürlich nur eine Vermutung.

I C 17. g)   Bügelfibel von Dischingen

Auf dieser Fibel stehen lediglich zwei Runen:

A E

Wenn man diese Runen, so wie es auch von vielen anderen Inschriften bekannt ist, als Abkürzungen nimmt, d.h. davon ausgeht, daß nicht die Rune, sondern der Runen-Name gemeint ist, ergäbe sich die Bedeutung:

A(nsuz) E(hwaz)

Auf deutsch würde dies dann *„Ase des Pferdes"*, d.h. *„Pferde-Ase"* bedeuten, womit entweder Tyr auf seinem Streitwagen, der von seinen beiden Pferde-Söhnen („Alcis") gezogen wird, oder Odin auf seinem achtbeinigen „Doppelpferd" (das aus den beiden Alcis entstanden ist) gemeint sein könnte.
Da diese Fibel um ca. 550 in Württemberg, also bei den Südgermanen gefunden worden ist, wird der „Pferde-Ase" Odin sein, da dieser bei den Südgermanen schon in vorrömischer Zeit an die Stelle des Tyr als Göttervater getreten ist.
Man könnte „Pferde-Ase" auch als eine Kenning für „Reiter, Krieger" auffassen, wobei man sich dann jedoch fragen müßte, warum dies auf der Fibel steht – während eine Fibel mit dem Namen des Odin offensichtlich eine Amulett ist – vermutlich für den Kampf, da der Göttervater der Germanen immer auch der Kriegsgott gewesen ist.
Die Übersetzung von *„A E"* lautet somit recht wahrscheinlich „Odin". Man kann sich natürlich fragen, warum auf dieser Fibel *„A E"* und nicht „Odin" bzw. „Woden"

steht – vielleicht weil der Träger der Fibel selber ein berittener Krieger gewesen ist? Für diese Auffassung würde sprechen, daß diese Fibel von ihrer Herstellungsweise eher eine Art Abzeichen als ein Kleidungs-Verschluß gewesen ist. Diese Fibel könnte so eine Art Kennzeichen der „Wotan-Kavallerie" gewesen sein …

Es ist leider nicht bekannt, ob diese Fibel aus einem Männer- oder Frauengrab stammt.

Die Pferde-Rune „Ehwaz" könnte zum Schutz oder zur Heilung für Pferde verwendet worden sein – dafür liegt jedoch kein direkter Hinweis vor.

Odins Verwendung dieser Rune für einen Liebeszauber läßt sich am ehesten dadurch erklären, daß man für die Toten ein männliches Herdentier (oft ein Pferd) opferte, um dessen Zeugungskraft auf den Toten zu übertragen, damit auf diese Weise dessen Wiederzeugung im Jenseits abgesichert wurde.

I C 18. Die 18. Rune des Futhark-Alphabeths

"gifu"

I C 18. a) Die Bedeutung des Runen-Namens "gifu"

Der Name dieser Rune bedeutet „Geber". Es hat sicherlich eine Assoziation zu den Fürsten gegeben, von denen man sich erhoffte, daß sie freigiebig waren.

Es könnte auch eine Verbindung zu den beiden Wohlstands-Göttern Njörd und Freyr sowie zu der Göttin Gefion, der Name schon „Geberin" bedeutet, bestanden haben. Eine Identifizierung dieser Rune mit Freya-Gefion ist zwar denkbar, aber es fehlen weitere Hinweise für diese Annahme.

I C 18. b) Das Runenlied aus dem Havamal

Odin benutzt die letzten drei Runen, die er beschreibt, allesamt für einen Liebeszauber – dieses Thema war offensichtlich auch damals schon topaktuell ...

Odin:
„Ein achtzehntes weiß ich, das ich nie singen werde
vor Maid noch vor Mannesweibe
als allein vor ihr, die mich umarmt,
oder vor meiner Schwester.
Besser ist, was einer nur weiß;
So nutzt das Lied mir lange."

I C 18. c) Altenglisches Runenlied

Auch diese Verse beruhen auf dem isländischen Runenlied, aber sie sind z.T. schon entsprechend den christlichen Verhaltensregeln umgestaltet worden.

Gifu (Freigiebigkeit) *ist ein Merkmal, / das erhebt und gelobt wird,*
eine Stütze der Ehre / und der Armen,
eine Spende und ein Weg des Überlebens, / wenn es sonst nichts mehr gibt.

Almosen waren eine notwendige soziale Einrichtung, die auch dem Spender zur Ehre gereichten.

I C 18. d) Speerschaft von Kragehul

Auf diesem Speerschaft wurde um ca. 520 n.Chr. eine längere Inschrift eingeritzt, die zeigt, daß man von den Asen „Gaben" erwartet hat:

Ich bin der Runenmeister, der zum Gefolge des Ansu-Gisalas gehört.
Die wirksame Magie der Gebo-Ansu, Gebo-Ansu, Gebo-Ansu.
Ich weihe den Hagala, den Brecher der Helme!

„Hagala" bedeutet „Hagel" und ist der Name des Speeres.

Der Name „Ansu-Gisalas" lautete später „Asgisl" und bedeutete „Geisel der Asen", wobei „Geisel" hier eine positive Bedeutung wie „Geweihter, Schützling, Diener" o.ä. haben muß und evtl. „Priester" im Sinne von „Diener der Asen" haben könnte. Möglicherweise ist mit „Ansu" der Göttervater Odin gemeint, der „der Ase" war – es könnte aber um 520 n.Chr. auch noch der ehemalige Göttervater Tyr gemeint sein.

Die dreimal wiederholte Formel „Gebo-Ansu" könnte diesen Speer mit dem Namen „Hagala" („Hagel") dem Speer Gungnir des Odin gleichgesetzt haben – ein in der Magie sehr typisches Vorgehen.

„Hagel" ist in der Skalden-Lyrik eine häufige Umschreibung für „Speere" und „Pfeile" gewesen.

In dem Zusammenhang der Zauberformel könnte das „Gefolge" dann die Priesterschaft eines bestimmten Gottes sein.

Der „Helm-Zerstörer" ist der Speer.

Die eigentliche Zauberformel ist *„G-A"*, also die Runen Gebo-Ansus. Die erste dieser beiden Runen bedeutet „Geber", die zweite „Ase, Odin", was zusammen „Odin als Spender/Helfer/Geber", d.h. als „Geber des Speeres" bezeichnen könnte, was wiederum den geweihten Speer dem magischen Speer Gungnir des Odin gleichsetzen würde – wenn diese Magie funktioniert hat, müßte dieser Speer unbesiegbar gewesen sein …

I C 18. e) Stein von Torvika

Auf diesem um ca. 580 n.Chr. errichteten Runenstein steht ein Heilungsspruch:

Fort von hier! Entferne Dich!: GK

Die Rune „G" bedeutet „Geber" und die Rune „K" hat die Bedeutung „Beule, Geschwür, Pickel, Fieber". „GK" ist somit ein Kürzel für den Verursacher einer fiebrigen Krankheit – der hier als böser Geist angesehen wird, der vertrieben werden muß.

Somit kann man diese Inschrift wie folgt in „Klartext" schreiben:

Fort von hier! Entferne Dich, Fieber-Geist!

Der Name der Rune „Gifu" bedeutet „Geber". Es könnten Assoziationen zu den beiden Wohlstands-Göttern Njörd und Freyr sowie zu der Spender-Göttin Freya-Gefion bestanden haben.

Odins Liebeszauber, bei der er diese Rune benutzt, läßt sich höchsten dann erklären, wenn der Ursprung dieser Verwendung in der Vereinigung des Odin bzw. Tyr im Jenseits mit Freya-Gefion (= „Gifu") liegt.

Die Verwendung der drei letzten Runen Yr, Ehwar und Gifu für einen Liebeszauber schon recht auffällig. Sie lassen sich zwar alle drei mit der Wiederzeugung verknüpfen, aber es ist doch zumindestens fraglich, ob dies wirklich der Ursprung der Verwendung dieser Runen gewesen ist.

I C 19. Die 19. Rune

„wunjo"

ᚹ

I C 19. a) Die Bedeutung des Runen-Namens „wunjo"

Der Name dieser Rune bedeutet „Wonne, Freude".

I C 19. b) Altenglisches Runenlied

Wen (Freude) hat der, / der nur wenig kennt
von Leid und Sorge, / und der selber
Schätze und Glück besitzt / und den Schutz einer befestigten Stadt.

> Über diese Rune ist nur ihr Name „Wunjo" bekannt, der „Wonne, Freude" bedeutet.

I C 20. Die 20. Rune

„gar"

I C 20. a)   Die Bedeutung des Runen-Namens „gar"

Der Name „gar" dieser Rune bedeutet „Ger, Speer". Wie sich aus dem altenglischen Runenlied ergibt, ist jedoch das Wort „gearwe" für „Garbe2 gemeint, das zudem mit dem Bild der Rune übereinstimmt.
Eine ähnliche Übereinstimmung zwischen der Bedeutung einer Rune und der Form dieser Rune gibt es auch bei der Becher-Rune „peorth", der Stein-Rune „stan" und der Elch-Rune „eolhx".

I C 20. b)   Altenglisches Runenlied

Ger (Garbe) *ist die Freude des Menschen,   /   wenn Gott,*
der heilige Himmels-König,   /   bewirkt, daß die Erde
strahlende Früchte trägt   /   für die Reichen und die Armen.

Über diese Rune ist nur ihr Name „gar" („Ger", „Speer") bekannt, der eigentlich „gearwe" gelautet hat, was „Garbe" und somit „gute Ernte" bedeutet.
Diese Rune paßt zu der Wohlstands-Rune „Gifu" und zu der Ernte-Rune „Jera".

I C 21. Die 21. Rune

„eoh"

I C 21. a) Die Bedeutung des Runen-Namens „eoh"

Der Name dieser Rune bedeutet wie der Name der Yr-Rune „Eibe". Es gibt zu beiden jedoch zwei verschiedene altenglische Runenlieder, sodaß sie hier getrennt behandelt werden. Auch ihr Lautwert ist unterschiedlich: „y" (yr) bzw. „e" (eoh). Vermutlich sind beide jedoch ursprünglich dieselbe Rune gewesen.

I C 21. b) Altenglisches Runenlied

In dieser Strophe wird die Eibe nicht wie bei der Yr-Rune als Bogen, sondern als Baum geschildert:

Eoh (Eibe) *ist ein Baum, / außen rau,*
hart und fest in der Erde, / ein Wächter des Feuers,
von Wurzeln gestützt, / eine Freude des Hofes.

Offensichtlich sah man die Eibe als einen Wächter und Beschützer an, was vermuten läßt, daß die Eibe mit einer Gottheit assoziiert worden ist – vermutlich Ullr oder Tyr.

Das Feuer ist wahrscheinlich einfach ein Hinweis darauf, daß das Feuer eine der größten Gefahren für die hölzernen Hallen der Germanen gewesen ist – Anspielungen darauf finden sich bereits im Beowulf-Epos.

Der Name der Rune „Eoh", der ursprünglich „Eiwaz" lautete, bedeutet „Eibe". Hier ist jedoch nicht wie bei der Yr-Rune der Eibenbogen gemeint, sondern der Baum selber, der als Wächter und Beschützer des Hofes angesehen wird. Es könnte daher eine Assoziation der Eibe mit dem Eibengott Ullr gegeben haben oder auch mit Tyr, da Ullr der Gott Tyr im Winter-Jenseits ist.

I C 22. Die 22. Rune

„peorth"

ᚹ

I C 22. a) Die Bedeutung des Runen-Namens „peorth"

Die Bedeutung dieses Namens ist unsicher. Aus dem altenglischen Runenlied ergibt sich, daß „peorth" ein Würfelbecher oder etwas ähnliches gewesen sein muß.

Auch die Form der Rune erinnert an ein Gefäß. Eine ähnliche Übereinstimmung zwischen der Form einer Rune und der Bedeutung dieser Rune gibt es auch bei der Garben-Rune „gearwe", der Stein-Rune „stan" und der Elch-Rune „eolhx".

Es wäre auch eine Verbindung zu dem Wort „perp" für Birne denkbar – aber das ist sehr unsicher.

I C 22. b) Altenglisches Runenlied

Peorth (Würfelbecher) *ist Entspannung und Gelächter / für die Fröhlichen, wenn die Krieger sich glücklich versammeln / in der Met-Halle.*

Die genaue Bedeutung des Namens der Rune „Peorth" ist unsicher. Es scheint sich um einen Würfelbecher oder ein ähnliches Spiel-Utensil gehandelt zu haben.
Evtl. bedeutet „peorth" auch „Birne".

I C 23. Die 23. Rune

"eolhx"

I C 23. a) Die Bedeutung des Runen-Namens „eolhx"

Der Name dieser Rune hat wie der Name der Rune „algiz" die Bedeutung „Elch, Hirsch". Es liegt hier genauso eine Differenzierung einer alten Rune vor wie bei den beiden Eiben-Runen „yr" und „eiwaz".

Es wäre denkbar, daß das Bild der Rune mit einem von vorn gesehenen Elch assoziiert wurde – die drei oberen „Äste" wären dann der Kopf und das Geweih des Elches. Solche Übereinstimmung zwischen Form und Bedeutung einer Rune gibt es auch bei den drei Runen „peorth" (Würfelbecher), „gearwe" (Garbe) und „stan" (Stein).

Das Bild dieser Rune ist auch als Zeichen für die Man-Rune in Gebrauch gewesen.

I C 23. b) Altenglisches Runenlied

Eolhx (Elch-Gras) *findet man / gewöhnlich in Sümpfen,*
es wächst im Wasser, / verursacht üble Wunden,
bedeckt mit Blut / jeden Krieger,
der es wagt, / es anzufassen.

Der Name dieser Rune bedeutet „Elch" bzw. „Elchgras". Dieses Gras ist offenbar eine harte Form des Grases, die in Sümpfen wächst und scharfe Kanten hat, die Schnittwunden verursachen.

I C 24. Die 24. Rune

„ingwaz"

I C 24. a)   Die Bedeutung des Runen-Namens „ingwaz"

Die Bedeutung des Namens dieser Rune ist „Yngvi", d.h. Freyr.

I C 24. b)   Altenglisches Runenlied

Ing (Yngvi) *war der Erste / unter den Ost-Dänen,*
den die Menschen sahen, / bevor er dann nach Osten ging,
er fuhr in seinem Streitwagen / über die Wogen –
da benannten die Krieger / den Helden danach.

Diese Strophe scheint den Ursprung des Namen „Yngvi" erklären zu sollen – leider ist diese Erklärung nur für die Menschen aus der damaligen Zeit verständlich gewesen.
 Der „Streitwagen" ist hier wohl als eine Heiti für „Schiff" aufzufassen.
 Möglicherweise hat Freyr hier Sonnen-Motive aus den Tyr-Mythen (Osten, Wasserunterwelt) übernommen.

Der Name dieser Rune bedeutet „Yngvi". In der Strophe zu diesem Lied wird der Name des Yngvi erklärt – leider ist diese Erklärung heutzutage unverständlich.

I C 25. Die 25. Rune

„ethel"

I C 25. a) Die Bedeutung des Runen-Namens „ethel"

Der angelsächsische Name („ethel", „odil", „aud") dieser Rune leitet sich von dem germanischen „othilas" für „Erbschaft, Erbgut, Besitz" ab. „Adlige" sind ursprünglich Menschen gewesen, die ein Erbgut, d.h. einen Hof oder eine Burg besaßen.

I C 25. b) Altenglisches Runenlied

Ethel (Erbgut) *ist jedem Manne / sehr wertvoll,*
Wenn er dort in seinem Haus / möglichst häufig
das genießen kann, / was gut und richtig ist.

Das „Ethel" ist hier offenbar das ererbte Gebäude, also der „Stammsitz" der Sippe.

Der Name dieser Rune bedeutet „ererbtes Gebäude". Ansonsten ist nichts weiteres über diese Rune bekannt. Ein „Edelmann" (Adliger) ist ursprünglich jemand gewesen, der einen Hof geerbt hat.

I C 26. Die 26. Rune

„daeg"

I C 26. a) Die Bedeutung des Runen-Namens „daeg"

Der Name dieser Rune bedeutet „Tag" und „Sonne". Es läßt sich kaum sagen, ob mit altangelsächsisch „daeg", das dem altnordischen „dag" entspricht, zu der Zeit, als die Strophe zu dieser Rune verfaßt worden ist, noch als ein Name des Sonnengottes aufgefaßt worden ist.

I C 26. b) Das Sigdrifa-Lied

In diesem Lied stehen Runen auf dem Schild des Sonnengott-Göttervaters Tyr und auf den Hufen der beiden Rosse (seine beiden Pferde-Söhne), die den Wagen des Sonnengottes ziehen.

„... auf dem Schilde stehen die Runen vor dem scheinenden Gott,
Auf Arwakrs Ohr und Alswidrs Huf ..."

Es wäre denkbar, daß neben der Rune „sol" („Sonne") auch die Rune „dag" auf diesem Schild und auf den Hufen der beiden Rosse gestand hat.

I C 26. c) Altenglisches Runenlied

Daeg (Tag) wird von dem Herrn gesandt, / der von den Menschen geliebt wird,
ruhmreiches Licht des Schöpfers, / Freude und Hoffnung
all deren, die haben und derer, die nichts haben, / das Wohle von allen.

Wie der Lateiner sagt: „Sol omnibnus lucet" – Die Sonne scheint für alle ...

Der Name dieser Rune bedeutet „Tag" und „Sonne". Ansonsten ist nichts weiteres über diese Rune bekannt.

I C 27. Die 27. Rune

„aesc"

ᚫ

I C 27. a) Die Bedeutung des Runen-Namens „aesc"

Der Name dieser Rune bedeutet „Esche". Sie wird recht sicher mit der Weltesche Yggdrasil assoziiert worden sein.

Da man Speere meistens aus dem stabilen Eschenholz herstellte, ist „Esche" auch eine Heiti für „Speer" gewesen. In einem weiteren Schritt war „Speer" dann auch eine Heiti für „Krieger".

Somit konnte „aesc" sowohl „Esche", „Weltesche", „Eschenholz-Speer" als auch „Krieger" bedeuten.

Die Esche ist der höchste nordeuropäische Laubbaum (40m).

I C 27. b) Altenglisches Runenlied

Aesc (Esche) ist sehr hoch / und wird von den Menschen sehr geschätzt:
fest steht sie an ihrem Ort, / bietet harten Widerstand,
auch wenn viele Männer / sie angreifen.

In diesen Versen kann „Esche" sowohl ein Baum als auch ein Speer und auch ein Krieger sein.

Der Name der Rune „Aesc" bedeutet „Esche". Da „Esche" eine beliebte Heiti für „Speer" und sowohl „Baum" als auch „Speer" zudem eine Heiti für „Krieger" sind, kann „Esche" zusätzlich auch diese beiden Bedeutungen haben.

Wahrscheinlich ist diese Rune auch mit der Weltesche Yggdrasil assoziiert worden.

I C 28. Die 28. Rune

„iar"

I C 28. a) Die Bedeutung des Runen-Namens „iar"

Der Name dieser Rune bedeutet „Aal" und evtl. such „Schlange" – sozusagen als „Aal des Landes".

Das Bild dieser Rune gleicht einer der Varianten der Hagal-Rune. Während die Hagel-Rune jedoch aus drei gleichlangen gekreuzten Strichen besteht, scheint die Aal-Rune einigen Varianten dieser Rune zufolge aus zwei aufeinander zu weisenden Pfeilen aufgebaut worden zu sein, bei denen die diagonalen Striche kürzer als die senkrechten Striche sind. Man könnte die Iar-Rune auch als einen senkrechten Strich mit einem kleinen Kreuz in seiner Mitte auffassen.

I C 28. b) Altenglisches Runenlied

Iar (Aal) ist ein Fluß-Fisch, / und doch holt er sich
seine Nahrung an Land; / er hat einen schönen Wohnort,
von Wasser umgeben, / und lebt dort voller Glück.

Diese Beschreibung der Lebensweise des Aales stimmt nicht ganz mit der neueren Forschung überein ...

Möglicherweise nahm man an, daß sich der Aal, wenn er Fressen wollte, sich in eine Schlange verwandelte und an Land ging.

„Iar" ist die Aal-Rune.
Möglicherweise nahm man an, daß sich der Aal, wenn er Fressen wollte, sich in eine Schlange verwandelte und an Land ging.
Eine mythologisch-magische Bedeutung dieser Rune ist nicht bekannt.

I C 29.   Die 29. Rune des Futhark-Alphabets

„ear"

I C 29. a)   Die Bedeutung des Runen-Namens „ear"

Der Name dieser Rune hat die Bedeutung „Erde" mit einer Assoziation zu „Grab".

I C 29. b)   Altenglisches Runenlied

Ear (Erde) *ist verhaßt   /   jedem Edlen.*
Wenn unaufhaltsam   /   das Fleisch,
der tote Leib   /   zu erkalten beginnt,
erwählt der Bläuliche   /   die Erde als Bettgenossin:
Frucht vergeht, Glück schwindet,   /   Bindungen brechen.

   Diese Strophe ist ganz in dem christlich-melancholischen Stil geschrieben, der sich auch bei den Liedern im Exeter-Buch findet.
   Die Erde als „Bettgenossin" ist eine Erinnerung an die alte Vorstellung, daß sich der Tote im Jenseits mit der Erdgöttin wiederzeugt, um dann anschließend von ihr wiedergeboren zu werden.

   Die Ear-Rune ist eine Rune der Erde und des Grabes.
   Sie würde sich daher gut für Schadenszauber eignen – über eine solche Verwendung ist jedoch nichts bekannt.
   Die Umschreibung der Erde, d.h. der Erdgöttin als „Bettgenossin des Toten" könnte eine Erinnerung an die alte Vorstellungen der Wiederzeugung sein.

I C 30.   Die 30. Rune

„jera"

I C 30. a)   Die Bedeutung des Runen-Namens „jera"

Der Name dieser Rune bedeutet „Jahr, gutes Jahr, gute Ernte". Es ist somit eine Assoziation dieser Rune zu dem Ernte- und Wohlstandsgott Freyr denkbar.

Die fünf folgenden Strophen aus verschiedenen Runen-Liedern gehören ihrer Stellung in den betreffenden Liedern zufolge zu der Algiz-Rune. Da sie inhaltlich jedoch Ernte-Rune sind, stehen sie hier bei der Jera-Rune.

Die Jera-Rune und auch die Ac-Rune („Eiche") sind Ableger der Algiz-Rune. Sie haben alle drei den Lautwert „a". „Jera" und „Ac" sind sozusagen zwei neue Namen und auch zwei neue Zeichen für die alte Algiz-Rune.

I C 30. b)   Isländisches Runengedicht

Dieses Lied besteht aus je vier Zeilen mit Stabreim zu jeder Rune.
Das erste Wort in der ersten Zeile ist der germanische Runen-Name.
Das erste Wort in der vierten Zeile ist jeweils die lateinische Übersetzung dieses Wortes, auf das dann jeweils ein alter isländischer Königstitel folgt.

Ar (gute Ernte) *ist der Vorteil aller,*
und ein guter Sommer
und ein reifes Feld.
Jahr-Allherrscher

„Allherrscher" (in diesem Runen-Lied „allvaldr") ist auch der Name eines Tyr-Riesen („Iwaldi", „Ölwaldi"). Dieser ehemalige Titel des Göttervaters Tyr ist bei Odin zu „All-Vater" geworden.

I C 30. c)   Trideilur Runa

Dies ist ein zweites isländisches Runenlied, das sich nur geringfügig von dem vorigen unterscheidet. Meistens fehlt lediglich die vierte Zeile.

Ar (gute Ernte) *ist gut für alle,*
und auch ein guter Sommer
und ein allgrünes Feld.

I C 30. d) Lateinisches Runenlied

Dieses Lied ist eine lateinische Variante des isländischen Runenliedes, das allerdings einige Abweichungen enthält.

Jahr ist allgemeiner Wohlstand,
glücklicher Sommer,
reifer Acker.

I C 30. e) Norwegisches Runen-Lied

In diesem Runen-Lied ist wieder die gute Ernte das Thema. Die Algiz-Rune wird hier offensichtlich als Jera-Rune, die auch Ar-Rune hieß, aufgefaßt.
Frodi ist ursprünglich der Gott Freyr gewesen, den man für eine gute Ernte um Hilfe bat.

Fülle ist ein Geschenk für die Menschen;
ich sage: Frodi war großzügig.

I C 30. f) Abecedarium Nordmannicum

Dieser Alphabeth-Spruch ist ein normannischer Merkvers für die Runen. In ihm finden sich ein paar Bestätigungen für die bisherigen Deutungen, aber keine neuen Informationen.
Hier findet sich diese Rune unter dem eben genannten Namen „Ar".

Feu forman	*Feu* (Vieh) *zuerst,*
Ur after	*Ur* (Stier) *danach,*
Thuris thritten stabu,	*Thuris* (Riese) *ist der dritte Buchstabe,*
Os is himo oboro,	*Os* (Ase) *folgt diesem,*
Rat endost ritan	*Rat* (Rat) *wird danach geritzt,*
Chaon thanne cliuôt.	*Chaon* (Geschwür) *klebt daran,*
Hagal, Naut hab	*Hagal* (Hagel), *Naut* (Not) *hält,*

*Is, **Ar** endi Sol*	*Is* (Eis), ***Ar*** (Jahr) *und Sol* (Sonne)
Tiu, Birca endi Man midi	*Tiu* (Tyr), *Birca* (Birke) *und Man* (Mann) *zusammen mit ihnen*
Lagu the leohto,	*Lagu* (See) *der lichte*
Yr al bihabet.	*Yr* (Eibe) *hält alles umfangen.*

I C 30. g)   Brakteat von Skodborg

Auf diesem Amulett finden sich Neujahrsgrüße – er wird folglich an einem Jul-Fest verschenkt worden sein.

Göttlichen Schutz, Alawin!
Göttlichen Schutz, Alawin!
Göttlichen Schutz, Alawin!
Ein glückliches Jahr, Alawid!

Das „glückliche Jahr" ist nur durch die Jeran-Rune gekennzeichnet worden, deren Deutung in diesem Zusammenhang jedoch recht eindeutig ist.

Warum der Empfänger dieses Segens einmal Alawin („All-Freund") und einmal Alawid („All-Wald" oder „All-Engagierter") genannt wird, ist jedoch unklar – ein Schreibfehler?

Die Rune „Jera" oder „Ar" ist die Rune des Jahres, der guten Ernte und des Wohlstandes und ist daher mit dem Gott Freyr, der genau für diese beiden Dinge zuständig war, assoziiert worden.

Die beiden Runen „Jera/Ar" („Jahr") und „Ac" („Eiche") haben sich aus der Rune „Algiz" heraus entwickelt.

C 31. Die 31. Rune

„ac"

ᚪ

I C 31. a) Die Bedeutung des Runen-Namens „ac"

Der Name dieser Rune bedeutet „Eiche". Er ist mit dem englischen Wort „acorn" für „Eichel" verwandt. Auch das deutsche Wort „Eiche" hat sich auch „ac" entwickelt – das „c" ist zu einem „ch" geworden und der Vokal hat sich verflacht.

Eine der Strophen der Runen-Lieder, die ihre Stellung in dem betreffenden Lied zufolge zu der Algiz-Rune gehören müßte, beschreiben ihrem Inhalt zufolge jedoch die Eichen-Rune.

Die Algiz-Rune wurde weiterhin nicht klar von der Jahr-Rune „Jera" bzw. „Ar" unterschieden.

Eine Assoziation der Ac-Rune mit Thor wäre denkbar, weil Thor mit der Eiche assoziiert wurde („Donar-Eiche"), aber ein solcher Zusammenhang ist nicht überliefert worden.

I C 31. b) Altenglisches Runenlied

Ac (Eiche) ist die Nahrung / des Fleisches der Erde
und für die Kinder der Menschen; / oft reist sie
über das Bad des Tölpels; / die Speer-See prüft,
ob die Eiche / edel die Treue hält.

Fleisch der Erde = Wildschweine
Tölpel = Meeresvogel; sein Bad = Meer
Speer-See = stürmisches und daher gefährliches („Speer") Meer
Eiche = Schiff aus Eichenholz

Die Rune „Ac" bedeutet „Eiche". Die Eiche wurde wegen ihrer Eicheln, die als Schweinefutter dienten, sowie wegen ihres Holzes, das man im Schiffsbau verwendete, geschätzt.

Eine mythologische Bedeutung der Rune ist nicht bekannt – auch wenn eine Assoziation zu Thor denkbar wäre, da der indogermanische Donnergott fest mit der Eiche verbunden gewesen ist („Donar-Eiche").

I C 32. Die 32. Rune

„kalc"

I C 32. a) Die Bedeutung des Runen-Namens „kalc"

Der Name dieser Rune, die optisch der Yr-Rune gleicht, bedeutet „Kelch" und bezeichnet das „k". Auch die folgende Rune mit dem Buchstaben-Wert „kk" oder „ck" trägt diesen Namen. Über sie ist ansonsten nichts weiteres bekannt.

> Der Name dieser Rune, die optisch der Yr-Rune gleicht, bedeutet „Kelch" und bezeichnet das „k". Auch die folgende Rune mit dem Buchstaben-Wert „kk" oder „ck" trägt diesen Namen. Über sie ist ansonsten nichts weiteres bekannt.

I C 33.   Die 33. Rune

„kalc"

I C 33. a)   Die Bedeutung des Runen-Namens „kalc"

Diese Rune mit dem Buchstaben-Wert „kk" oder „ck" hat denselben Namen wie die Rune für das einfache „k": „kalc", d.h. „Kelch". Über sie ist ansonsten nichts weiteres bekannt.

> Diese Rune mit dem Buchstaben-Wert „kk" oder „ck" hat denselben Namen wie die Rune für das einfache „k": „kalc", d.h. „Kelch". Über sie ist ansosnten nichts weiteres bekannt.

I C 34. Die 34. Rune

„eord"

I C 34. a) Die Bedeutung des Runen-Namens „eord"

Der angelsächsische Name dieser Rune bedeutet „Feuer" – altnordisch „eldir". Über sie ist nichts Näheres bekannt.

Der angelsächsische Name dieser Rune bedeutet „Feuer" – altnordisch „eldir". Über sie ist nichts Näheres bekannt.

I C 35. Die 35. Rune

„stan"

I C 35. a) Die Bedeutung des Runen-Namens „stan"

Der Name diese Rune bedeutet „Stein". Über sie ist nichts weiteres bekannt.
    Bei dieser Rune stimmt wie bei der Becher-Rune „peorth", der Garben-Rune „gearwe" und der Elch-Rune „eolhx" die Form der Rune mit ihrer Bedeutung überein.

> Der Name diese Rune bedeutet „Stein". Über sie ist nichts weiteres bekannt.

I D Zusammenfassung der Bedeutungen der einzelnen Runen

Die Bedeutung der Runen				
Rune				*Verwendung in der Magie*
Zei-chen	Laut	Name	Bedeutung	
ᚠ	f	fehu	Vieh, Wohlstand	Fehu = Vieh = Wohlstand; Wohlstand verursacht Streit; gegen Streit hilft diese Rune
ᚢ	u	uruz	Auerochse	Ur = Wasser/Stier; Heilung
		uram	Wasser	
ᚦ	th	thurisaz	Dorn, Riese	Thorn = Dorn = Schwert des Tyr, später Schwert des Odin; Thorn = Schwertgott Tyr als Riese im Jenseits => Thorn = allgemein Riese; Schwert und Riese => Thorn = sehr beliebte Schadensrune; Thorn = Mistel, mit der Baldur getötet wurde
ᚨ	a	ansuz	Ase	Ase, Fesseln lösen, Weisheit
ᚱ	r	raidho	Ritt, Reise	Ritt, Fahrt, Jenseitsreise; Schutz vor Pfeilen
ᚲ	k	kenaz	Fackel	Beule, Geschwür, Schutzrune; Feuer
		kaunan	Geschwür	
ᚹ	w	wunjo	Freude	Freude
ᚺ	h	hagalaz	Hagel	Hagel; Rettung aus einem brennenden Haus
ᚾ	n	naudiz	Not	Not, Benötigtes; Schutz vor Gift
ᛁ	i	isaz	Eis	Eis; Schiffs-Schutz

Rune	Laut	Name	Bedeutung	Bedeutung erweitert
ᛡᛉ	a	algiz	Elch	Elch, Alcis; Schutz vor Geistern
ᛡ	j	jera	Jahr, gutes Jahr, Ernte	Jahr, gute Ernte; Freyr
ᛇ	i,ä	iwahz, eiwaz	Eibe	Eibe (nur Baum, nicht Bogen)
ᛈ	p	peorth	Würfelbecher	Würfelbecher
ᛉ	e	eolxh	Elch (evtl. auch: Hirsch)	Elch
ᛋ	s	sowilo	Sonne	Sonne, Schild, Schutz
ᛏ	t	tiwaz, teiwaz	Tyr	Tyr, Schwertweihe; Toten-Beschwörungen
ᛒ	b	berkanan	Birke	Birke, Reinheit, Schutz
ᛗ	m	mannaz	Mann, Mensch	Mann, Mensch, Götter-Urahn Mannus; Aufzählung und Anrufung der Götter, Ahnen-Rückverbindung
ᛚ	l	laguz	Wasser, See	See, Wasser, Seefahrt; Gift-Schutz morgendliche Sonnen-Anrufung, Wiederzeugung
		laukaz	Lauch, Kraut	
ᛦ		yr	Eibe	Eibe, Eiben-Bogen; Liebeszauber
ᛖ	e	ehwaz	Pferd	Pferd; Liebeszauber
ᚷ	g	gifu	Gabe, Geschenk	Geber, Gabe; Njörd und Freyr, Gefion; Liebeszauber
ᛝ	ng	ingwaz	Yngvi	Yngvi-Freyr
ᛟ	o	othila, othala	Erbe	Erb-Hof, Stammsitz

Rune	Laut	Name	Bedeutung	Erweiterte Bedeutung
ᛞ	d	dagaz	Tag	Tag, Sonne
ᚪ	a	ac	Eiche	Eiche; Eicheln => Wildschweine; Eichenholz => Schiff
ᚫ	ä	aesc	Esche	Esche, Speer, Krieger, Weltesche Yggdrasil
ᛡ	ia, io	ior	Aal	Aal
ᛠ	ea	ear	Erde	Erde, Grab
ᛣ	k	kalc	Kelch	Kelch
ᛤ	kk	kalc	Kelch	Kelch
ᚸ	g	gar (gearwe)	Garbe	Garbe
ᛟ	cp	eord	Feuer	Feuer
ᛥ	st	stan	Stein	Stein

Die Zuordnung der Runen-Strophen aus dem Havamal zu dem Futhark ist oft nicht ganz nachvollziehbar – sie beruht auf der Annahme, daß Odin die Runen gemäß dem Futhark aufgelistet hat. Es gibt viele gravierende Differenzen, zu denen z.B. die folgenden gehören:
- die Hagel-Rune („Hagel") wird zur Rettung aus einem brennenden Haus benutzt,
- die 14. und 15. Strophe des Odin-Liedes gehören inhaltlich zusammen und passen zur 14. Rune („Man");
- die Strophen 16, 17 und 18. bilden gemeinsam einen Liebeszauber, was sich nur mühsam mit den drei Runen Yr, Ehwar und Gifu zusammenbringen läßt.

Es gibt jedoch auch Runen, bei denen die Zuordnung sehr schlüssig ist wie z.B. bei den Runen Fehu, Ur, Tyr, Thorn, Sowilo, Man und Thorn, sodaß die Zuordnung der Runen-Strophen zum Futhark wohl doch grundsätzlich richtig ist.

Aufgrund der Vielfalt der Runen sind zwei Elch-Runen und zwei Eiben-Runen entstanden, von denen sich zumindestens die beiden Eiben-Runen deutlich unterscheiden.

Bei fünf der älteren Runen paßt die Gestalt der Rune zu ihrer Bedeutung:
- die Menschen-Rune „man" (Mensch mit erhobenen Armen),
- die Tyr-Rune „tiwaz" (Mensch mit nach unten gestreckten Armen),
- die Dornen-Rune „thorn" (Dorn an einem Stamm),
- sie Sonnen-Rune „sowilo" (halbe Swastika)
- die Eiben-Rune „yr" (Stamm mit Wurzeln)

Es gibt auch vier neuere Runen, bei den die Form des Zeichens mit der Bedeutung übereinstimmt:
- die Garben-Rune „gearwe" (zusammengebundenes Getreidebündel),
- die Becher-Rune „peorth" (Gefäß),
- die Stein-Rune „stan" (Rechteck) und
- die Elch-Rune „eolhx" (Kopf und Geweih).

Das sind immerhin ein Viertel der Runen, wenn man alle bekannten Runen mitzählt.

Ebenfalls 9 Runen, also wiederum ein Viertel der Runen, haben einen deutlichen Bezug zu der Mythologie der Germanen:
- die Rune Ansus (Ase),
- die Rune Man (der Götter-Urahn Mannus),
- die Rune Ingwaz (Yngvi, einer der drei Söhne des Mannus),
- die Rune Tyr (ehemaliger Göttervater),
- die Rune Thorn (Schwert des Tyr),
- die Rune Sowilo (Sonnengott, Schild des Tyr),
- die Rune Algiz (die beiden Pferde-Söhne des Tyr, die auch „Alcis" hießen),
- die Rune Ear (Erde), und
- die Rune Aesc (Weltesche).

Man sieht an diesen Runen, daß sie sich auf eine alte Schicht der germanischen Mythologie beziehen – eben die aus der Zeit zwischen 100 v.Chr. und 100 n.Chr., als die Runen von den Germanen aus Norditalien „importiert" und benannt worden sind.

Vier dieser Runen beziehen sich auf den damaligen Göttervater Tyr, sein Schwert, sein Schild und seine beiden Söhne; zwei auf den Götter-Urahn Mannus und Yngvi, einen seiner drei Söhne; sowie je einer auf die Erde, die Sonne (Doppelzählung) und die Weltesche.

II Runen in der indogermanischen Überlieferung

Es hat nur bei den Germanen Runen gegeben, aber die Benutzung von Schriftzeichen in der Magie ist weit verbreitet gewesen.

Den Runen am ähnlichsten ist die Ogham-Schrift der Kelten. Weiter unten folgt ein Beispiel für die Anwendung dieser Zeichen in der Magie.

Den Schriftzeichen wurden bei vielen Völkern magische Kraft beigemessen. Aus diesem Grund wird z.B. die indische Silbe „Om" auch als Schriftzeichen als wirksam erachtet.

Die Ägypter waren der Ansicht, daß jeder Buchstabe, also jedes Hieroglyphen-Bild das magisch herbeizog, was es darstellte. Wenn man daher in einer Inschrift ein „f" benutzen mußte, das durch eine Hornviper dargestellt wird, lief man Gefahr, Hornvipern herbeizulocken. Also stellte man die Hornviper mit abgeschnittenem Kopf mitsamt dem Messer, das den Kopf abgeschnitten hatte, dar. Gefahr erkannt, Gefahr gebannt ...

Sowohl die ägyptischen als auch die luwischen Hieroglyphen, die mesopotamische Keilschrift sowie die Schrift der Chinesen und auch die der Azteken und Mayas hat ihren Ursprung in der bildliche Darstellung, die dann schrittweise abstrahiert worden ist. Die vier Runen „peorth" („Becher"), „gearwe" („Garbe") „eolhx" („Elch") und „stan" („Stein"), bei denen die Form des Buchstabens das zur Bezeichnung verwendete Wort darstellt, finden sich also in bester Gesellschaft.

Auch die hebräischen Schriftzeichen wurden als magisch wirksam und sogar fast als eigenständige Wesen angesehen.

Kelten: Táin Bó Cúailgne

Der „Stierraub von Cúailgne" ist der längste zusammenhängende alte Text aus Irland. In dieser Geschichte finden sich auch zwei Beispiele für die magische Verwendung der Ogham-Schrift.

Am Montag nach dem Herbstfest von Samain brachen sie auf und erreichten schließlich Findabair. Dort versuchte Medb Fergus und Ailill dazu zu überreden, die Krieger der Gailión zu töten, die zu ihren Verbündeten zählten und die besten Krieger im Heer waren – da diese sonst entweder den ganzen Ruhm der Schlacht erhalten würden, oder, wenn man sie von der Heerfahrt ausschließen würde, anschließend das durch die Schlacht geschwächte zurückkehrende Heer angreifen und besiegen würden. Fergus und Ailill waren entsetzt und man einigte sich schließlich darauf, die Gailión auf die anderen Stämme zu verteilen, damit sie keine geschlossene Einheit mehr bildeten.

Auf ihrem Zug nach Ulster griff eines Nachts die Kriegsgöttin Némain das Heer an und verwirrte und verstreute es bis Medb die Krieger wieder beruhigte und sie zur Ruhe zwang. Fergus sandte eine Ankündigung des Heeres nach Ulster, weil er mit dem König von Ulster verwandt und befreundet war, obwohl er der Untergebene von Medb war.

Als Fergus auf dem Weg des Heeres einen zu einem Ring geflochtenen Weidenzweig fand, auf dem Zeichen in der Ogham-Schrift geritzt waren, gab er ihn einem Druiden, damit dieser ihn begutachtete. Der Druide sprach:

„Ein Held hat ihn hierhin geworfen, ein schneller Krieger, eine Quelle der Verwirrung für die feindlichen Krieger – eine Zufriedenheit mit den Anführern für die Krieger, die ihm selber folgen. Ein Mann warf ihn hier mit einer Hand hin."

Mit dem Zauberspruch auf dem Weidenzweig hatte Cú Chulainn den Weg versperrt, da einer der Krieger sterben würde, sobald sie an dem Zweig vorübergehen würden. Daher machte das Heer einen Umweg.

Cú Chulainn fällte eine Eiche auf dem Weg des Heeres schrieb in der Ogham-Schrift einen Zauberspruch auf ihren Stamm, daß das Heer nur dann unbeschadet weiterziehen könne, wenn es einem Streitwagen unbeschadet gelänge, von den Pferden gezogen über den Baum zu fahren – was Fergus schließlich gelang.

- - -

Mittlerweile gibt es so viele verschiedene Bücher über die praktische Anwendung der Runen, daß es kaum notwendig erscheint, zu diesem Aspekt noch einen weiteren Text zu verfassen.

Verzeichnis der Themen

(die Zahl ist die Nummer des Bandes, in dem sich das Thema findet)

1 47	540 47	Alius 32	Aur 55
2 47	700 47	Alraune 45	Aurboda 35
3 47	800 47	Alsvatr 5	Aurgelmir 5
4 47	900 47	Alswid 34	Aurgrimnir 5
5 47	1.200 47	Althiof 7	Aurnir 34
6 47	10.000 47	Alvor 35	Aurvandil 20
7 47	432.000 47	Alwis 7	Aurwang 7
8 47	1+8=9=8+1 47	Alwit 31	Aurwang 48
9 47	**Adler** 40	Ama 35	Austri 32
10 47	Adler auf dem	Amboß 67	Auzon => Kiste
11 47	Weltenbaum 41	Amgerdr 28	Axt 66
12 47	Adler bei der	Ampfer 45	**Bafur** 32
13 47	Einweihung 40	Andad 34	Bakrauf 35
14 47	<u>Adlergestalt:</u>	Andhrimnir 39	Baldrian 45
15 47	- des Franmar 40	Andvari 7	Baldur 9
16 47	- des Hraesvelgr 40	Angantyr 39	Bara 35
17 47	- des Odin 40	Angeyja 35	Bari 6
18 47	- des Thiazi 40	Angrboda 26	Bari 20
20 47	Adler-Traum der	Ann 32	Baugi 5
22 47	Kostbera 40	Annar 20	Bär 43
23 47	Aelrun 31	Arm-Wunde 63	Bärenfell 62
24 47	Affe 44	Arngrim 6	Barke 49
28 47	Agdai 39	Apfel 45	Bärlapp 45
30 47	Ägir 10	Asen 36	Basilikum 45
32 47	Agnar 39	Asgard 52	Beifuß 45
33 47	Ahnen 36	Ask 39	Beinvidr 34
36 47	Ai 32	Aslaug 31	Bekkhild 31
37 47	Aki 6	Asperan 34	Beleidigungs-
40 47	Aki 16	Astralreise 50	Wettstreit 73
41 47	Alban 32	Asvid 6	Beli 5
46 47	Alberich 7	Atem 64	Beowulf 39
48 47	Albewin 7	Atla 35	Bergdis 28
72 47	Alcis 12	Atli 37	Bergelmir 6
80 47	Alf 6	Atward 20	Bergriese 6
90 47	Alf 32	Auchoff 34	Berg-Zwerge 32
99 47	Alfarin 34	Aud 20	Berling 32
100 47	Alfen 36	Auerhahn 40	Bertha 28
120 47	Alfhild 31	Auge 63	Berserker 62
300 47	Alfrigg 32	Augenbraue 63	Bertram 45

Bertramsgarbe 45	Bragi 19	Diurnir 7	Eiche 53
Besen => Stab	Bragi-Riesin 35	Dofri 34	Eicheln 45
besonderer Schrei 64	Brak 16	Dolgtrasir 32	Eichhörnchen 44
Bestattung 64	Brana 35	Donnerrebe 45	Eid 68
Bestla 35	Brandingi 5	Dori 32	Eik 28
Betonica 45	braun 46	Dorn => Schlafdorn 55	Eikinskjaldi 32
Beyla 39	Brenner 39		Eimer 67
Biber 44	Brezel-Ornament 64	Drachen 41	Eimgeitir 35
Biene 40	Brimir 33	Drachenblut => Drachen	Eimyria 35
Bifröst 49	Brisingamen 60		Einäugigkeit 63
Bifur 32	Brokk 32	Drachenschiff 55	Einheer 34
Bikki 16	Brombeere 45	Drasian 6	Einweihung 50
Bil 29	Brücke 49	Draupnir (Zwerg) 32	Eir 29
Bild 7	Bruderkampf 55	dreifarbiger Stein 67	Eir 31
Billing 5	Brüngerd 35	dreiköpfiger Riese 5	Eis 52
Billing 7	Brünhild 31	drei Riesinnen 35	Eisa 35
Bilsenkraut 45	Bruni 5	drei wahre Worte 64	Eisen 55
Birkhuhn 40	Bruni 32	Drifa 35	Eisenkraut 45
Biört 29	Brünne 66	dritter Bruder 55	Eisriesen 34
Björgolfr 6	Brunnen 49	Dröfn 35	Eistla 35
Björgulfr 34	Buri 34	Drossel 40	Eisurfala 35
Blain 33	Bryja 35	Drudgelmir 5	Eiymyria 35
Blapthvari 34	Bryla 34	Duf 32	Ekstase-Kieger 62
Blasebalg 67	Bryngerd 28	Dufa 35	Elch 42
blau 46	Buri (Zwerg) 32	Dufr 32	Eldhrimnir 57
Blau-Menschen 36	Buseyra 35	Dulin 32	Eldir 39
Blau-Riesen 36	Byggvir 39	Dumbr 6	Eldr 34
blau-schwarz 46	Byleist 20	Dunneir 32	Elefant 42
Blick 63	Bylgia 35	Durathor 32	Elendshaut => Hel-Haut
Blid 29	**Comandion** 7	Durin 32	
Blidur 29	**Dag** 48	Durnir 32	Else 35
Blind 16	Dagfinnr 32	Durnir 34	Erde 52
Blindheit 63	Dain 32	Düsterwald 49	Embla 28
Blodughadda 35	Dalar 32	Dwalin 32	Embla 39
Blutsbrüder 55	Dalr 32	**Eber** 42	Ente 40
Bödhild 28	Delling 20	Eberesche 45	Erce 20
Bogen 66	Delling 48	Edda (vollständig) 77	Erdbeben 55
Bömbur 32	Dellingr 32	Efeu 45	Erste Ursache 55
Bölthorn 5	Delphin 44	Egdir 5	Eschenholzkasten => Kiste 57
Borr 34	Dietwarta 29	Egil 39	
Botewart 7	Disen 36	Ei 40	Esel 42
Both 20	Distel 45	Eibe 45	Estroval 39

Eugel 7
Eule 40
Eyrgjafa 35
Faden 55
Fafnir (Zwerg) 32
Fährmann 49
Fala 35
Falkenkleid:
- der Freya 40
- der Frigg 40
Falke 40
Fallar 32
Farbauti 6
Farn 45
Farseti 6
Faulheit =>
Feuersitzen 55
Feima 35
Fenchel 45
Fenja 28
Fenrir 6
Fenrir 43
Fernhypnose 64
Ferse 63
Fessel 66
Fessel-Zauber 64
Feuer 55
Feuersitzen 55
Feuerzauber 64
Fialar 32
Fid 32
Fieberkraut 45
Fili 32
Fimafeng 39
Fimbulwinter 55
Finger 63
Finnalf 5
Finnar 32
Finnmark-Riese 34
Fiölkald 34
Fiölmor 39
Fiölnir 20

Fiölvör 35
Fiörgyn 20
Fiörgyn 23
Fisch 44
Fjölverkr 34
Fjötra 29
Flachs 45
Flegda 35
Fleur-de-lys 55
Fleggr 34
Fliege 40
Fluch 68
Flügel des Wieland 40
Flügelschuhe 67
Flugschuhe des Loki 40
Fluß 49
Frägr 32
Franmar 37
Frar 32
Freki 43
Freya 22
frühe Skaldenlieder 78
Freyr 15
Fried 29
Friedenszauber 6
Fridr 29
Frigg 21
Folde 20
Fonn 34
Forat 35
Forelle 44
Fornjotr 6
Forseti 19
Frosti 32
Frosti 34
Fruchtbarkeit 64
Fuchs 43
Frauenhaarfarn 45
Frühling 54

Frühlingstagund-nachtgleiche 54
Fulla 29
Fullas Haarreif 60
Fullafle 34
Fundin 32
Fuß 63
Fylgia 50
Fynir 6
Fynir 34
Galar 32
Galarr 34
Galdr 64
Gallapfel 45
Gandalf 32
Ganglati 34
Ganglot 6
Gangr 34
Gangr 33
Gans 40
Gänsefuß 45
Garm 43
Gautan 39
Gautrek-Saga => Snotra
Geban 20
Geburts-Orakel 64
Gefäße 57
Gefion 20
Gefion-Geliebter 6
Gefiun 20
Gefjon 20
Geist 50
Geier 40
Geirahöd 31
Geiravör 31
Geirdriful 31
Geirönul 31
Geirröd 5
Geirrota 31
Geirskögul 31
Geitir 6

Geitla 35
Geitir 35
gelb 46
Geliebter der Gefion 6
Gerber-Schaber 67
Gerdr 28
Geri 43
Gespenst 50
Gestaltwandel => Verwandlung
Gesang 68
Gestilja 35
Getreide 45
Gewöhnlicher Flachbärlapp 45
Geysa 35
Gialar 32
Gift 70
Gifur 43
Gigas 6
Gilling 6
Gillings Frau 28
Ginnar 32
Ginnungagap 49
Gjalp 35
Glamr 34
Glatundshundr 43
Glaumar 34
Glaumarr 34
Glaumr 6
Glenr 48
Glitni 5
Glöd 35
Gloi 32
Glück 64
Glückstrank 70
Glumra 35
Glymra 35
Gna 29
Gneip 35
Gnepja 35

Goi 34
Gold 55
Goldalter 55
Goldemar 7
golden 46
Goldhelm 66
Goldhörner von Gallehus 57
Göll 31
Golnir 5
Göndul 31
Gorr 34
Görsemi 29
Götter 36
Götterdämmerung 55
Götterkampf 55
Göttermet 69
Götter-Tiere 44
Gottesurteil 64
Gurgelbiß 55
Grab 49
Grani 6
grau 46
Grendel 5
Grendels Mutter 35
Greppur 34
Grer 32
Grid 28
Grid 35
Grim 5
Grim 39
Grima 35
Grimhild 31
Grimling 5
Grimnir 5
Grim Struppig-Wange 79
Grip 35
Gripir 34
Grissa 35
Groa 28
Grottintanna 35

Grotunagard 52
grün 46
Gryla 35
Gudr 31
Gudrun 31
Gudmund 5
Gullnir 5
Gullveig 29
Guma 35
Gundelrebe 45
Gunn 31
Gunnlöd 28
Gunnthinga 31
Gürtel 60
Gusir 6
Gygr 35
Gylfaginning 77
Gyllir 5
Gyllir 34
Gyma 20
Gymir 5
Haarband 60
Haare 63
Habicht 40
Hafle 34
Hafli 5
Hafthi 39
Hagen 16
Hahn 40
Hala 35
Halfdan 39
Halfdan Brana-Ziehsohn 79
Halfdan Eisteinson 79
Hamdir 39
Hamingja 50
Hammer 66
Hand 63
Handschuhe 60
Hanf 45
Hannar 32
Hantel-Symbol 55

Har 32
Härä 35
Hardbeen 6
Hardgreip 35
Hardgreipir 34
Hardverkr 34
Harek Eisenkopf 6
Harfe 57
Harz 45
Hase 44
Hasel 45
Hastingi 34
Hati 5
Hati 43
Hattatal 77
Haudr 20
Haugspori 32
Haym 34
Hecht 44
Hedin 39
Hedin und Högni 79
Hefring 35
Heid 35
Heiddraupnir 5
Heide 49
Heidrek 39
Heidungi 6
Heilige Hochzeit => Wiederzeugung 55
Heiliger Hain = Weltenbaum 52
Heilung 64
Heilziest 45
Heimdall 8
Heimir 39
Heinir 34
Heith 35
Heithdraupnir 5
Hel 26
Helblindi 20
Helgi 39
Helgi Thorisson 79

Hel-Haut 49
Helidi 27
Hellebarde 66
Helreginn 5
Helm 66
Hengikefta 35
Hengiköpt 6
Hengjankapta 35
Hepti 32
Herbst 54
Herbsttagundnachtgleiche 54
Herche 20
Herdentiere 42
Herdentierfell 42
Herfjötur 31
Hergrim Halbtroll 5
Hergunnur 35
Heri 32
Herja 31
Herkir 6
Herkja 35
Hermodr 37
Hertha 28
Hervor => Heidrek
Hervor und Heidrek => Heidrek
Herz 63
Hexe 58
Hianka 31
Hidde 34
Hild 31
Hildolf 5
Hildolf 20
Himingläva 35
Himmel 52
Himmelsrichtungs-Mandala 54
Himmelsträger-Zwerge 32
Hirsch 42
Hjaltrimul 31

Hjortrimul 31
Hjötra 28
Hjuki 29
Hläwang 32
Hlebard 6
Hleidr 35
Hler 10
Hlidolf 32
Hlif 29
Hlifthursa 29
Hlin 29
Hlodyn 20
Hlödyn 20
Hloi 34
Hlöll 31
Hlora 35
Hnoss 29
Hochsitz 57
Hochsitzsäulen 57
Hoddraupnir 5
Hoddrofnir 5
Hödur 19
Hofund 19
Höggstari 32
Högni 16
Högni 39
höhere Mächte 36
Holmgang =>
Zweikampf 55
Holunder 45
Homöopathie 64
Honig 40
Honigtau 45
Hönir 18
Horn 57
Horn (Riesin) 35
Hörn 29
Hörn 35
Horn-Neb 35
Hornbori 32
Hraesvelgr 6
Hrafnhild 35

Hraudnir 6
Hraudungr 5
Hrede 29
Hreidmar 7
Hremsa 35
Hrimgerdr 28
Hrimgerdr 35
Hrimgrimnir 34
Hrimnir 34
Hrim-Riesen 34
Hrimthurs 34
Hringi 5
Hringvölnir 5
Hripstodr 34
Hrist 31
Hrist 29
Hrisungr 6
Hroarr 5
Hrod 35
Hrodwitnir 5
Hrodwitnir 43
Hrökkvir 6
Hrönn 35
Hrossthjofr 34
Hrotti 5
Hruga 28
Hrungnir 5
Hrungnir-Herz 67
Hryggda 35
Hyria 35
Hrym 34
Hrund 31
Hügelgrab 49
Hugin 40
Huhn 40
Huldar 28
Hund 43
Hundalfr 6
Hunding 16
Hvalr 6
Hvedra 35
Hvedrungr 16

Hymir 6
Hymnen an die Götter 80
Hyndla 26
Hypnose 64
Hyrrokkin 26
Idi 34
Idun 25
Igel 44
Illugi Grid-Ziehsohn 79
Ilmr 29
Ima 35
Imd 35
Imgerdr 35
Imr 6
Imsigul 34
Imth 35
In 20
Ingibjörg 29
Ingibiörg 31
Intuition 64
Inzest 51
Irmin 20
Irpa 29
Istwas 20
Itrek 5
Itreksjod 5
Itreksjod 20
Ividja 35
Iwaldi 5
Iwalt 5
Iwiedie 29
Jari 32
Jamtaland-Zwerg 7
Jarngerdr 28
Jarnglumra 35
Jarnhauss 6
Jarnnef 34
Jarnsaxa 28
Jarnvidja 35
Jenseits 49

Jenseitsbarke 49
Jenseitsberge 49
Jenseitsbrücke 49
Jenseitsfährmann 49
Jenseitsfluß 49
Jenseitsgrenzen-Landkarte 49
Jenseitshalle 49
Jenseitsinsel 49
Jenseitsleiter 49
Jenseitsmauer 49
Jenseitsreise 49
Jenseitstor 49
Jenseitstor-Gitter 49
Jenseitstor-Hund 49
Jenseitswächter 49
Jenseitswald 49
Jenseitswasser =>
Wasser 49
Jenseitsweg 49
Johanniskraut 45
Jokul 34
Jokul Eisenrücken 34
Jörd 23
Jomali 20
Jörmungandr 41
Jörmunrek 39
Jorunn 29
Jötunn 6
Jotunbjorn 6
Julnacht 54
Käfer 40
Kaldgrani 34
Kamille 45
Kampfmagie 64
Kannibalismus 55
Kara 31
Karabin 34
Kari 6
Katze 43
Kausalität 55
Keila 34

Keiler 42	**Lachanfall** 64	Luchs 43	Miötwitnir 32
Kenningar 75	Lachen 55	Lutr 34	Mjoll 34
Kerbel 45	Lachs 44	Lyngheid 35	Modgudr 29
Kessel 57	Landgeister 36	**Magni** 19	Modgudr 31
Keule 66	Lauch 45	Malseron 34	Modi 19
Kiebitz 40	Laufey 26	Mana 35	Modrädnir 32
Kili 32	Laurin 7	Managarm 43	Modsognir 7
Kisi 34	Laus 40	Mannus 20	Mögthrasir 6
Kiste 57	Leber 63	Mardalla 27	Moin 32
Kjallandi 6	Leib 63	Marder 43	Mökkurkjalfi 6
Kjallandi 35	Leidi 34	Margerdr 35	Molda 35
Klaufi 34	Leifi 6	Margerthur 35	Mona 20
Klee 45	Leifnir 6	Mangold 45	Mond 48
Kleima 35	Leikn 35	Mantel 67	Mondul 32
Knochen 67	Leimrute 66	Mantel der Nanna 67	Moosfrau von Saalfeld 32
Knoten 64	Leiter 49	Marnar 29	Moosleute von Arntschgereute 32
Kobolde 36	Leirvör 35	Märzviole 45	
Kol der Bucklige 39	Leopard 43	Maske => Helm	Mörn 35
Kolfrosta 28	Lerche 40	Maus 44	Möwe 40
Kolga 35	Lidskialf 20	Meer 49	Mühle 66
Kopf 63	Liebestrank 70	Meer der Zeit 55	Mundilfari 6
Kormoran 40	Liebeszauber 64	Meer-Menschen 36	Munin 40
Korn 45	Lif 39	Mehlbeere 45	Munnharpa 35
Körperteile 65	Lifthrasir 39	Mehltau 45	Münze 67
Köttr 34	Litr 6	Meili 9	Muspel 6
Kraftgütel => Gürtel	Litr 32	Meise 40	Muspelheim => Feuer 52
Krähe 40	Ljod 29	Menglöd 22	
Kraka 31	Ljota 35	Menja 28	Myrkrida 35
Kranich 40	Lodin 6	Menschenopfer 64	Myrkvid 49
Kräuter 45	Lodinfingra 35	Messer 66	**Nabbi** 32
Kreppvör 35	Lodur 16	Midgard 52	Nacktheit 60
Kriegerin 62	Lofar 7	Midgardschlange 41	Nadel 55
Kreuzblume 45	Lofn 29	Midi 6	Nägel 55
Kreuzkraut 45	Lofnheid 35	Midjungr 34	Naglfar 49
Krönung 64	Logi 34	Midwitnir 6	Nain 32
Kröte 44	Loki 16	Mimir 6	Nali 32
Kuckuck 40	Loni 32	Mist 31	Namensgebung 64
Kuril 6	Lopthoena 28	Mistel 45	Nanna 21
Kult 55	Lori 35	Mistkäfer 40	Nauma (Hel) 35
Kundalini 64	Loricus 6	Mittelpfeiler => Yggdrasil	Nar 32
Kwasir 20	Löwe 43		Narfi 6
Kyrmir 6	Löwenmäulchen 45	Mittsommer 54	

Nari Loki-Sohn 19	Nyi 32	Priester 60	Ringkampf 55
Nati 6	Nyr 32	Priesterin 58	Rist 31
Naudir 36	Nyrad 32	Prolog (Edda) 77	Robbe 44
Nebel 64	**Oddrun** 31	Prophezeiung 71	Rögnir 7
Nefia 35	Odin 13/14	Pukis 36	Rose 45
Nehalennia 29	Odr 20	**Rabe** 40	Röskva 37
Neri 30	Ofoti 5	Rad 67	rot 46
Neris Schwester 30	Öflugbarda 35	Radgrid 31	rota 31
Nerthus 28	Öflugbardi 6	Radvör 35	Rotkehlchen 40
Nepr 20	Ogautan 39	Ragnar Lodenhose 39	Rücken 63
Nessel 45	Ogladnir 6	Ragnarök 55	Rud 35
Netz 67	Ogn 35	Ran 27	Rudent 6
Neuentstehung aus den Knochen 55	Ohr 63	Randalin 31	Rudi 34
neun Heimdall-Mütter 35	Oin 7	Randgnid 31	Runa 35
	Olius 32	Randgrid 31	Runen 72
	Ölwaldi 5	Rangbeinn 5	Runenkästchen von Auzon => Kiste
neun Schwestern 35	Omen 71	Rasereitrank 70	
Niblung 7	Onarr 48	Raswid 32	Runenstein 64
Niblung 39	Öndudr 6	Rätsel 76	Runenstein von Ardre 64
Nicor 34	Onn 32	Raud 34	
Nid 64	Opfer 64	Raugnir 34	Rußland-Riese 6
Nidi 32	Orakel 71	Raum 6	Rütze 35
Nidr 28	Oregano 45	Reck 32	Rygi 35
Nidud 16	Ori 32	Regenbogenbrücke 49	**Saemdill** 6
Nieswurz 45	Örnir 6		Saga 28
Niflheim => Eis 52	Ortnit 34	Regin 7	Sährimnir 42
Niping 32	Ösgrui 5	Reginleif 31	Säkarsmuli 6
Nirdir 10	Öskrudr 34	Reiher 40	Salbei 45
Niola 48	Ostara 29	Rentier 42	Salfangr 6
Njola 48	Osten 54	Riesen auf der West-Insel 6	Sam 34
Njörd 10	Otr 32		Sämingr 39
Njörun 29	Otter 44	Riesen-Baumeister 6	Sanngrid 31
Nölvi 10	Otunfaxe 39	Riesen von Feldkirchen 34	Sati 51
Norden 54	**Penis** 55		Säule => Weltenbaum 52
Nordosten 54	Perchta 28	Riesen von Lichtenberg 35	
Nordri 32	persönliches Glück 64		Saxnot 20
Nordwesten 54	Pfeil 66	Rifingalfa 35	Sceaf 20
Nori 32	Pferd 42	Rifingöflu 35	Schachtelhalm 45
Nornen 30	Pferdezwillinge 12	Rigingöflu 35	Schädelschale 63
Norr 34	Pflug 67	Rind 42	Schadenszauber 64
Norr 48	Phol 9	Rindr 20	Schaf 42
Nott 48	Polygamie 55	Ring 57	Schafgarbe 45

247

Schaumkraut 45	Siar 32	Skorpion 40	Sternbild 55
Schierling 45	Sichel => Sense	Skrati 34	Stigandi 5
Schild 66	sieben Schwestern 28	Skrymir 5	Storch 40
Schlafdorn 55	Siegfried 38	Skrimnir 5	Storkvid 34
Schlangen 41	Sieglind 31	Skuld 30	Stoverkr 34
Schlangenauge 63	Siegstein 67	Slagfid 39	Strahlen-Breitsame 45
Schlangengrube 49	Sif 24	Sleggja 35	
Schlangenzunge 63	Sigdrifa 31	Snae 34	Strudel 49
Schleifstein => Wetzstein	Sigurd 38	Snotra 29	Struthan 34
	Sigi 39	Solbiart 5	Stumi 5
Schmetterling 40	Sigrlami 39	Sohn der Freya 19	stumm 63
Schmied 4	Sigrun 31	Sohn des Freyr 19	Süden 54
Schmied 55	Sigyn 28	Solblindi 5	Südosten 54
Schnecke 44	silbern 46	Sölfn 29	Sudri 32
Schneeweiß-Goldschöne 28	Simul 31	Sommer 54	Südwesten 54
	Sinmara 28	Somr 5	Surtur 6
Schuh 63	Sindri 32	Sonne 48	Suttung 6
Schutzgeist => Fylgja/Hamingja	Sinthgunt 29	Sonnengöttin 48	Svada 5
	Sivör 35	Sonnenhymne 64	Svadi 5
Schutzzauber 64	Sjuld 31	sonstige Magie 64	Svaf 7
Schwalbe 40	Skadi 20	Sörli 39	Svarangr 5
Schwan 40	Skafid 32	Spatz 40	Svasudr 6
Schwanenkleider der Walküren 40	Skalden 61	Specht 40	Svatr 6
	Skaldatal 77	Speer 66	Sveid 31
Schweden-Riese 6	Skaldenlieder 78	Sperber 40	Sveipinfalda 35
Schwein 42	Skaldinnen 61	sprechende Tiere 41	Svidi 6
Schwert 66	Skalli 34	Sprichworte 74	Svip 5
Schwitzhütte 64	Skalmöld 31	Spindel 55	Svipul 31
sechsköpfiger Riese 6	Skadskaparmal 77	Spinnerin 55	Svivör 31
Seehund 44	Skärir 5	Spiritus familiaris 36	Swaf 20
Seekuh 44	Skeggiöld 31	Sprettingr 5	Swanhild 31
Seelenvogel 40	Skidbladnir 49	Stab 67	Swanwit 31
Seelenvogel 50	Skimsli 5	Starkad 6	Swawa 31
Segen 68	Skirnir 37	Starkad 39	Swior 32
Seher 60	Skirkjar 35	Stärketrank 70	Swipdag 20
Seherin 58	Skirwir 32	Statue 57	Syn 29
Seidelbast 45	Skjalf 29	Stein 64	Syr 29
Seidr 64	Skjalv 34	Steine und Edelsteine 64	**Tafl** 57
Sel 6	Skjellinefja 29	Steinigung 55	Tal 52
seltsamer dritter Bruder 55	Skjöldr 39	Stern 48	Tamfana 29
	Skögul 31	Sternbild 48	Tarn-Kappe 67
Sense 67	Sköll 43		Tarn-Umhang 67

Tasche 60	Thrungva 29	Uri 20	- in Fuchs 65
Tätowierungen 55	Thrym 6	Utgard 52	- in Geier 65
Tattoo 60	Thulur 77	Utgardloki 6	- in Habicht 65
Tau 52	Thundr 6	Ungeheur 41	- in Hecht 65
Taufe 64	Thundr 29	Utiseta 50	- in Hirsch 65
Teer 45	Thurbiörd 35	**Vagnhöftdi** 34	- in Hund 65
Telemark-Riese 5	Tiere 44	Valbrandur 5	- in Krähe 65
Telepathie 64	Tiere der Götter 44	Vali Loki-Sohn 19	- in Lachs 65
Teller 57	Tierfelle 60	Valthögn 31	- in Löwe 65
Tempel 56	Tierfelle bei Hinrichtungen 67	Vandil 5	- in Mücke 65
Teufelsabbiß 45		Vandlir 5	- in Otter 65
Thagnar 31	Tor 49	Var 29	- in Pferd 65
Theck 32	Torfa 35	Vardrun 28	- in Rabe 65
Thialfi 37	Tote wiederbeleben 64	Vardrun 35	- in Rind 65
Thiazi 5		Vardruna 35	- in Robbe 65
Thing 73	Tragestange 67	Vasad 6	- in Schlange 65
Thiodwitnir 34	Trana 35	Vatermord 55	- in Schwalbe 65
Thistilbardi 34	Traum 71	Velle 5	- in Schwan 65
Thjodrerir 7	Traumdeutung 71	Venus 48	- in Seekuh 65
Thögn 31	Traumfrau 31	Verbene 45	- in Spinne 65
Thökk 35	Trima 31	Verdandi 30	- in Tier 65
Thor 17	Trolle 36	Vervielfältigung von Körperteilen 65	- in Vogel 65
Thora 28	Trona 35		- in Wal 65
Thorgerdr Hölgabrudr 29	Tuch 57	Vergessenheitstrank 70	- in Walroß 65
	Tuisto 20		- in Widder 65
Thorin 7	Tuisto 33	Verirren auf der Hirschjagd 55	- in Wolf 65
Thorir 6	Turm 56		- in Ziege 65
Thorn 5	Tyr 3	Verr 34	- in Ziegenbock 65
Thorstein Haus-Macht 79	Tyr-Riesen 5	Verwandlung:	Vidblindi 5
	Udr 35	- einer Frau in einen Mann 65	Viddi 34
Thrain 32	Uffe 39		Vidgreipr 34
Thrasir 6	Ulfhedinn 62	- einer Frau in eine andere Frau 65	Vidgymir 5
Thrigeitir 5	Ulfrun 35		vier Riesen-Ritter 34
Thrivaldi 5	Ullr 11	- eines Mannes in eine Frau 65	vier Stier-Riesen 34
Thröng 29	Umhang => Mantel 60		viertüriges Haus 52
Thror 7		- in Adler 65	Vifflöd 29
Thror 20	Uni 20	- in Bär 65	Vignir 34
Thror 32	Unn 35	- in Drache 65	Vikarr 6
Thorri 34	Unsichtbarkeit 64	- in Eber 65	Vilja 20
Thrud 31	Unsichtbarkeits-Stein 67	- in Falke 65	Vindr 34
Thrudgelmir 5		- in Fliege 65	Vingnir 6
Thrudr 29	Urd 30	- in Floh 65	Vingrip 34

Vipar 34	Wegwarte 45	Winter 54	Zwerge 32
Vogel 40	Weig 32	Winteranfang 54	Zwerge:
Vogelsprache 64	Weihung => Segen	Wirwir 32	- im Berg 32
Volkrast 7	Weinen 55	Witr 32	- im Gebirge 32
Vör 29	weiß 46	Witwen-Selbstmord 51	- Kuttenberg 32
Vörnir 34	Weisheiten 74	Wolf 43	- Untersberg 32
Vulkan-Riese 34	Weisheitstrank 70	Wolfsfell 62	- Blankenburg 32
Waage 64	Weißstern 39	Wortschatz Magie 64	- Bonikau 32
Waberlohe 49	Weltenbaum 53	Wohlstandszauber 64	- Dardesheim 32
Wächter 49	Weltesche 53	Wucherblume 45	- Eilenburg 32
Wafthrudnir 6	Wespe 40	Wurzel 45	- Elbogen 32
Wagen 67	Westen 54	Wyrd 30	- Glaß 32
Wagnhofde 6	Westri 32	**Yggdrasil** 53	- Hohenstein 32
Wal 44	Wetter 64	Ymir 33	- Heilingsfelsen 32
Wälder => Weltenbaum 52	Wettlauf 55	Ymis 33	- Nünberg 32
Wald-Riesin 35	Wetttrinken 55	Yngvi 32	- Osenberg 32
Wali 19	Wetzstein 67	**Zahlen** 47	- Plesse 32
Wali 32	Wichte 36	Zähne 63	- Rosenberg 32
Walküren 31	Widar 19	Zauberer 59	- Selbitz 32
Walnuß 45	Widfinnr 5	Zauberin 58	- Sion 32
Walroß 44	Wiedergeburt 51	Zaubersprüche 68	Zwerg:
Waltam 20	Wiederholungen 55	Zeh 63	- Gebirge 32
Wandteppich => Tempel	Wiederzeugung 51	Ziegen 42	- Kyffhäuser 32
Wanen 36	Wieland 4	Zisa 29	- Hohenstein 32
Warkald 6	Wiesel 43	Zunge 63	- Dresden 32
Warr 20	Wig 32	Zweikampf 73	- Hoia 32
Wasser 52	Wigrid 55	zweiköpfige Riesen 34	- Lützen 32
We 20	Wili 20	zwei Zwerge 32	- Ralligen 32
Weberin 55	Wili (Zwerg) 32	Zwerg auf dem Felsen 32	- Rantzau 32
Wegdrasil 20	Wind (Magie) 64	Zwergberg zu Aachen 32	- Scherfenberg 32
Wegerich 45	Wind 52		- Thorgau 32
Wegetritt 45	Windalf 32		Zwillinge 55
	Windloni 6		
	Windswal 6